9893 (Dupont de Nemours)

MÉMOIRES
SUR
LA VIE ET LES OUVRAGES
DE
M. TURGOT,
MINISTRE D'ÉTAT.
PREMIERE PARTIE.

Le germe le plus fécond des Grands-Hommes à naître est dans la justice rendue à la mémoire des Grands-Hommes qui ne sont plus.

PHILADELPHIE,
1782.

AVIS DE L'ÉDITEUR.

Ces Mémoires ont été rédigés pour servir de matériaux à l'Eloge historique de M. Turgot, que M. Du Puy a prononcé l'année derniere dans la Séance de rentrée de l'Académie des Inscriptions & Belles-Lettres. Les formes oratoires, & les bornes prescrites à son travail, ayant forcé cet Académicien estimable de passer entierement sous silence une grande partie des faits dont il avait fallu l'instruire, & plusieurs de ces faits étant extrêmement intéressans, on a cru devoir assurer par l'impression la conservation du manuscrit dans lequel ils avaient été recueillis & mis en ordre.

AVERTISSEMENT.

CET Ouvrage ayant été imprimé par des Etrangers, & sur un manuscrit très-imparfait, il s'y est glissé un grand nombre de fautes qui changent le sens, & il s'y trouve aussi plusieurs omissions. On prie instamment les Lecteurs de vouloir bien corriger leur exemplaire. On a marqué les corrections les plus indispensables par un caractere plus gros.

Dans la PREMIERE PARTIE.

Page 5, ligne 5, mettez une virgule entre *conspexere* & *silent*.

Page 6, ligne 18, Mâçon, *mettez* Mâcon.

Page 10, ligne antepenultieme, *l'Abbé de la Caille*; mettez *M. l'Abbé de la Caille*.

Page 15, *ligne* 21, luter, *mettez* lutter.

Page 19, *ligne penultieme*, lutta contre, *mettez* combattit.

Page 26, *ligne* 6, *mettez une virgule entre* rien & acquérir.

~~Dans cette même page il ne doit point y avoir d'alinéa.~~

Page 34, *ligne* 7, l'état, *mettez* l'éclat.

Page 35, *ligne* 18, ôtez la virgule.

Page 38, *ligne* 15, étudia, *mettez* étudiait.

Page 41, *ligne* 13, compromettre, *mettez* reculer.

Page 44, *ligne* 21, le Marquis, *mettez* M. le Marquis.

Corrections et Omissions.

Page 45, *ligne* 20, *supprimez le premier* &, *mettez* une virgule *à la place.*

Page 48, *ligne* 20, la, *mettez* le.

Page 58, *à la fin de la ligne premiere, supprimez* la virgule.

Omission. *Page* 80, *ligne* 8, *ajoutez en note.* Le grand & utile secours que le Peuple de la Généralité de Limoges avait trouvé dans les atteliers de charité, en 1766, 1767, 1768 & 1769, fit adopter au Gouvernement cette institution louable, qui fut étendue sur les autres Provinces du Royaume en 1770, & principalement par les soins de M. *Albert*, alors Intendant du Commerce, & chargé du département des subsistances. Depuis ce temps il y a toujours eu un fonds annuel destiné à ce genre de travail, & il présente à la pauvreté particuliere un soulagement qui tourne au profit de l'aisance publique.

Page 85, *ligne* 3, *rayez le second* de.

Page 91, *ligne* 7, d'arrivée, *mettez* d'une marche.

Omission. *Page* 94, *lignes* 3 & 4. La dixme & l'impôt, & que le Propriétaire, *mettez* la dixme, l'impôt, & les droits des Seigneurs, & que le Propriétaire roturier.

Omission importante, *Page* 96, *entre les lignes* 17 & 18, *mettez un renvoi qui avertisse de venir chercher ici l'article suivant :*

Lorsqu'il arriva dans sa Province, il y

trouva la guerre établie relativement au tirage des milices. La moitié des garçons se sauvait dans les bois. L'autre moitié, pour ramener les fuyards, & les faire déclarer Miliciens, les poursuivait à main armée. On combattait à coups de fusils & de haches. Tous les travaux étaient interrompus, & le sang coulait tous les jours. M. Turgot commença par défendre aux Paysans de poursuivre les fuyards, en donnant les ordres les plus sévères pour faire arrêter ceux-ci par la Maréchauffée. Avant le tirage suivant, il écrivit aux Curés de bien avertir leurs Paroissiens que les fuyards ne pourraient échapper, parce qu'on en ferait la recherche dans tous les Villages & dans toutes les Villes de la Province le même jour, & qu'ils seraient désignés & pareillement poursuivis dans toutes les Provinces voisines ; qu'ainsi, pour ceux qui craignaient d'être Miliciens, le plus grand danger était de fuir. Mais que si les garçons se présentaient d'eux-mêmes & de bonne grace, il se prêterait à tous les moyens de leur adoucir l'obligation de fournir des Soldats provinciaux. En conséquence il prit sur lui de déroger à l'Ordonnance, qui défend à ceux qui doivent tirer, de former entr'eux une bourse pour celui qui tombera au sort. Il toléra cette contribution volontaire de la part des concurrens, & l'attrait de l'argent diminua beaucoup la crainte qu'inspirait le billet noir. Il arriva même assez souvent qu'un ou plusieurs garçons se proposerent pour servir volontairement, & recevoir la bourse. M. Turgot toléra encore cette nouvelle dérogation à l'Ordonnance. Quand deux garçons se présentaient, on choisissait celui qui annonçait les meilleures dispositions, ou l'on tirait entr'eux. La paix fut rétablie, & les bataillons provinciaux formés des meilleurs sujets, sans trouble & sans querelle. L'indulgence de M. Turgot pour une convention licite en elle-même, sa douceur, & la liberté, ramenerent ainsi les esprits au point de faire rechercher cette qualité de Milicien, qui avait d'abord inspiré tant d'effroi.

Page 113, *ligne* 12, auraient, *mettez* avaient.

Page 125, *lignes* 23 & 24, & étendraient le goût parmi les Suédois, en, *mettez* en étendraient le goût parmi les Suédois, &.

Page 137, *ligne* 3, ait, *mettez* aient.

Page 144, *ligne* 7, les considérations, *mettez* la considération.

OMISSIONS ET CORRECTIONS.

Dans la SECONDE PARTIE.

Page 2 & dans l'Epigraphe, ligne 6, rayez ne.

Page 7 ligne 3, était, mettez paraissait.

Page 26, ligne derniere de la note, de, mettez *de*.

Page 35, ligne 4, leurs, mettez leur.

Page 58, ligne 8, au lieu de à, mettez supprima.

Page 64, ligne 2, Officiers, mettez Offices.

Même page, ligne 7, à la Ville, mettez au Corps municipal.

Même page, même ligne, qu'elle, mettez qu'il.

Même page, ligne 23, après naturel, ajoutez dû au service.

Page 69, ligne premiere, mettez une virgule après craindre, ôtez celle qui est après en.

Page 79, ligne 9 du bail, mettez d'un bail.

Page 96, dans le titre, ôtez le point.

Page 102, dans le titre, BES, mettez DES.

Page 103, dans le titre, IMPOPOSITIONS, mettez IMPOSITIONS.

Page 112, ligne 17, avait, mettez avaient.

Page 120, ligne 10, des, mettez de.

Même page, ligne 19, contradictions, mettez contradiction.

Page 133, ligne 13, habilité, mettez habileté.

Page 136, ligne 2, remboursement, mettez remboursemens.

Page 144, ligne 2, de profit, mettez des profits.

Page 149, dans le titre, UEL, mettez QUEL.

viij OMISSIONS ET CORRECTONS.

Page 161, *au commencement du titre, ajoutez* ÉVÉNEMENS.

Page 169, *lignes antépenultieme & penultieme*, d'emprunt, *mettez* d'emprunts.

Page 173, *ligne* 3 *de la note*, le, *mettez* la.

Page 183, *ligne* 17, très, *mettez* fort.

Page 189, *ligne* 11, *au lieu de* &, *mettez* avec.

Page 205, *ligne* 21, du, *mettez* de.

Page 210, *ligne* 11, *après* plus, *ajoutez* aux Paroisses.

Page 215, *ligne antépenultieme*, très-petite perte, *mettez* perte peu considérable.

Page 216, *ligne* 20, favorables, *mettez* favorable.

Page 239, *ligne penultieme*, *après* faite, *ajoutez en note*, voyez depuis la page 109 jusqu'à la page 111.

Même page, *même ligne*, *après* faire, *ajoutez en note*, voyez les pages 107 & 108.

Page 247, *ligne derniere*, *après* l'autre, *ajoutez* & sur-tout d'emprunter cherement pour rembourser des capitaux qui portaient un intérêt plus faible, comme on n'a presque pas cessé de le faire depuis très-long temps.

Page 255, *ligne* 8, *au lieu de* la virgule, *mettez* un point.

MÉMOIRES

MÉMOIRES
SUR LA VIE ET LES OUVRAGES
DE M. TURGOT,
MINISTRE D'ÉTAT.

PREMIERE PARTIE

Contenant fa Jeuneffe, fon Adminiftration dans la Généralité de Limoges, & fon Miniftere à la Marine.

DE tous les Ecrivains qui contribueront à tranfmettre à la poftérité la mémoire de M. Turgot, c'eft le moins capable, fans doute, qui fe trouve chargé de raffembler pour les autres les matériaux de leur travail. Mais s'il a été plus à portée de bien connoître cet excellent Homme, & d'être inftruit de ce qui s'eft paffé dans les momens les plus intéreffans de fa vie, en difant exactement ce qu'il a vu, il pourra n'être pas entierement au-deffous de fon entreprife.

Peut-être tout hommage public devroit-il être ainfi précédé par un récit fidelle & dénué d'ornement. Quelle néceffité de louer ceux pour

SA FAMILLE.

qui la seule exposition de leur vie ne serait pas un premier éloge ? Laissons avant tout la vertu & le génie briller de leur propre lumiere. Il est douteux qu'aucun art puisse ajouter à leur éclat naturel ; & la prétention de le faire serait sur-tout déplacée lorsqu'il s'agit de peindre un Homme dont la modestie égalait le mérite, & qui, dans les emplois les plus élevés & les travaux les plus utiles, a toujours porté la plus grande simplicité.

ANNE-ROBERT-JACQUES TURGOT, Baron de l'Aulne, Ministre d'Etat, Membre honoraire de l'Académie des Inscriptions & Belles-Lettres, &c. naquit à Paris, le 10 Mai 1727, de Michel-Etienne Turgot, alors Président aux Requêtes du Palais, & depuis Prévôt des Marchands, Conseiller d'Etat, Premier Président du Grand-Conseil, & de Dame Magdeleine-Françoise Martineau.

Sa famille est d'une très-ancienne Noblesse. Elle a toujours gardé son nom propre, & n'a presque jamais pris celui de ses Fiefs. Ce nom étoit illustre en Angleterre, dès le onzieme siecle (1).

---

(1) *Voyez* la Préface de *Jean Selden*, à la tête de la Collection des anciens Historiens d'Angleterre.

On trouve la branche fixée en France dans les premieres liftes que l'on connaît des Gentilshommes qui devaient fervice aux Ducs de Normandie. Elle a fondé en 1281, l'Hôpital de Condé-fur-Noireau. Elle a donné le jour à un grand nombre de Citoyens diftingués.

Jacques Turgot, trifaïeul du Miniftre, fut un des Préfidents de la Nobleffe de Normandie aux Etats de 1614, & eut la plus grande part aux remontrances énergiques qu'ils firent fur plufieurs fujets, & notamment fur la conceffion que le Comte de Soiffons avait obtenue de toutes les terres vaines & vagues de la Province.

On voit dans le feptieme tome du Mercure Français, que Claude Turgot des Tourailles, coufin-germain du précédent, avec quelques Gentilshommes qui lui étaient attachés, arrêta en 1621, par fa vigilance & par un coup de valeur, une levée de gens de guerre, que dans ces temps de troubles un fieur de Vatteville Mont-Chreftien, faifait en Normandie contre le Roi.

Mais quoique les ancêtres de M. Turgot aient toujours fervi l'Etat avec l'eftime univerfelle, à la guerre ou dans la Magiftrature, c'eſt un mérite qu'ils partagent avec tant d'auétres familles reſpectables, que nous ne devons pas nous y arrêter ici. Les traits caractériſtiques doivent principalement fixer nos regards. Or un caractere qui n'eſt pas commun, a toujours diſtingué les Turgot, & ce caractere eſt une bonté douce & courageuſe, qui unit le charme de la bienfaiſance à la ſévérité de la vertu.

On ſe ſouvient encore dans la Généralité de Metz & dans celle de Tours, de la ſage adminiſtration du grand-pere de M. Turgot, qui en a été ſucceſſivement Intendant à la fin du dernier ſiecle, & de la fermeté avec laquelle il expoſait & défendait à la Cour les intérêts des Provinces confiées à ſes ſoins.

L'ordre & l'économie, joints à la grandeur des entrepriſes, à la nobleſſe des vues, à la beauté des monuments, ont rendu célebre dans les annales de la Ville de Paris, & conſacré à la mémoire des ſiecles futurs la Prévôté de M. Turgot, pere de celui dont cet écrit doit donner une idée; & l'on ne peut ſonger à ce Magiſtrat, ſe jetant au milieu des Grenadiers des Gardes-Françaiſes & des Gardes-Suiſſes, qui s'égorgeaient ſur le quai de l'Ecole, déſarmant un des plus furieux, les contenant & les arrêtant tous, & faifant feul ceffer le carnage, fans fe rappeller la belle image de Virgile :

Si fortè virum quem
Confpexere, filent.

Loin que M. Turgot, dont nous déplorons aujourd'hui la perte, eut dégénéré d'aucune de ces vertus héréditaires dans fa famille, on peut dire qu'au contraire il les avait étendues & perfectionnées par toute l'application d'un efprit fupérieur, actif & folide, & d'un cœur dévoué au bien public, qui n'a jamais été animé que de mouvements nobles & honnêtes, & à qui la diffipation n'a enlevé aucun inftant.

La prodigieufe quantité de travaux de toute efpèce, qui ont occupé la plume & le génie de M. Turgot, mort encore dans la force de l'âge, aurait fuffi pour remplir la vie de trois hommes laborieux ; mais c'eft qu'il n'y a point d'homme, même laborieux, dont les plaifirs dans la jeuneffe, & les foins de l'ambition dans l'âge mûr n'aient confumé une grande partie des jours ; & M. Turgot n'a jamais fait qu'étendre fes connaiffances, ou fervir fes femblables.

Dès sa premiere adolescence, au milieu des progrès qu'il faisait dans ses études, sa famille s'apperçut que l'argent qu'il recevait d'elle assez abondamment, était très-rapidement dépensé. Elle en conçut quelque inquiétude, & le Principal du College de Louis-le-Grand, où il était en pension, fut chargé par M. le Prévôt des Marchands, de s'informer soigneusement de l'usage que le jeune Turgot faisait de son argent. Il se trouva qu'il le partageait, dès qu'il l'avait reçu, entre des Ecoliers externes qui n'avaient pas le moyen d'acheter des livres.

Après avoir fini ses humanités au College de Louis-leGrand, il passa, pour la philosophie, au College du Plessis, où il eut, pour Professeur, M. l'Abbé *Sigorgne*, aujourd'hui Vicaire-Général de Mâcon, auquel il est toujours resté très-attaché. Il entra ensuite au Séminaire de Saint-Sulpice.

M. Turgot avait été destiné à l'Etat ecclésiastique. La plus grande pureté de mœurs, une modestie qui allait jusqu'à la timidité, une extrême application au travail, les vertus les plus douces & les plus solides justifiaient, à cet égard, les vues de sa famille & l'espoir qu'elle avait de le voir, également conduit par sa naissance & par son mérite, aux premieres dignités de l'Eglise. Mais son caractere judicieux & réfléchi qui jamais n'a pris une résolution sans avoir d'avance embrassé & analysé toute l'étendue des principes qui peuvent déterminer, des conséquences qui doivent en résulter, des devoirs qu'il s'agit de remplir; & sa conscience délicate qui ne lui aurait permis d'en négliger aucun, le déciderent à ne pas suivre ce parti. Personne n'a jamais été plus respectueux & plus soumis que lui pour ses parens; mais ce penchant de son cœur à leur plaire en tout, n'empêchait point sa raison de concevoir que leurs droits sur le choix d'un état pour leurs enfants, se réduisent à celui du conseil; que chaque homme est le véritable juge de la tâche à laquelle il se sent propre, puisque c'est lui-même qui doit rendre compte à Dieu & aux hommes de l'emploi de sa vie, & qu'on ne pourrait lui imposer, sans crime, des obligations auxquelles il ne croirait pas pouvoir s'assujettir: M. Turgot crut donc devoir borner sa déférence pour les projets qu'on avait eus sur lui, à l'étude de la Théologie. Il en suivit le cours avec diſtinction, on peut dire même avec une véritable piété : celle qui s'attache au grand Etre par principes, par reconnaiſſance & par amour. M. Turgot a conſervé toute ſa vie ce ſentiment profond & raiſonné, préférable ſans doute aux ſubtilités métaphyſiques & aux pratiques minutieuſes auxquelles trop de gens paraiſſent borner la religion.

On a trouvé dans ſes papiers trois fragments précieux d'un Traité ſur l'exiſtence de Dieu, qu'il avait compoſé en 1748, âgé de vingt & un ans, & quelques autres diſſertations théologiques où brillent une grande juſteſſe d'eſprit, & cet amour de la vérité qui caractériſe un cœur honnête.

Il fut élu Prieur de Sorbonne en Décembre 1749. Les Diſcours qu'il a prononcés en cette qualité le 13 Juillet 1750, & le 11 Décembre de la même année, ſont remarquables par l'élégance & la pureté de la diction, & plus encore par l'étendue & la profondeur des vues.

Le premier a pour ſujet : *les avantages que la Religion chrétienne a procurés au genre humain.* C'eſt à la fois un beau morceau d'hiſtoire & de philosophie. L'Auteur y développe l'influence des opinions sur les mœurs, & celle des mœurs sur les gouvernements. Il fait voir combien l'établissement d'une morale douce & fraternelle, & celui d'une hiérarchie de Ministres des Autels, devenus chers au Peuple, parce qu'ils étaient souvent dans le cas de réclamer & de défendre ses droits & ceux de l'humanité, ont été utiles aux Nations & aux Souverains mêmes, pour tempérer les maux sans nombre qu'avait enfantés le despotisme militaire. Les Princes sont devenus moins tyranniques & plus sacrés; deux points importants naturellement liés l'un à l'autre.

Le second Discours prononcé en Sorbonne par M. Turgot, renferme le *Tableau des progrès de l'esprit humain*, depuis le premier état de l'homme, presque sauvage, jusqu'à nos jours, & de ce qu'on en doit attendre à l'avenir. C'est dans ce Discours, composé il y a plus de trente ans, que le jeune Prieur de Sorbonne, avait prévu & prédit ce que le Ministre d'Etat a depuis vû s'effectuer : la séparation des Colonies anglaises d'avec leur Métropole, & cette grande querelle où les premieres Puissances du monde sont engagées. Il avait annoncé que cet événement inévitable étendrait la liberté du commerce & ferait respecter davantage les droits des hommes réunis en société.

Ce discours qui montrait beaucoup de savoir & de grandes vues politiques, était un présage public de la carriere que M. Turgot se proposait de remplir. Résolu de partager sa vie entre les lettres, les sciences & les devoirs de la Magistrature, il ne s'était pas borné à des études théologiques.

Il s'était livré avec beaucoup d'application à celle du Droit, & sur-tout à celle de la Morale & de la Justice, aux Mathématiques, à la Physique, à l'Astronomie. Il connaissait parfaitement le ciel; & l'on voit dans les Mémoires de l'Académie des Sciences, pour l'année 1760, p. 101, que c'est lui qui, le 8 Janvier de cette année, à la fin d'un brouillard qui avait duré plusieurs jours, & à la vue simple, découvrit près du genou oriental d'Orion, la Comete qui fut alors observée, & avertit Mr l'Abbé de la Caille de son apparition.

L'Anatomie est la seule science dont il

n'ait pris qu'une notion générale. L'extrême sensibilité de son cœur lui rendait impossible d'assister à une démonstration anatomique, & la description même d'une opération chirurgicale le faisait souffrir.

On a vu qu'il écrivait en latin aussi parfaitement qu'il soit possible aux Modernes de le faire. Il savait le grec, il étudia l'hébreu, il apprit l'allemand, l'italien, l'anglais, un peu d'espagnol. Au milieu des plus grandes occupations, qui ont ensuite rempli sa vie, il n'a jamais négligé de se rappeller ces études de sa jeunesse ; & tous les genres de littérature & de sciences ont toujours occupé ses loisirs, ou consolé son âme trop belle pour être insensible au chagrin de ne pouvoir faire tout le bien dont elle avait conçu l'idée.

M. Turgot écrivait en anglais avec facilité & avec correction. Il avait commencé & même assez avancé la traduction de quelques bons Ouvrages français en cette langue, & tous les Anglais auxquels il a communiqué ce travail, l'ont vivement exhorté à le continuer. C'est lui qui nous a fait connaître les poésies *Erses*, & qui a traduit d'après

Macpherson les premiers poëmes d'*Ossian* dont nous ayons entendu parler, qui ont été imprimés dans le Journal étranger, & réimprimés dans les *Variétés littéraires*, avec des réflexions sur la poësie des Peuples sauvages, où M. Turgot a montré, comme dans tous ses Ecrits, un sens profond, un goût sûr, une sensibilité touchante.

Il avait traduit plusieurs morceaux détachés d'Addisson, de Jonhson, de Sakespeare; à-peu-près le premier volume de l'histoire des Stuards de *David Hume*, les dissertations du même Auteur sur les jalousies de commerce, sur la réunion des partis, & sur la liberté de la presse; les considérations de *Josias Tucker*, sur les guerres entreprises pour favoriser, étendre ou assurer le commerce; la prière universelle de *Pope*, en vers libres; une grande partie de l'essai sur l'homme en trois manières, en prose, en vers alexandrins, & en vers métriques. Nous parlerons plus bas de ce genre de versification que M. Turgot a tenté avec plus de succès que ceux qui en avaient déjà eu l'idée.

Il a traduit de l'allemand le commencement de la Messiade de Klopstock, la plus grande partie du premier chant de la mort d'Abel, & une partie du quatrieme, le commencement du premier Navigateur, & tout le premier livre des Idylles de *Geſſner* qui a été imprimé ſous le nom de M. Huber avec les autres Poëmes du même Auteur dont nous devons la traduction à M. Huber même. La Préface générale de cette traduction de Geſſner eſt auſſi l'ouvrage de M. Turgot.

Il avait traduit en vers libres quelques ſcenes du *Paſtor fido*.

Il a traduit du grec le commencement de l'Iliade ; de l'hébreu, la plus grande partie du Cantique des Cantiques ; du latin, une multitude de fragments de Cicéron, de Séneque, de Céſar, d'Ovide, & les huit premiers paragraphes des annales de Tacite.

Il a traduit en vers français rimés pluſieurs Odes d'Horace, la premiere Elégie de Tibulle (2), preſque tout le premier Livre des

_____

(2) Cette traduction de Tibulle eſt de ſa premiere jeuneſſe. Il la montra à M. *de Saint-Lambert* comme un Ouvrage de M. *l'Abbé Guerin*. M. de Saint-Lambert la critiqua avec ſévérité. M. Turgot chercha d'abord à défendre l'Ouvrage ; enſuite ayant de

Géorgiques, & le commencement du quatrieme; & en vers français métriques toutes les Eglogues de Virgile, & le quatrieme livre de l'Enéide.

Plusieurs de ces traductions ont été remises à l'Académie des Inscriptions, dont M. Turgot était membre, comme un tribut qu'il se serait plu sans doute à lui offrir un jour.

Elles ont été faites en différents temps, mais dans un même esprit. M. Turgot, à aucun égard, n'a jamais eu de principes relâchés. Ceux de l'art de traduire tel qu'il le concevait, tel qu'il l'a pratiqué, sont extrêmement sévères. Il se moquait des traductions qu'on appelle *libres*, & leur refusait le titre de traduction. Presque toutes celles qu'il n'a point terminées ont eu pour objet de montrer à ses amis, qui se plaisaient à le consulter sur leurs travaux, qu'on pouvait à la fois traduire très-littéralement & avec beaucoup d'élégance. Les traductions litté-

---

quitter M. de Saint-Lambert, il lui dit : *d'après l'opinion que vous avez prise des vers que je viens de vous lire, je dois vous déclarer qu'ils ne sont pas de M. l'Abbé Guerin, & qu'ils sont de moi.*

rales lui paraissaient l'unique moyen de faire bien connaître non seulement les pensées, mais le tour d'esprit de l'Auteur, & le caractere de la langue dans laquelle il écrivait. Les traductions que M. Turgot a faites ne sont pas de simples estampes, ce sont de véritables contre-épreuves. Il disait quelquefois : « Si je veux vous montrer comment on » s'habille en Turquie, il ne faut pas en- » voyer le doliman à mon Tailleur pour m'en » faire un habit à la Française. Vous n'en » connaîtriez que l'étoffe. Il faut que je mette » l'habit turc sur mes épaules, & que je mar- » che devant vous ».

Quant aux vers métriques qui ont souvent amusé ses loisirs, ce n'était point l'impuissance de réussir dans un autre genre qui lui avait fait essayer celui-là. Ceux qui ont lu ses Traductions en vers alexandrins & en vers libres, & le peu qu'il a fait de vers de dix syllabes, savent qu'il aurait pu lutter contre nos meilleurs Poëtes. Mais la profonde connaissance que M. Turgot avait de sa langue, & l'extrême pureté avec laquelle il la parlait, le rendaient infiniment sensible aux moindres inflexions de la prosodie, dont plusieurs échappent à des personnes qui paraissent d'ailleurs bien parler. Cette sensibilité donnait à la versification métrique qui a fait le charme des Grecs & des Romains, & qui fait à présent celui des Allemands, une harmonie également agréable en français pour son oreille ; & il envisageait, à cultiver cette versification, l'avantage de déterminer encore mieux notre prosodie, & de perfectionner ainsi notre langue. Une partie du mérite des vers métriques, beaucoup plus difficiles à faire que les vers rimés, se trouve perdue pour ceux à qui la prosodie n'est pas très-familiere ; & cela même montre combien ils pourraient servir à fixer la langue, si plusieurs grands Poëtes s'y livraient successivement.

Les deux Ouvrages les plus étendus de M. Turgot, dans ce genre de versification, sont la traduction des Eglogues de Virgile, achevée à neuf vers près, & celle du quatrieme Livre de l'Enéide ; l'une & l'autre en vers métriques, hexametres français. Il a été imprimé de cette derniere un petit nombre d'exemplaires chez *Stoupe*.

M. Turgot comptait faire imprimer aussi les Eglogues, & placer à la tête du Recueil,
comme

comme pour lui fervir d'introduction, une invocation à la Mufe d'Homere, en vers de la même mefure. Il n'a pas eu le temps de l'achever; mais il en exifte deux fragments où l'on ne peut s'empêcher d'admirer la poëfie la plus noble, la plus douce & la plus énergique.

Nous n'avons pas cru devoir interrompre cette indication rapide de ce que nous connaiffons des traductions & des poëfies de M. Turgot.

Retournons à l'époque où il a commencé à s'occuper avec intérêt de ces deux genres de littérature, depuis dix-huit ans jufqu'à vingt-trois.

C'eft l'âge où l'ame ambitieufe de toute efpece de lumieres & de gloire ne voit rien qu'elle ne puiffe embraffer, & où le corps ne connaît point de travaux au-deffus de fes forces. On a trouvé, de la main de M. Turgot, la lifte qu'il avait faite alors des Ouvrages qu'il projetait. Elle fuppofe déjà une étonnante inftruction, & des vues très-étendues & très-liées. Elle contient les titres d'une grande fuite de Traités fur la Métaphyfique en général & fur celle des langues en particu-

B

lier, fur la Théologie, fur les Sciences, fur la Philofophie, fur l'Hiftoire, fur la Morale, fur la Politique, fur les Loix, fur les principes de l'Adminiftration. On y voit auffi quelques projets de fimple littérature, de Traductions, de Poëmes & même de Tragédies.

De tous ces Ouvrages que M. Turgot fe propofait à vingt ans, il en a fait ou commencé quinze. Mais il en a fait beaucoup d'autres auxquels il ne fongeait point alors, & une partie de ceux qui entraient dans fes projets, tels que le Poëme des Saifons, & un autre fur la Loi naturelle, ont été exécutés depuis par des Auteurs infiniment eftimables, dont l'amitié lui a été plus douce, que la gloire de lutter avec eux n'eût pu lui être précieufe.

Il était alors intimement lié avec MM. les Abbés de *Brienne*, de *Boifgelin*, de *Very*, de *Cicé* & avec l'Abbé *Bon*, homme d'efprit, auquel une longue fuite de malheurs avait donné un peu de fufceptibilité, & qui n'en a pas été moins cher jufqu'au dernier moment, & à M. Turgot, chez lequel il eft mort, & aux autres refpectables condifciples qui faifaient avec lui leur licence. La plupart

SES AMIS, LEURS OCCUPATIONS. 19

de ces amis & de ces émules de la jeunesse de M. Turgot se montrent aujourd'hui de dignes Prélats dans des provinces dont la constitution demande que les Chefs de l'Eglise déploient toutes les lumieres, les vertus & l'activité de l'Administrateur. Ils s'éclairaient déjà réciproquement sur les principes de la richesse & du bonheur des nations ; & au mois d'Avril 1749, M. Turgot n'ayant pas vingt-deux ans, adressait à l'un d'entr'eux une dissertation sur *la circulation de l'argent*, où il est facile de reconnaître l'homme destiné à devenir un grand Ministre d'Etat.

Dès l'année précédente, l'Académie de Soissons ayant proposé un Prix sur la question : *quelles peuvent être dans tous les temps les causes de la décadence du goût dans les Arts, & des lumieres dans les Sciences ?* M. Turgot avait traité cette question avec une grande étendue. Le plan de son discours, & plusieurs fragments, subsistent encore ; mais l'Abbé Bon ayant entrepris de concourir, M. Turgot y renonça, & préféra de communiquer son plan à son ami.

En 1750, M. Turgot ~~lutta contre~~ *combattit* deux Métaphysiciens qui ont une grande réputation & qui en sont dignes. Le premier est le Docteur *Berkeley*, Evêque de Cloyne, qui fait du monde une espece de rêve, dans lequel nous n'aurions de certain qu'une suite de perceptions, qui, selon lui, ne peuvent nous assurer de la réalité des objets qui les causent. M. Turgot, après avoir traduit une partie du Livre de Berkeley, emploie à le réfuter deux lettres d'une Logique serrée & d'une très-bonne Métaphysique, dont il a depuis développé la doctrine, en faisant pour l'Encyclopédie le mot *Existence*.

Il y montre comment de la conscience du *Moi*, c'est-à-dire, de l'être susceptible de plaisir & de douleur, nous sommes conduits, par l'expérience, & par les diverses relations de ce *Moi* avec les êtres environnants, d'abord présents, ensuite passés mais rappellés par la mémoire, enfin futurs ou prévus par l'imagination, à former la notion abstraite de l'*existence*, & à la regarder comme une propriété fondamentale, dont les propriétés sensibles qui nous frappent ne sont que des accessoires.

Il établit ensuite qu'il y a des effets qui n'ont pu être produits que par une seule cause;

& qu'alors la certitude de la cause est égale à celle de l'effet. C'est le fondement des preuves métaphysiques de l'existence de Dieu.

Il y en a d'autres qui, dans la multitude des causes inconnues, obligent de se livrer aux hypothèses, & de vérifier ces hypothèses par la comparaison aux phénomenes. Ce sont les fondements de la physique, de la critique des faits, de la connaissance des corps & des êtres qui nous sont extérieurs. Lorsque l'accord des causes supposées avec les effets éprouvés n'est pas complet, il ne conduit qu'à un plus ou moins grand degré de vraisemblance ou de doute. Mais l'enchaînement & l'accord parfait des causes avec les phénomenes bien vérifiés, donnent un degré de certitude auquel il nous devient impossible de refuser notre assentiment; & c'est cet accord qui nous prouve l'existence de l'univers matériel par une suite d'expériences tellement imposantes, & si conséquentes les unes aux autres, que les raisonnements ingénieux de l'Evêque de Cloyne viennent se briser contre l'évidence dont l'univers nous presse & nous entoure.

Le second Métaphysicien réfuté par M. Turgot est le célebre *Maupertuis*, qui, dans ses Réflexions philosophiques sur l'origine des langues a cru pouvoir réduire leurs principes à la précision & aux formules algébriques. M. Turgot montre que le système de Maupertuis est fort incomplet, & donne sur la métaphysique & la mécanique des langues plusieurs principes très-vrais qui avaient échappé au Philosophe géometre, & dans l'exposition desquels M. Turgot se conforme d'ailleurs au laconisme élégant de l'Ecrivain qu'il combat.

Il y avait déjà deux ans que M. Turgot travaillait à un *Dictionnaire de la langue latine* rapportée à ses mots primitifs, avec leurs origines, leurs composés & leurs dérivés. Il n'en a laissé que quelques fragments & un Recueil assez considérable d'étymologies qu'il avait rassemblées, discutées ou découvertes, & qui devaient entrer dans ce grand Ouvrage.

M. Turgot n'approuvait pas le dédain que beaucoup de gens témoignent pour l'art des étymologies. Il le croyait propre à jeter un grand jour sur la Grammaire générale, sur la formation & sur la nature des langues, & utile aussi pour éclairer l'Histoire, principalement celle des sciences, des arts, des conquêtes & des transmigrations des Peuples.

Il a déposé dans l'Encyclopédie, au mot *Etymologie* qu'il y a fourni, ses principes sur cet Art, qui, comme tout autre Art conjectural, est formé de deux parties, l'invention & la critique. Il y détaille les différents objets dont il faut s'occuper pour découvrir les étymologies, & les principes de critique par lesquels on doit juger de leur bonté ou de leur peu de solidité.

Mais les deux plus grandes entreprises qui aient occupé M. Turgot dans cette première époque de sa vie étaient un *Traité de la Géographie politique*, & une suite *de Discours sur l'Histoire universelle*.

De ces deux Ouvrages qui devaient être liés ensemble, & se prêter un secours mutuel, il ne reste que le plan & quelques fragments. Le plan de chacun d'eux cependant étant très-détaillé, est lui-même un important ouvrage conçu avec beaucoup de génie, qui montre une érudition surprenante à l'âge qu'avait alors M. Turgot & qui a dû lui coûter des recherches immenses.

Quoique nous ayons resserré ces détails

autant qu'il a dépendu de nous, peut-être trouvera-t-on que nous leur avons donné trop d'étendue. Mais ce n'est point un *Éloge* que nous écrivons, ce sont de simples *Mémoires* sur un homme aussi éclairé que vertueux, qui a donné de nobles & utiles exemples à l'Europe & rendu des services essentiels à sa Patrie; & nous ne pouvons croire indifférent, ni à l'histoire naturelle de l'esprit humain, ni aux jeunes gens heureusement nés, & qui se destinent eux-mêmes à de grandes choses, de jeter un coup-d'œil sur les premiers travaux & sur le développement progressif du génie d'un Citoyen aussi distingué que l'a été à tous égards M. Turgot.

Après avoir fini l'année de son Priorat en Sorbonne, M. Turgot quitta enfin l'habit ecclésiastique au commencement de 1751; & sa Famille s'occupa du soin de lui procurer une des Charges de Magistrature par lesquelles il faut passer pour devenir Maître des Requêtes.

Il avait désiré celle d'Avocat du Roi au Châtelet. Il sentait la nécessité d'être obligé de parler en public, pour s'accoutumer à vaincre sa timidité naturelle qui tenait à un grand fonds de modeſtie & à un amour extrême pour la perfection. M. Turgot voyait toujours le mieux poſſible, comme un but auquel il ambitionnait d'atteindre; & quand ſon goût délicat trouvait ce qu'il avait dit ou penſé au-deſſous de cette perfection idéale qu'il avait pour objet, il éprouvait malgré les applaudiſſements qu'il pouvait recevoir, une légere & ſecrete humiliation. Il cherchait à corriger où les autres ne trouvaient point de défaut. Auſſi quoiqu'il parlât avec une pureté rare, il n'était jamais content de ce qu'il avoit dit, ſur-tout en public. Ses diſcours, quoique très-naturels, n'étaient pas très-faciles. Il aimait mieux écrire parce qu'il était ſûr en écrivant de rendre toute l'étendue de ſa penſée, & parce qu'il ſe plaiſait à en retoucher ſans ceſſe l'expreſſion.

Il ne s'en laſſait jamais : plus ſévere encore pour lui-même que pour ſes amis. Il a regretté toute ſa vie de n'avoir pas eu dans la place d'Avocat du Roi une occaſion de s'exercer à parler avec plus de rapidité & d'aiſance. Il eſt très-vrai que c'eſt un avantage qu'on doit le plus ſouvent à l'habitude. Nous voyons les Avocats obligés de développer une multitude de *moyens* auxquels ils n'avaient pas eu le temps de songer d'avance, & les Courtisans occupés à plaire en répondant à tout avec agrément d'une maniere indéterminée & qui n'engage à rien, acquérir, les premiers une faconde imposante, & les seconds une facilité piquante & légere, qui leur fait éclipser dans la conversation, même avec très-peu de fonds réel, l'homme de Lettres du mérite le plus distingué, mais qui n'a jamais déployé son esprit que dans son cabinet.

M. Turgot sortant à vingt-trois ans de Sorbonne, plein de connaissances profondes, formé par des études sérieuses, ayant même beaucoup de goût littéraire, était cet homme d'esprit un peu neuf dans la Société. Cet inconvénient, léger en lui-même, a peut-être influé d'une maniere assez grave sur le destin de sa vie. N'aimant à développer ses pensées, & n'y réussissant bien qu'avec ses amis intimes, il n'y avait qu'eux qui lui rendissent justice. Tandis qu'ils adoraient sa bonté, sa douceur, sa raison lumineuse, son intéressante sensibilité, il paraissait froid & sévere au reste des hommes. Ceux-ci par conséquent se contenaient eux-mêmes ou se masquaient avec lui. Il en avait plus de peine à les connaître ; il perdait l'avantage d'en être connu ; & cette gêne réciproque a dû lui nuire plus d'une fois.

Aucun de MM. les Avocats du Roi n'ayant voulu se défaire de sa charge, M. Turgot fut pourvu de celle de Conseiller substitut de M. le Procureur-Général, le 5 Janvier 1752. Il est inutile de dire avec quel zele, quelle activité, quelle intégrité il en remplit les fonctions. Ces qualités qui honoreraient un autre homme, étaient aussi simples pour M. Turgot que la respiration & la vie. Le bonheur & le devoir de contribuer à rendre la justice suspendirent même pendant quelque temps ses travaux commencés & ses études chéries. Il n'était plus question pour lui d'apprendre, mais d'agir.

Dans toutes les places de Magistrature qu'il a occupées, il s'était imposé la loi de ne s'en rapporter qu'à lui-même pour extraire les pieces servant aux procédures.

Il n'aimait pas les sollicitations. Toutes celles qui étaient étrangeres à l'instruction du Juge lui semblaient désobligeantes. Elles lui paraissaient annoncer peu de confiance dans l'intégrité du Magistrat, & occasionner au moins une perte de temps nuisible à l'examen & à l'expédition des affaires.

Il ne resta pas long-temps dans la Magistrature par laquelle il avait débuté, & fut reçu Conseiller au Parlement le 30 Décembre 1752, puis Maître des Requêtes le vingt-huit Mai 1753.

Ce fut en parlant au Conseil en cette qualité, qu'il apprit que, pour paraître court & précis dans son travail, il est souvent nécessaire de s'étendre, & que ce n'est pas la briéveté qu'il faut avoir pour objet. La premiere fois qu'il rapporta devant le Roi, M. Turgot crut devoir résumer dans le moins de mots possible, l'affaire importante dont il s'agissait. Il dit tout, & dit tout avec une concision sévere. Son travail fut approuvé, mais fatigua ses auditeurs; & le Conseil fini, la plupart de MM. les Conseillers d'Etat qui prenaient tous à lui un intérêt véritable, lui dirent: *Vous avez très-bien parlé, mais vous avez été un peu long; une autre fois abrégez*: M. Turgot, auquel il aurait été impossible d'abréger davantage comprit d'où provenait l'effet dont on s'était plaint. A son second rapport, il prit une marche différente. Il développa fort en détail les faits & les *moyens* qu'il avait à faire connaître; il résuma chaque partie de son discours avant de passer à la suivante ; & les résuma toutes une une seconde fois en finissant. *Vous vous êtes bien corrigé*, lui dit-on, *vous avez dit beaucoup plus de choses, & vous avez été COURT*. C'est qu'il avait été *clair*, & qu'il avait souvent reposé l'attention des Magistrats qui l'écoutaient.

Cette expérience & cette leçon lui ont été utiles pour tous ses autres travaux. Jamais depuis il ne s'est épargné la peine de remonter aux premiers principes de la matiere qu'il a voulu traiter, d'en tirer méthodiquement toutes les conséquences, & de suivre chacune d'elles jusqu'où elle peut aller, & dans tous ses rapports avec les autres conséquences qui dérivent des mêmes vérités. Aussi ses écrits sont-ils d'une extrême clarté; son éloquence qui n'a qu'une douce chaleur toujours motivée par la raison manifeste, ne donne point de commotions; elle ne séduit pas, elle n'entraîne pas; elle conduit, démontre & persuade.

Cependant il ne suffit pas toujours de perſuader les Juges. Il ne s'agit pas ſeulement, pour obtenir d'eux un Arrêt qu'il ſoit équitable en lui-même ; il faut encore qu'il ſoit légal dans tous ſes points ; & nos loix ſont tellement imparfaites que les formes peuvent ſouvent effacer ce que le fonds a d'intéreſſant & de favorable, & que le Magiſtrat le plus integre voyant dans la violation de ces formes, tant qu'elles ſont établies, plus d'inconvénients encore que dans leur abus, peut être conduit par ſon intégrité même, à penſer d'une façon & à prononcer d'une autre, à ordonner une iujuſtice par un jugement régulierement juſte : c'eſt à quoi ſont le plus expoſés les Juges blanchis dans les fonctions de leur miniſtere. Mais le jeune Magiſtrat qui voit avant tout l'équité, ne peut s'empêcher de s'efforcer à la ſoutenir contre l'imperfection des loix ſous leſquelles elle eſt opprimée, & d'expliquer celles-ci de la maniere la plus avantageuſe au bon droit. C'eſt ce que fit M. Turgot dans un autre rapport au Conſeil. L'affaire préſentait beaucoup de difficultés : il avait cru devoir propoſer & ſoutenir par des raiſons puiſſantes, des conclusions dont il avait reconnu la justice, & qui étaient d'autant plus équitables qu'elles étaient tirées de l'esprit plus que de la lettre de la loi.

Le Conseil les rejeta toutes, & M. Turgot fut vivement affligé. Mais huit jours après il eut une grande consolation : les deux parties transigerent sans s'arrêter à l'arrêt du Conseil, & conformément aux conclusions du Rapporteur.

Quelque laborieux que soit le service du Conseil, il laisse à MM. les Maîtres des Requêtes beaucoup plus de loisir que n'en ont la plupart des autres Magistrats. M. Turgot en profita pour se livrer à l'attrait qu'avaient pour lui les lettres & les sciences.

Ce fut alors qu'il enrichit l'Encyclopédie des mots *Existence* & *Étymologie* dont nous avons rendu plus haut un compte abrégé, & des mots *Expansibilité*, *Foires* & *Fondation*.

L'expansibilité est la propriété par laquelle les particules d'un corps tendent à se réduire en vapeurs, c'est-à-dire à se dilater indéfiniment, de sorte qu'elles ne sont contenues dans leur état actuel que par une force qui les comprime & balance leur force d'expanſibilité.

M. Turgot obſerve que preſque tous les corps ſont ſuſceptibles *d'expanſibilité*, mais qu'ils n'acquierent l'état dans lequel ils ſont réellement expanſibles que par l'effet de la chaleur, & après avoir paſſé par ſon moyen dans l'état de *liquidité*; la plupart d'entr'eux ſont comme l'eau, qu'un certain degré de froid, ou de diminution de chaleur rend *ſolide*, que le degré de chaleur au-deſſus de la congellation rend *liquide*, & que le degré de chaleur ſuffiſant pour produire l'ébullition rend *expanſible*.

La chaleur tend à écarter les parties des corps. La plus ou moins grande augmentation de leur volume, leur fuſion & leur vaporiſation, ne ſont que des nuances de l'action de cette cauſe appliquée ſans ceſſe à tous les corps, dans des degrés variables, balancés par les forces diverſes qui en retiennent les parties les unes auprès des autres, & qui conſtituent leur *dureté* ou leur *liquidité* lorſqu'elles ne ſont pas ſurpaſſées par la dilatation que produit la chaleur.

M. Turgot, après avoir analyſé cette propriété, en examine les loix dans les corps
où

où nous pouvons le mieux en reconnaître & en suivre les effets.

La théorie qu'il établit alors se trouve confirmée par les découvertes qui ont été faites depuis sur les différentes especes d'airs; & c'est ainsi que l'œil du génie prévoit les succès de l'expérience.

Cet article & les deux précédens imprimés en 1756, rédigés en 1755 sur des matériaux préparés & mûris d'avance, font connaître le Physicien, le Métaphysicien, l'homme de Lettres ; les deux suivans montrent à la même époque l'homme d'Etat déjà tout formé.

M. Turgot, au mot *Foires*, commence par distinguer les *Foires* des *Marchés*. Ceux-ci s'établissent naturellement, en raison de l'espoir que la commodité des lieux & la population qui s'y rassemble, donnent aux vendeurs d'y trouver un plus grand nombre d'acheteurs avec moyen de payer ; & aux acheteurs d'y trouver une plus grande concurrence de vendeurs, une plus grande quantité & un plus grand nombre d'especes de marchandises à vendre.

Les foires ont une autre origine. Les

gênes & les impositions mises presque universellement sur le commerce, leur ont donné la naissance. Le commerce arrêté & opprimé de toutes parts, a dû se porter avec affluence aux lieux & dans les momens où il a trouvé la permission de respirer & de jouir de quelques franchises. L'éclat des *foires* suppose donc l'état habituellement languissant du commerce.

Les plus grandes foires ont été établies dans des siecles de brigandage, où les magasins eussent été pillés si le commerce eût osé se montrer en grand ailleurs que dans les villes, & aux temps indiqués, où il pouvait espérer une protection spéciale & passagere qui amenait le concours, & que le concours même contribuait à faire respecter. Nous avons eu des foires par les mêmes raisons qui font que les Orientaux ont des caravannes.

M. Turgot démontre que la regle, par rapport au commerce, devrait être de le protéger en tous temps, de le laisser partout libre, franc, exempt de toute espece de vexation; & il fait voir que si l'on n'avait point alors de ces assemblées éclatantes qui fixent les regards des Nations & des politiques peu instruits, on aurait en tous lieux l'abondance, l'aisance & la prospérité. « Les eaux « dit-il » rassemblées artificiellement dans des bassins & des canaux de décoration, amusent les voyageurs par l'étalage d'un luxe frivole. Mais celles que les pluies répandent uniformement sur la surface des campagnes & que la seule pente des terreins dirige & distribue dans tous les vallons pour y former des fontaines, portent par-tout la fécondité & la richesse ». Ces idées sont devenues communes depuis, elles seront générales un jour; alors elles étaient rares & semblaient paradoxales.

Ses principes sur les *fondations* ne sont pas moins vrais, ni moins profondement pensés, & sont beaucoup plus loin encore des opinions universellement répandues.

On est obligé de convenir avec lui, en lisant le mot *Fondation*, que la vanité a été & est presque toujours le véritable motif de ce genre d'établissement; que la vanité exhaltée d'un fondateur est un mauvais juge de l'utilité publique; que même quand une fondation aurait été réellement faite dans des vues d'utilité combinées avec la plus grande sagesse, l'intérêt particulier & la paresse à qui l'exécution & l'administration en seront toujours & nécessairement confiées, étoufferaient cette utilité sous le nombre des abus.

La simple variation dans les mœurs & les besoins de la société détruirait, & détruit toujours à la longue, l'avantage des fondations dont l'utilité primitive aurait été la plus incontestable.

Le luxe, le faste, les édifices qui accompagnent les grandes fondations sont ordinairement si considérables que ce serait quelquefois évaluer bien favorablement leur utilité que de l'estimer à un centieme de la dépense.

M. Turgot fait sentir qu'il y a d'autres moyens de remplir, à moins de frais & beaucoup mieux, les divers objets qu'on peut avoir en vue dans les fondations : moyens qui tiennent à de bonnes loix, & à des encouragements bien entendus.

Il conclut que l'autorité a fait très-sagement de restreindre le pouvoir de faire des fondations nouvelles, & que le corps politique a le droit de disposer des anciennes qui ne remplissent pas leur objet, & de revenir à cet objet par des moyens plus efficaces, meilleurs, plus justes, plus naturels.

Il est clair que si chacun pouvait faire des fondations sans autre régle que sa fantaisie, la vanité absorberait, au bout d'une certain temps, en fondations, tous les biens de la société, & qu'à la fin il ne resterait plus aux familles de propriétés particulieres. La nation entiere se verrait réduite à vivre sur des fondations, & certainement alors elle serait très-misérable, & ses affaires seraient très-mal faites. Quelques parties de l'Italie, qui cependant n'en sont pas encore à ce terme fatal, sont du moins un triste exemple de la progression par laquelle on y peut arriver.

M. Turgot avait projetté de faire, pour le même Dictionnaire, où se trouvent ces dissertations, les mots *Mendicité*, *Inspecteurs*, *Hôpital*, *Immatérialité*, *Humide* & *Humidité*. Mais l'autorisation qui avait d'abord été donnée à cet ouvrage, ayant été interrompue, il ne crut pas devoir achever ces mots qu'il avait commencés, ni songer à en rédiger d'autres.

Il commençait à jouir de sa réputation littéraire. Le suffrage & les conseils de son goût, beaucoup plus formé qu'on ne l'a jamais eu au même âge, devenaient de jour en jour plus estimés. On se plaignait de sa sévérité; mais on le consultait (3). La supériorité de ses lumieres & la certitude que ceux qui lui étaient chers avaient de son zêle & de son attachement pour eux, lui ont attiré dans tout le cours de sa vie privée, ce surcroît d'occupations. Il suspendait ses travaux littéraires les plus intéressans pour répondre à la confiance de ses amis, en jugeant & perfectionnant leurs ouvrages, & il n'a guere consumé moins de temps à leurs écrits qu'aux siens propres.

Ses jours étaient infiniment remplis. Il se livrait à la chymie sous le célebre *Rouelle*; il étudiait sérieusement l'Histoire-Naturelle; il se perfectionnait dans la Géométrie transcendante & dans l'Astronomie. Ce fut encore alors qu'il se livra le plus aux langues modernes étrangeres; qu'il apprit l'Allemand,

---

(3) Il ne s'offensait jamais que ses amis critiquassent ses écrits avec le même scrupule qu'il apportait en examinant les leurs. *Nous faisons assaut de sévérité*, disait-il une fois à M. de Saint-Lambert, *mais sans nous en aimer moins.* — Madame de Graffigny, dont le goût était si délicat, prenait son avis sur ses Ecrits. On a trouvé des observations qu'elle lui avait demandées sur plusieurs d'entr'eux.

& nous fit connaîtrre Geſſner, & que s'appliquant, ſur-tout aux études relatives à l'adminiſtration, il traduiſit Hume & Tucker, comme nous l'avons déjà rapporté.

Ce dernier travail le lia plus intimement avec MM. *Trudaine*, pere & fils, & avec M. *de Gournay*, ce Négociant, ce Citoyen, ce Magiſtrat, cet Homme d'Etat, dont l'expérience & les lumieres ont répandu autant de jour ſur les vrais principes de l'adminiſtration du Commerce, que M. *Queſnay* ſon contemporain, & qui fut auſſi l'ami de M. Turgot, en a jetté ſur ceux des impôſitions, ſur ceux du droit naturel, & ſur ceux de la réproduction & de la diſtribution des richeſſes.

M. Turgot étudia la doctrine de ces deux hommes juſtement célebres, en profita, ſe la rendit propre, & la combinant avec la connoiſſance qu'il avait du Droit, & avec les grandes vues de législation civile & criminelle qui avaient occupé ſa tête & intéreſſé ſon cœur, parvint à en former ſur le gouvernement des Nations un corps de principes à lui, embraſſant les deux autres, & plus complet encore.

La Philoſophie de M. Turgot était un choix

réfléchi de ce qu'il avait trouvé de raisonnable dans toutes les Philosophies. Fait pour remonter de lui-même aux plus grandes vérités, de quelque part qu'elles vinssent, il n'en rejettait aucune; mais capable de découvrir celles qu'il avait apprises, il n'en admettait aucune sur parole & sans l'avoir, si l'on peut ainsi dire, contrôlée & vérifiée d'après la nature même. Il respectait la liberté des opinions; mais il n'adoptait entiérement aucun systême de ceux qui l'avaient précédé. Il a passé pour avoir été attaché à plusieurs sectes, ou à plusieurs sociétés qu'on appellait ainsi; & les amis qu'il avait dans ces sociétés diverses lui reprochaient sans cesse de n'être pas de leur avis; & sans cesse il leur reprochait de son côté de vouloir faire communauté d'opinions, & de se rendre solidaires les uns pour les autres. Il croyait cette marche propre à retarder les progrès mêmes de leurs découvertes. Le repos de la solitude lui paraissait indispensable pour étudier la nature des choses, & les loix que leur a données le Créateur, & ce sentiment tenait à ses mœurs autant qu'à son caractere.

Il détestait l'esprit de secte & tout esprit

de corps, parce que l'expérience lui avait fait voir qu'il est très-difficile que, même chez les hommes les plus estimables, l'espece de fanatisme qui en est inséparable, n'égare pas un peu l'amour de la vérité & de la justice que M. Turgot préférait à tout. La morale des Corps les plus scrupuleux ne vaut jamais celle des particuliers honnêtes.

M. Turgot trouvait d'ailleurs à cet esprit d'association l'inconvénient grave de prévenir & d'animer la société générale contre ces petites société particulieres qui s'élevent dans son sein, & de ~~compromettre~~ reculer ainsi le succès des bonnes intentions de ceux que leur zéle entraîne à former ces especes de confédérations. « *C'est l'esprit de secte*, a-t-il dit cent fois, » *qui appelle sur les vérités utiles les ennemis &* » *la persécution. Quand un homme isolé propose* » *modestement ce qu'il croit la vérité, s'il a rai-* » *son, on l'écoute; & s'il a tort, on l'oublie.* » *Mais lorsqu'une fois des Savans même se* » *sont mis à faire corps & à dire Nous* (4), » *à croire pouvoir imposer des loix à l'opinion*

―――――――――――――――

(4) « Lorsque vous direz *Nous* « disait-il encore quelquefois » ne soyez pas surpris que le Public réponde *Vous* ».

» publique, l'opinion publique se révolte contr'eux
» avec justice, parce qu'elle ne doit recevoir de
» loix que de la vérité, & non d'aucune autorité.
» Tout Corps voit bientôt sa livrée portée par
» des imbécilles, par des foux, par des igno-
» rants, fiers, en s'y agrégeant, de faire un
» personnage. Il échappe à ces gens des sottises
» & des absurdités. Alors les esprits aigris ne
» manquent pas de les imputer à tous les confre-
» res de ceux qui se les sont permises. On ré-
» clame en vain : les lumieres s'obscurcissent ou
» s'éteignent au milieu des querelles, où bientôt
» on ne s'entend plus. Les gens sages craignent
» de se compromettre en les rallumant ; & la
» vérité importante qu'on avait découverte de-
» meure étouffée & méconnue. Elle paie les dettes
» de l'erreur, de la partialité, de la prétention,
» de l'exagération, de l'imprudence avec les-
» quelles elle a fait la faute de s'associer ».

M. Turgot n'a donc dédaigné aucun secours. Il a rendu justice & témoigné respect à tous les Savans qui ont contribué à
étendre ses lumieres ; mais aidé de leurs
forces, il a cru devoir employer les siennes
à chercher comme eux la vérité, dont aucun ne pouvait avoir le privilege exclusif ; &

pour ne jamais cesser d'être équitable envers tout le monde, il n'a point adopté de *parti*.

Sa reconnaissance a regardé comme un des événemens qui ont le plus avancé son instruction, le bonheur qu'il eut d'accompagner M. de Gournay dans les tournées que ce Magistrat, alors Intendant du Commerce, fit en 1755 à la Rochelle, à Bordeaux, à Montauban, dans toute la Guyenne, à Bayonne, & dans le pays de Labourt; & en 1756, dans l'Orléannais, l'Anjou, le Maine & la Bretagne.

On ne peut mieux donner une idée de l'utilité de ces voyages qu'en transcrivant ce que M. Turgot en a dit lui-même dans l'hommage qu'il a rendu à la mémoire de son vertueux ami, dont il a eu aussi à couvrir la tombe de larmes.

« M. de Gournay trouvoit à chaque pas de
» nouveaux motifs de se confirmer dans le
» principe que la liberté est l'ame du com-
» merce, & de nouvelles armes contre les
» gênes qu'il attaquoit. Il recueilloit les plain-
» tes des Fabricants sans appui. Il s'attachoit
» à dévoiler l'intérêt caché qui avoit fait
» demander comme utiles des réglemens

» dont tout l'effet étoit de mettre encore
» plus le pauvre à la merci du riche. Les
» fruits de ses voyages furent la réforme d'une
» infinité d'abus de ce genre; une connois-
» sance du véritable état des Provinces plus
» sûre & plus capable de diriger les opéra-
» tions du Ministere; une appréciation plus
» exacte des plaintes & des demandes; la
» facilité procurée au Peuple & au simple
» Artisan de faire entendre les siennes; enfin
» une émulation nouvelle sur toutes les par-
» ties du commerce, que M. de Gournay
» savoit répandre par son éloquence persua-
» sive, par la netteté avec laquelle il ren-
» doit ses idées, & par l'heureuse contagion
» de son zele patriotique ».

Depuis 1755 jusqu'en 1759, M. Turgot s'éloigna peu de M. de Gournay. Enfin il perdit cet ami respectable, qui mourut dans un âge prématuré. Il avait déjà perdu, par un accident funeste, Mis le Marquis *de Chambors* son parent, son ami intime, un des compagnons de sa jeunesse. Il commençait à connaître les véritables peines de la vie. Le tribut qu'on rend aux mânes d'un ami, quoiqu'exigé par la vérité, quoiqu'ayant pour le cœur qui le dicte une forte d'attrait douloureux & tendre, ne fait qu'enfoncer plus profondément dans l'ame le regret d'en être féparé pour jamais. M. Turgot fit l'éloge de M. de Gournay, & l'en regretta chaque jour davantage.

Il fut chercher la feule confolation qui convînt à un cœur comme le fien, à Montigny, chez M. Trudaine. Cet ancien & refpectable Magiftrat aimait tendrement M. de Gournay, & chériffait beaucoup auffi M. Turgot. Il crut devoir faire hériter ce dernier de toute l'affection qu'il avait portée à leur ami commun. M. *Trudaine* n'était pas un homme fufceptible de prévention, plein de fageffe & de perfpicacité, excellent obfervateur des hommes & des chofes, il avait reconnu & pefé les grandes qualités de M. Turgot, & regardait comme un devoir de les appliquer à l'utilité publique, & de leur prêter tout l'appui que fon âge, fon expérience, & la haute confidération dont il jouiffait dans le Confeil le mettaient à portée de donner à un jeune Magiftrat. C'eft en grande partie aux lumieres & au courage de M. Trudaine que M. Turgot a dû l'heureufe liberté qu'il a eue, de tenter dans fon Intendance les grandes réformes qu'il y a exécutées avec tant de succès. Mais n'anticipons pas sur les événemens.

Après avoir resté quelque temps à Montigny, M. Turgot en partit pour aller voir les Alpes & la Suisse. Il passa par Lyon, fut à Genêve, parcourut le pays de Vaud, & revint par Zurich, Basle & l'Alsace.

Ce fut dans ce voyage à Lauzanne en 1760, âgé de trente-trois ans, qu'il éprouva la premiere attaque de la maladie funeste qui l'a conduit au tombeau. C'est un des phénomenes de cette maladie, quand elle commence, d'ajouter à l'activité des victimes qu'elle doit immoler un jour. Les premieres douleurs qu'elle cause laissent l'esprit libre, agitent le sang, & lui donnent plus d'effervescence. Elle allume le flambeau qui va l'aider à consumer la vie.

M. Turgot a rédigé dans ce voyage des observations sur la forme & la nature des montagnes & des vallons qu'il a parcourus, & sur la qualité des terres & des pierres qu'on y trouve; observations qui montrent combien il était un Naturaliste exact, profond & judicieux. Il en a laissé d'autres très-curieuses sur l'Agriculture, & d'autres plus étendues & non moins intéressantes sur le Commerce & les Fabriques des lieux où il a séjourné.

A son retour, il reprit ses travaux à la suite du Conseil, & fut nommé Intendant de la Généralité de Limoges le 8 Août 1761.

Le premier besoin de l'âme de M. Turgot était celui d'être utile au genre humain. Il croyait alors, il a cru long-temps, c'est une erreur au moins excusable, que les places de l'administration offraient le meilleur moyen de servir la Patrie & l'humanité; & c'est assez tard qu'il a été convaincu que, vû l'instabilité qui tient à nos mœurs, une découverte heureuse, un livre fait avec soin sur une matiere importante, sont d'une utilité plus grande & plus réelle que celle de la loi la plus sage, dont rien n'assure l'exécution, & de l'établissement le mieux combiné, dont rien ne garantit la durée.

Mais si nos enfans peuvent avoir à regretter qu'il n'ait pas vu toujours ainsi, nous du moins, & nos contemporains, le Peuple d'une grande partie du Royaume, & celui sur-tout des Provinces qui lui furent plus particulierement confiées, nous devons bénir le zéle & le courage qui lui ont fait consacrer son temps, ses efforts, sa santé, sa vie, à notre bien du moment, dont quelques conséquences pourront s'étendre jusqu'à nos neveux.

M. Turgot trouva la Généralité de Limoges dans un état de pauvreté effrayant. On y avait établi une espece de taille tarifée sur une sorte de cadastre qu'avait fait faire M. de Tourny. Mais du temps de M. de Tourny, l'Administration & les Gens de Lettres ignoraient encore généralement les principes d'après lesquels on peut juger du revenu des terres.

Dans les pays de grande culture, où l'on trouve des Fermiers qui se chargent de l'exploitation d'un bien, & qui en font les avances, ces Fermiers ont de tout temps calculé à-peu-près quelle portion du produit doit être consacrée à le perpétuer. Ils gardent cette portion, & ne s'engagent à payer que le surplus. Dans ce surplus des fraix nécessaires pour perpétuer l'exploitation, sont comprises la portion que le décimateur préleve en nature, & la somme d'imposition dont le Fermier ou la terre sont chargés.

Le

DIFFICULTÉ D'ESTIMER LES REVENUS. 49
Le propriétaire du sol reçoit le reste, qui forme son revenu.

Dans les pays de petite culture au contraire, où le propriétaire est obligé de donner avec son domaine un capital considérable en bestiaux & instrumens aratoires, & d'avancer de plus la semence & la subsistance du colon jusqu'à la récolte, qui se partage ensuite entre eux, il est très-difficile de connaître quel est le revenu réellement libre & imposable. Il est clair que ce qui est nécessaire pour renouveller les bestiaux & les instrumens, & pour réparer les dommages causés par les accidens de toute espece, toujours à la charge du propriétaire dans ces Provinces, n'est pas un revenu dont il puisse disposer. Il est clair que l'intérêt qu'il peut retirer de ses avances en bestiaux, en outils, en semences, en nourriture pour son Métayer, est le produit d'un capital qu'il a été obligé d'avoir indépendamment de sa terre, ou d'emprunter pour la mettre en valeur, & que ce n'est point le revenu même de sa terre.

On commence à sentir aujourd'hui ces vérités, & même à trouver qu'il n'y a pas

D

eu grand mérite à les appercevoir; mais alors on n'y avait point encore pensé, & M. Quesnay est le premier qui, partant du calcul implicite que font les Fermiers dans les pays de grande culture, & le développant, est parvenu à discerner ce qui, dans une récolte, doit servir à rembourser les fraix, & à payer l'intérêt des avances de l'établissement. C'est M. Quesnay qui a démontré que le surplus seul forme un *produit net* qui constitue le revenu réel de la propriété foncière, & la seule partie des récoltes à laquelle on puisse demander de contribuer à l'impôt, si l'on ne veut ruiner la Société; puisque celle-ci ne peut subsister qu'autant que les récoltes se perpétuent, & que les récoltes ne peuvent se perpétuer qu'autant qu'on ne retranche rien des travaux & des dépenses dont elles sont le fruit.

Des esprits très-frivoles ont cherché à tourner en ridicule l'observation importante & les calculs de M. Quesnay. Le ridicule est en France une arme que l'intérêt & l'intrigue manient très-adroitement, & qui supplée au raisonnement qu'ils n'emploieraient pas avec autant d'avantage. Le ridicule est sûr de frapper son coup, & de reculer pour un temps le succès des découvertes & des entreprises les plus utiles. Mais il s'émousse à la longue contre la raison & la vérité, & il n'empêchera pas la judicieuse remarque de M. Quesnay, les principes qu'il en a tirés, & l'usage qu'en a fait M. Turgot, d'être comptés parmi les plus grands services qu'on ait pu rendre aux Peuples, aux Rois, au genre humain.

Il serait très-injuste de faire un reproche à M. de Tourny, d'avoir ignoré lorsqu'il commença son opération en 1738, ce qu'aucun homme instruit ne savait avant 1756 ; mais rien ne se peut comparer au désordre où la Province se trouvait plongée par cette opération, qui avait nécessairement manqué de premiers principes, & que son étendue, & la rapidité avec laquelle on l'avait pressée, avait chargée de défauts dans l'exécution.

On avait arpenté environ les deux tiers de la Province; mais on n'avait point fait de cartes de cet arpentement. Sur les simples brouillons des Arpenteurs, on avait fait des procès-verbaux généraux des Paroisses, & des *feuilles de relevé*, contenant chacune les articles qui devaient servir à former la cotte de chaque particulier. Il se trouvait, par des erreurs de copistes, que les feuilles de relevé n'étaient point d'accord avec les procès-verbaux; & il était impossible, par le défaut de cartes, & sans les brouillons originaux qu'on n'avait point confervés, de favoir lequel du procès-verbal ou des feuilles de relevé méritait le plus de confiance.

Des abonnateurs, qui n'avaient & ne pouvaient avoir aucune lumiere fur la fcience encore ignorée de calculer les fraix de culture, & de les fouftraire des récoltes pour en connaître le revenu, avaient enfuite eftimé les héritages; & cette eftimation faite rapidement, fans difcuffion avec les propriétaires, ni avec les cultivateurs, avait fervi de bâfe pour répartir entre les contribuables de chaque Paroiffe la même fomme de principal de taille qui y avait été précédemment impôfée. Il en réfultait que dans des Paroiffes la taille paraiffait à un fol pour livre du revenu eftimé, & dans d'autres à cinq fols pour livre. Mais comme l'eftimation du revenu n'avait elle-même aucune bâfe, la difproportion pouvait être plus faible ou plus forte, & personne n'était à portée de le savoir.

L'incertitude originelle de toutes les parties de cette opération se trouvait énormement accrue, parce que depuis vingt-deux ans on n'avait fait aucune vérification, ni pris aucun soin de constater les changemens de propriété par successions, ventes, échanges ou abandon; de sorte que les Paroisses étaient impôsées par des rôles qui n'avaient aucun rapport avec leur situation réelle, & il se trouvait une infinité de fausses taxes & de cottes inexigibles, que les Collecteurs étaient néanmoins obligés d'acquitter, sauf à les réimpôser l'année suivante par forme de rejet, sur ce qui restait des anciens contribuables, dont presqu'aucun n'avait sa propriété dans le même état où elle avait été vingt-deux ans auparavant.

Telle était la situation des deux tiers de la Province.

L'autre tiers n'avait pas été arpenté. On y avait pour bâse de la répartition d'anciennes déclarations des propriétaires sur l'étendue & la qualité de leurs héritages, d'après lesquelles on avait estimé qu'ils devaient porter telle ou telle part de l'imposition. Les héritages avaient tous varié dans cette partie de la Province, comme dans l'autre qui avait été arpentée, & l'on avait encore moins de moyens d'y suivre les mutations de propriété.

On avait d'ailleurs, dans cette partie de la Province, confondu parmi les objets de revenu, les bestiaux même de labour, qui ne sont qu'un instrument dispendieux pour le faire naître, & tous les bestiaux y étaient soumis à une imposition par tête.

Cependant comme les anciens propriétaires avaient eu grand soin de faire leurs déclarations fautives, il y avait moins de murmures dans cette partie de la Province que dans celle qu'on avait arpentée, où l'arpentement, si le reste de l'opération eût été bien fait, devait offrir une régle plus équitable & plus solide.

On avait présumé la fausseté des déclarations, & l'on avait été conduit par la vraisemblance de leur infidélité, à établir des taux différens pour les deux parties de la Province. Dans la partie arpentée, les profits particuliers de ferme étaient taxés à deux deniers pour livre, &

dans la partie non arpentée à quatre deniers. On se servait de la même raison pour justifier l'imposition par tête du bétail étendue jusques sur les bestiaux de labour. Cette imposition ne s'appliquait dans la partie arpentée qu'aux troupeaux & aux bestiaux qu'on engraisse pour les vendre.

En tout la plus profonde ignorance de la vraie situation des contribuables était générale ; on n'avait pas le moindre élément pour juger de leurs réclamations & de leurs plaintes. MM. les Intendans assiégés par ceux qui trouvaient accès ou crédit auprès d'eux, ne pouvaient que céder aux demandes, toujours plausibles, mais dont la justice était toujours impossible à vérifier ; & le plus grand nombre des malheureux ne pouvant, ni se faire entendre, ni, quand on les eût écoutés, prouver, dans cette obscurité universelle, que leurs réclamations fussent bien fondées, tombait dans le découragement absolu.

M. Turgot entreprit de débrouiller ce cahos, & l'on ne peut voir, sans un respect mêlé d'attendrissement, quel effroyable travail il lui en a coûté.

Il proposa d'abord au Ministere une Déclaration qui a été rendue le 30 Décembre 1761, pour donner aux Elections, & par appel aux Cours des Aides, une connaissance légale des régles particulieres établies dans la Généralité de Limoges; en faisant déposer aux Greffes des Elections un double de l'instruction qui se trouve à la tête des rôles, & tous les ans un double des Régistres relatifs à chaque Paroisse, & des feuilles de relevé de chaque cotte, afin de mettre ces Tribunaux à portée de prononcer avec quelque lumiere, sur les oppositions aux cottes qu'on présentait devant eux.

Tous les rôles des tailles de la Province se faisaient dans deux Bureaux établis, l'un à Limoges, & l'autre à Angoulême ; & ces deux Bureaux n'étaient à portée de faire aucune des vérifications nécessaires pour mettre les rôles d'accord avec la situation effective des Paroisses : ce qui n'avait pas peu contribué à introduire le désordre que les changemens de propriété par vente ou partage, & les variations de culture avaient multiplié d'année en année.

M. Turgot supprima ces deux Bureaux. Il établit des Commissaires aux tailles, à chacun desquels il attribua un petit arrondissement, & qu'il chargea d'aller vérifier l'état réel des Paroisses.

Les instructions qu'il leur donna embrassent les plus grands détails. Il avait prévu avec une extrême sagacité, toutes les difficultés du travail qu'il leur confiait. Il leur indiquait les moyens de les vaincre, & leur faisait sentir l'importance & la nécessité d'y parvenir. Il le leur rendait plus facile, en priant les Curés de leur communiquer les régistres des naissances, des mariages & des sépultures, & en leur faisant délivrer par les Notaires & les Contrôleurs des actes, des extraits des contrats passés dans leur arrondissement.

Mais ses instructions ne se bornaient pas à la partie des impositions qui était le principal objet du travail. Son esprit de bienfaisance s'étendait plus loin.

« Vous devez vous regarder « écrivait-il aux Commissaires des Tailles « comme autant de
» Sudélégués ambulans......Ne négligez
» point de vous instruire de l'état de l'agri-
» culture dans chaque Paroisse, de la quan-
» tité de terres en friche, des améliorations
» dont elles sont susceptibles, des productions

» principales du fol, des objets de l'induſtrie,
» des Habitans, & de ceux qu'on pourroit
» leur ſuggérer, du lieu où ſe fait le plus
» grand débit de leurs denrées, de l'état des
» chemins, & s'il ſont praticables pour les
» voitures ou ſeulement pour les bêtes de
» ſomme.

» La poſition du lieu, la ſalubrité de
» l'air, les maladies les plus fréquentes des
» hommes & des animaux, les cauſes aux-
» quelles on les attribue, ſont encore dignes de
» vos recherches. Vous pouvez auſſi écouter
» les plaintes des particuliers ſur toutes ſor-
» tes d'objets. Vous vous attacherez à dé-
» couvrir, autant qu'il vous ſera poſſible,
» les abus de tout genre dont le peuple
» peut ſouffrir; déſordres dans différentes
» parties de l'adminiſtration, vexations plus
» ou moins caractériſées, préjugés populaires
» qui peuvent être funeſtes à la tranquillité
» ou à la ſanté des hommes. Vous pouvez
» conférer ſur tous ces objets avec MM. les
» Curés à qui j'ai auſſi demandé de pareils
» éclairciſſemens, avec les Seigneurs & les
» Gentilshommes que vous aurez occaſion
» de voir, avec les principaux Bourgeois

» du canton.... Je ferai fort aife de con-
» noître toutes les perfonnes qui font en
» état de me donner des éclairciffemens
» utiles. Vous me ferez plaifir de m'indiquer
» ceux en qui vous aurez reconnu ces qua-
» lités. Vous vous informerez fur-tout foi-
» gneufement des Médecins, des Chirurgiens,
» des perfonnes charitables qui s'occupent de
» médecine, & qui diftribuent des remedes
» aux malades.

» Si vous rencontrez quelques hommes
» qui fe diftinguent par quelque talent, ou
» qui montrent des difpofitions fingulieres
» pour quelque fcience ou quelque art que
» ce foit, vous m'obligerez de ne me les
» pas laiffer ignorer. Je chercherai les occa-
» fions de les employer, & de ne pas laiffer
» leur talent enfoui.

» Vous me ferez plaifir de prendre note
» des habitans à qui, dans le travail des
» vérifications, vous remarquerez le plus
» d'intelligence, & qui paffent pour avoir le
» plus de probité.....

» Quoique cette partie de vos fonctions
» ne foit liée que d'une maniere éloignée
» avec l'objet direct de votre voyage, je

» suis persuadé qu'elle vous deviendra de
» plus en plus précieuse ; & je ne doute pas
» qu'elle ne serve aussi beaucoup à vous con-
» cilier l'affection & la confiance des Habi-
» tans ».

M. Turgot était souvent obligé de renouveller ses instructions & ses exhortations,
& il le faisait toujours avec la même bonté
& la même clarté. Nul homme n'a plus
compté que lui sur le pouvoir de la raison
& des bonnes intentions démontrées; & il
ne s'est jamais permis aucun acte d'administration sans avoir développé, à tous ceux que
la chose intéressait, ses projets, ses vues &
ses motifs.

Il parvint, à force de peines, à rendre
les feuilles de relevé conformes à la situation
des Paroisses.

Il supprima l'impôsition par tête de bêtes
à laine.

Il assura des exemptions aux septuagé-
naires & aux parens chargés de famille, en
raison du nombre de leurs enfans, d'après
l'esprit d'une ancienne loi presque généralement tombée en désuétude, mais dont il
restait quelques traces dans la Province,

M. Turgot étendit fur un plus grand nombre d'impôfitions ces exemptions qui n'avaient encore porté que fur l'induſtrie; & pour l'exécution de fes vues à cet égard, il employa les foins des Curés qui connaiſſent mieux que perſonne l'état des familles.

Il les priait auſſi de l'inſtruire des pertes de beſtiaux & des autres accidens phyſiques qui pouvaient arriver dans leur Paroiſſe, afin d'être à portée d'y proportionner les modérations d'impôfition, ou les fecours du Gouvernement.

Il eſt d'une extrême difficulté par-tout, mais d'une bien plus grande encore dans les Provinces pauvres, de trouver des hommes capables de feconder les vues bienfaiſantes de l'adminiſtration. Dans cette difette d'hommes inſtruits & accrédités, M. Turgot comprit toute l'utilité qu'on pouvait tirer des Curés pour établir un point de communication raiſonnable entre l'autorité & le peuple.

Le Curé eſt une eſpece de Magiſtrat, que la fainteté de fon miniſtere, & la charité qu'il exerce ordinairement, font naturellement reſpecter; & fi leur aifance était plus grande, s'ils étaient aſſurés d'en jouir paifiblement par une forme qui ne les soumît à aucune discussion avec leurs Paroissiens, de sorte que des gens qui auraient reçu la meilleure éducation pussent désirer & rechercher les Cures de campagnes, il n'y a point de doute que le Gouvernement ne pût trouver beaucoup d'avantage dans les services que les Curés feraient à portée de lui rendre, & qu'il ne fît bien alors de leur accorder un très-grand degré de confiance. C'est une puissante raison de s'occuper de tous les moyens d'étendre leur bonheur, & de leur épargner, autant qu'il est possible, les tentations auxquelles leur état actuel les laisse exposés, qui enfantent des procès, & qui peuvent en entraîner quelques-uns à ne pas garder toute la dignité de leur ministere.

M. Turgot aurait souhaité que leur sort fût amélioré sous tous les aspects ; mais il faut faire le plus de bien que l'on peut avec les choses comme elles sont, quand on ne saurait les changer ; & dans l'état actuel même, les Curés étant presque les seuls hommes lettrés des Paroisses de campagne, & obligés de prêcher la morale, d'appaiser les querelles, de recommander la concorde

& l'union, le poids de ces fonctions paternelles rend leur secours très-désirable pour préparer l'esprit du peuple au bien qu'on veut lui faire : car on a tant & si long-temps fait du mal aux classes inférieures de la Société, qu'elles ne peuvent entendre parler de l'administration qu'en tremblant, & s'imaginent toujours qu'on ne s'occupe d'elles que pour enlever à leur pauvreté le fruit pénible de ses sueurs.

M. Turgot crut donc devoir établir une correspondance suivie avec les Curés de sa généralité. Il mettait une bonté si touchante dans les lettres qu'il leur écrivait ; il leur développait si clairement ses intentions ; il prévenait, il résolvait si bien leurs objections & celles qu'ils pourraient avoir à écouter, qu'il était impossible qu'ils ne rendissent pas justice à ses plans & à ses vues, qu'ils ne prissent pas la plus grande confiance en lui, & qu'ils ne l'inspirassent pas à leurs Paroissiens.

L'opération dans laquelle ils lui ont été le plus utiles, ou, pour mieux dire, aux Provinces dont le soulagement & le bonheur étaient l'objet de son travail, a été l'établissement d'une forme pour faire les chemins à prix d'argent.

Quand M. Turgot entreprit, dans sa Généralité, cette opération importante, ce n'était pas une question chez les gens qui s'occupaient du bien public de savoir s'il était avantageux & juste d'abolir la corvée. Les Parlemens faisaient peu de remontrances alors où ils ne fissent mention des dangers, des déprédations, & des abus de cette imposition, toujours plus forte que ne le demande le besoin auquel elle doit pourvoir, & qui par sa nature ne saurait être répartie avec égalité. La grande réputation de l'*Ami des hommes* avait été en partie fondée par un livre contre les corvées. Toutes les observations, tous les calculs politiques démontraient qu'il était nécessaire & pressant d'adopter une autre maniere de faire les chemins : Et en effet il est si visible que des gens qui viennent travailler de trois ou quatre lieues, perdent une partie de leur temps en route; que des gens qui n'ont pas d'habitude d'un métier le font mal; que des gens qui ne sont point payés travaillent sans courage, & avancent peu ; que des gens qui ont des travaux aussi importans à toute la Société que ceux de l'agriculture, ne peuvent employer ailleurs le temps, les

bestiaux

beſtiaux & les voitures qu'ils y devraient conſacrer, ſans que ce dérangement de leurs travaux champêtres ne produiſe ſur leurs récoltes une perte conſidérable, & beaucoup plus que ne peut l'être la valeur de leur travail ſur les chemins : il eſt ſi ſenſible que la ſociété doit cependant être ſervie avec le moins de frais & de pertes qu'il ſoit poſſible pour ſes membres; tout cela eſt d'une clarté ſi frappante, qu'indépendamment même des conſidérations de juſtice & d'humanité, il n'y a perſonne de ſang-froid qui puiſſe douter qu'il ne ſoit plus utile à l'Etat de faire les chemins par adjudication, & de payer ces adjudications par une impoſition, que d'ordonner des corvées dont le travail eſt infiniment plus mauvais, & coûte infiniment plus cher.

C'eſt ce qu'on diſait alors : on n'avait pas encore oublié que, ſelon les conſtitutions des Empereurs & l'antique & véritable droit du Royaume, nul ne devait être exempt de contribuer à la réparation des chemins. On citait une Ordonnance de Théodoſe & des Capitulaires de nos Rois, qui diſent que *les Egliſes elles-mêmes y ſont aſſujetties.* Auſſi

E

66 CHANGEMENT ÉTRANGE DE L'OPINION.

M. Turgot vit son entreprise appuyée par le vœu public lorsqu'il la commença en Limousin. Le Parlement de Bordeaux & les Cours des Aides de Paris & de Clermont l'approuverent, & regarderent comme un devoir d'y coopérer. Lorsqu'il l'eut exécutée, il fut universellement applaudi. Le succès perpétué pendant douze années contribua beaucoup à sa réputation ; il a servi peut-être à lui frayer le chemin du Ministere : & ce n'est que lorsqu'il a voulu faire à la Nation entiere le bien qu'il avait fait à trois Provinces dont son Intendance était composée, que l'on s'est avisé tout-à-coup de changer d'opinion à la Cour & à la Ville, & que le peuple du Limousin, de l'Angoumois & de la Basse-Marche a paru rester presque seul à bénir les vues & les bienfaits de M. Turgot. Cette singuliere révolution qui tient à plusieurs causes dont l'examen ne peut qu'être utile, & sur lesquelles nous nous permettrons de jetter au moins un coup-d'œil, n'est pas un des traits historiques les moins propres à caractériser notre siecle ; à l'empêcher de s'énorgueillir du grand progrès de lumieres dont il se vante, ou du moins à empêcher de faire beaucoup de fonds sur le pouvoir de ces lumieres pour l'utilité publique.

Mais si les Limousins ont été plus constans que les Parisiens dans leurs applaudissemens pour l'abolition des corvées, & si leur suffrage à cet égard est plus imposant, parce qu'ils ont essayé long-temps de l'un & de l'autre régime, tandis que les Parisiens parlent de tout, assez à la légere, & n'ont l'expérience de rien; ils avaient d'abord été moins faciles à persuader.

Il leur paraissait si étrange que leur Intendant fît un grand travail, & prît beaucoup de mesures & de peines pour leur épargner celle de faire gratuitement les chemins, qu'ils ne pouvaient s'imaginer qu'il n'y eût pas quelque piége caché sous cette opération.

Il est vrai que la forme que M. Turgot avait été obligé de prendre était assez compliquée, & demandait d'être développée avec soin, qu'elle demandait même l'expérience pour pouvoir être bien comprise d'un peuple peu éclairé. La crainte que le Gouvernement ne détournât à un autre usage les fonds destinés aux chemins, était la seule objection au projet de les faire à prix d'argent, qui ne fût malheureusement pas absurde, & la seule qui eût empêché M. Trudaine, alors chargé de cette administration, de prendre depuis long-temps ce parti. M. Turgot imagina de profiter de l'instruction donné en 1737 aux Intendans, & qui les autorise à faire exécuter, par des Ouvriers payés, les tâches des Paroisses qui ne s'en seraient pas acquittées, & à imposer ensuite la valeur de ce travail sur la Paroisse. Il proposa aux Paroisses qui avaient des tâches à remplir de délibérer pour les faire faire à prix d'argent par adjudication au rabais, & de s'obliger par leur délibération à en solder la dépense; leur promettant d'avoir égard, dans le département des impositions, à cette dépense qu'ils auraient faite, comme dans le cas d'une grêle ou dans celui d'une construction de Presbytere, & de leur accorder en conséquence une modération sur l'imposition ordinaire, égale à la valeur de la somme qu'elles auraient payée pour les chemins.

De cette maniere, chaque Paroisse limitrophe des routes se trouvait engagée directement envers l'adjudicataire de sa tâche. Il n'y avait point de fonds libres dont aucune

SES AVANTAGES, SES DÉFAUTS. 69
autorité pût s'emparer. Il n'y avait qu'une créance exigible d'un particulier entrepreneur contre une Paroisse. La totalité de la valeur des adjudications de la Province s'ajoutait à la masse des impositions ordinaires, & se trouvait répartie sur toutes les Paroisses, au marc la livre de la taille; & celles qui avaient fait l'avance, étant déchargées, par forme de modération, du montant de cette avance, se trouvaient ne payer en résultat que leur quote-part de la contribution générale.

Nous ne devons pas chercher à dissimuler, & M. Turgot savait mieux que personne, que cette forme était imparfaite. La répartition de l'imposition pour les chemins proportionnellement à la taille, avait, il est vrai, l'avantage de faire porter cette dépense publique sur toutes les Paroisses, au lieu que la corvée ne pouvait s'exiger que de celles voisines des atteliers. Elle avait celui d'étendre la contribution sur les Habitans des Villes taillables, dont plusieurs étaient exempts de corvée. C'était toujours un bien de diminuer ainsi le fardeau en le partageant. Mais c'était encore éluder trop l'application des principes de droi[t]

E 3

naturel & de ceux du Droit civil & politique de la France, qui difent que les Propriétaires de tous les ordres doivent contribuer à la construction & à l'entretien des routes ; & peut-être faut-il avouer que ce défaut confidérable dans le plan que les circonftances forcerent alors M. Turgot de préférer, a pu faciliter beaucoup le fuccès de fon opération.

Cette opération ne fut d'abord que tolérée par le Confeil & par les Cours. M. Turgot la fit, fans autorifation fpéciale, par fes feules Ordonnances particulieres ; elle n'avait donc qu'un degré très-incomplet de légalité. Cependant elle fut généralement louée, parce qu'elle ne choquait les préjugés d'aucune perfonne puiffante. L'Edit par lequel le Roi, fur l'avis de M. Turgot devenu Miniftre, voulut dans la fuite, par une forme réguliere, & avec la plénitude de fon pouvoir, rendre univerfelle l'abolition des corvées, & revenir aux antiques & plus équitables maximes de la Monarchie fur la maniere de pourvoir à la confection des chemins, a excité de vives réclamations, précifément parce qu'il était plus jufte & plus légal ; parce qu'il dépoffédait le Clergé, la Nobleffe, & les Privilégiés d'une exemption que nos anciennes Loix leur refusent, & qui, sans leur avoir été attribée par aucune Loi postérieure, s'était trouvée établie de fait, avec l'usage de construire les chemins par corvées.

Cette innovation du dernier siecle n'ayant pu s'étendre que sur le peuple, & même que sur celui des campagnes, les Citoyens d'un rang supérieur, en lui voyant faire exclusivement les chemins, sans qu'on leur eût demandé d'y concourir par aucune contribution en argent, s'étaient accoutumés à croire que la dépense des ouvrages publics ne devait point les regarder; quoique le plus grand profit des routes fût pour eux, puisqu'elles servent principalement au débit & à la valeur des productions, & que ce sont les grands Propriétaires & les Décimateurs qui ont le plus de productions à vendre. Cet état d'usurpation avait dû leur paraître d'autant plus commode, que ce qu'il avait d'odieux ne pouvait leur être imputé, & qu'il se trouvait résulter, d'une maniere insensible, de l'ignorance ou de la faiblesse du Gouvernement, qui n'avait pas songé à réclamer directement pour les routes le concours du revenu des grandes propriétés, ou qui n'avait pas ôsé le faire.

Les classes distinguées dans la Société étant presque les seules dont les individus reçoivent une éducation soignée, les seules à portée d'exposer, de motiver, de rendre plausible une opinion sur les affaires publiques, les seules qui fassent corps, les seules qui exercent les emplois de l'administration & les Charges de la Magistrature, les seules qui puissent prononcer, tant dans les conversations que juridiquement sur les réclamations qui s'élevent, & leur donner du poids, elles se trouvent Juges & Parties dans leur propre cause. Malheureusement elles n'ont point encore une notion exacte du lien qui attache leurs intérêts à ceux du peuple; & de là vient qu'il a toujours été aussi aisé d'aggraver les fardeaux que supporte ce dernier; qu'il a été difficile d'apporter la moindre réforme aux abus dont il gémit, lorsque ceux qui, par leur naissance & par leur état, sont placés au-dessus de lui, ont cru en retirer le plus petit avantage. L'avarice alors s'est couverte du manteau de la dignité, pour conserver les usurpations destituées de fondement avec autant d'opiniâtreté que les droits réels,

& pour oppofer la plus forte réfiftance aux vues paternelles du Légiflateur : c'eft ce qu'on a vu arriver relativement à l'Edit qui fupprime les corvées.

Ce n'eft pas que cet Edit ne fût utile à ceux même qui fe font élevés contre lui. Ils comprendront un jour que tous les fervices, les travaux & les impôfitions qu'on éxige des Cultivateurs de leurs domaines, retombent fur le revenu de ces domaines ; & y retombent augmentés d'une furcharge d'autant plus forte que les Cultivateurs font obligés, dans leurs conventions avec les Propriétaires, de s'indemnifer non-feulement du fardeau dont ils reffentent le poids, mais encore de ce qu'ils en redoutent & de ce qu'il peut y avoir d'arbitraire & d'imprévu dans fa répartition : de forte que les Propriétaires payent en réfultat, & ce qu'il en coûte à leurs colons, & l'intérêt de l'avance qu'en font ceux-ci, & l'*affurance*, fi l'on peut employer ici cette expreffion de commerce, ou la garantie d'un danger qu'ils appréhendent toujours, quoiqu'il doive fouvent être imaginaire. Si ces faits avaient été connus de tout le monde, comme ils le feront par la fuite, comme ils le font déjà du petit nombre de Propriétaires qui adminiſtrent avec ſoin leurs héritages, quelque déſir que les gens, à qui les abus ſont chers, puſſent avoir de ſe délivrer d'un Miniſtre qui les attaquait avec autant de courage, leurs murmures particuliers n'euſſent pu produire aucune réclamation poſitive, & l'Edit par lequel les corvées ſont abolies dans tout le Royaume, plus conforme au droit national que ne l'avaient été les Ordonnances de M. Turgot en Limouſin, n'aurait pas éprouvé plus d'obſtacles qu'elles. Mais ceux qu'il a rencontrés montrent aſſez qu'avec le degré borné d'autorité dont un Intendant jouit dans ſa Province, M. Turgot avait agi prudemment, en ne s'expoſant, lors de ſa premiere opération, à aucune contradiction de la part du Clergé, ni de la Nobleſſe, & en bornant, quoiqu'à regret, les meſures qu'il avait à prendre à l'ordre de Citoyens dont on confie plus particulierement l'adminiſtration aux Commiſſaires départis du Conſeil.

Son eſprit équitable & doux ſavait montrer des égards à ce Peuple même. Il ne ſe permettait les ordres qu'après la perſuasion. La marche qu'il avait à suivre, ne pouvait être aussi simple qu'il l'aurait desiré, il mit du temps; il employa plusieurs Lettres circulaires aux Curés, à leur faire bien comprendre, à rendre clairs pour les Paysans même, tous les détails de son plan; à calmer ainsi l'inquiétude que leur inspire toute nouveauté venant de l'administration. L'opération commencée en 1762, ne fut complettement & généralement exécutée qu'en 1764; mais depuis cette époque les chemins ont toujours été faits & entretenus à prix d'argent dans la généralité de Limoges. L'impôsition a varié selon qu'on a voulu hâter plus ou moins les constructions nouvelles. Il y a eu des années où elle n'est montée qu'à *quarante mille écus*, elle n'en a jamais passé *cent mille*.

Avec cette modique somme, on a fait la route de Paris à Toulouse par Limoges, & celle de Paris à Bordeaux par Angoulême, commencées depuis quatre-vingts ans par la corvée & aussi peu avancées qu'au commencement; car l'ouvrage avait été si constamment mal fait par les Corvoyeurs, qu'une partie avait toujours été détruite avant que l'autre fût achevée. On a fait la route de

Bordeaux à Lyon par Limoges & Clermont ; celle de Limoges à la Rochelle par Angoulême ; celle de Limoges en Auvergne par Eymoutiers & Bort ; on a fait une partie de celle de Bordeaux à Lyon par Brive & Tulle ; une partie de celle de Limoges à Poitiers ; une partie de celle d'Angoulême à Libourne par Saint-Aulaye ; & l'on a rendu praticable la route de Moulins à Toulouze par la montagne. C'eſt plus de *cent cinquante lieues* de route dans le pays le plus difficile ; où il faut ſans ceſſe monter & deſcendre. Toutes les pentes ont été adoucies avec tant d'intelligence, qu'il n'en eſt aucune qui demande que pour la monter on rallentiſſe ſenſiblement ſa marche, & que les Roulliers n'ont jamais beſoin d'enrayer pour deſcendre. On croirait, en voyant la quantité de rocs qu'il a fallu briſer, & de terres qu'il a fallu remuer, qu'on y a conſumé les tréſors d'un grand royaume. On n'y a employé que les faibles moyens d'une Province pauvre ; & ces travaux qui ont fourni des ſalaires à ſes Habitans malheureux, ont été faits au milieu des bénédictions. Ils n'ont pas coûté une larme, tandis que tant d'autres travaux publics ont été baignés de pleurs.

L'entretien est aussi soigné & aussi peu coûteux que la construction a été superbe & économique. L'entrepreneur est obligé par son marché de garnir de petits tas de pierres le bord du chemin ; & pour quinze sols par jour, un seul homme est chargé de l'entretien d'environ trois lieues. Il se promene chaque jour d'un bout de sa tâche à l'autre avec une hotte & une pelle ; s'il voit un commencement d'orniere, il y met une pellée de cailloux qu'il étale avec soin : l'orniere n'a jamais le tems de se former. Si l'on en trouvait une, on punirait la négligence du manœuvre dont le devoir était de la prévenir par la perte de ses appointemens d'une semaine ; à la seconde fois, on lui retrancherait la paye de quinze jours ; à la troisieme, il serait destitué. Jamais on n'a été obligé de prononcer ces peines, & d'un bout de la Province à l'autre les chemins sont aussi beaux que les allées de nos jardins.

Quand M. Turgot n'aurait rien fait de plus, sa gloire mériterait d'être durable comme les montagnes, dont les difficultés ont été applanies par ses soins, avec si peu de dépense, avec une dépense si profitable

78 IL EN A ÉTÉ L'INGÉNIEUR. IL A au peuple, en le soulageant d'un fardeau si cruel.

Nous disons que c'est lui qui a fait disparaître les difficultés extrêmes que le site montagneux de sa Généralité opposait à la construction des chemins; & nous serions fondés à le dire quand il n'y aurait eu de part que comme Administrateur qui a ordonné les travaux, & qui a disposé les moyens bienfaisans de les exécuter. Mais l'expression est vraie dans tous les sens. M. Turgot ne s'est pas borné à être l'ordonnateur des magnifiques chemins de sa Province; il en a été le premier ingénieur. Bravant l'intempérie des saisons, plus variable qu'ailleurs dans les pays de montagnes, il a été avec M. *Trésaguet*, aujourd'hui Inspecteur général des ponts & chaussées, choisir les pentes, décider leurs contours, les faire tracer sous ses yeux, toiser les déblais & les remblais, & s'éclairer d'avance sur la dépense qui serait nécessaire.

C'est-là qu'il s'est perfectionné dans la connaissance de tous les détails de la construction des routes, qu'il a développés ensuite avec tant de sagacité, de prudence & de bonté dans les deux inſtructions qu'il a rédigées pour la conduite des atteliers de charité, en 1766 & en 1775.

C'eſt lui qui a propoſé le premier au Miniſtere ces atteliers de charité : cette maniere noble & utile de ſoulager dans les années de diſette ou de cherté les beſoins véritables du peuple ; ſans lui fauſſer l'eſprit, par la perſuaſion que le Gouvernement doive le nourrir, ſoit qu'il travaille on ne travaille point, & fixer le prix des denrées à ſa portée, au lieu de le mettre à portée de les acquérir ; ſans lui corrompre l'âme par l'habitude de l'oiſiveté & d'une oiſiveté exigeante ; ſans lui avilir le cœur, par le ſentiment de ſa miſere, que les aumônes gratuites réveillent toujours ; & en lui laiſſant croire au contraire qu'il n'a d'obligation à perſonne, qu'il ne doit ſa ſubſiſtance qu'à ſes propres efforts, qu'il a bien gagné le pain qu'on lui procure : cette pieuſe & ſage inſtitution qui, par la bienfaiſance du Roi, excite celle des grands Propriétaires, & du ſein de la calamité même, fait ſortir les chemins vicinaux qui vont répandre partout la proſpérité & la vie ; cet art de ſecourir la pauvreté préfente en diminuant les caufes de la pauvreté future, & de payer les hommes pour qu'ils fe faffent du bien. C'eft encore là un de ces fervices rendus à l'humanité qui couvriraient les fautes d'une vie entiere. Qu'eft-ce donc qu'une vie qui toute entiere n'eft compofée que de telles actions ! *

M. Turgot a eu dans fon Intendance à foutenir deux de ces années malheureufes, où le dérangement des faifons détruit prefque totalement l'efpoir du Laboureur. Il a eu la tâche pénible de lutter contre les befoins réels, & contre les préjugés qui les augmentent, & contre l'univerfelle manie des précautions imprudentes, vaniteufes ou intéreffées qui les aggravent.

Ces grandes occafions développaient toutes les qualités de fon âme, toujours également bonne & forte. Aucun befoin n'a jamais paru à fes yeux fans exciter fa compaffion & fes fecours ; aucun danger fans augmenter fa fermeté & fon courage.

La longue habitude des mauvaifes Loix conduit prefque par-tout le peuple, & même les Officiers de Police qui veulent capter fa bienveillance,

* *Voyez dans l'errata page* **IV** *la note qui devroit fe trouver ici.*

bienveillance, dès qu'il se manifeste quelque cherté dans les grains, à s'emparer de ceux qui passent pour se rendre dans d'autres cantons où la cherté est plus grande encore, & où par conséquent il est plus pressant qu'ils arrivent. Les Propriétaires & les Marchands sont exposés à des insultes, à des taxations de prix, à des ordres de vendre au rabais, qui les ruinent, qui appellent encore plus sur eux la fureur populaire, qui doivent les engager à cacher leurs grains, & les détourner fortement d'en envoyer à des insensés qui les pilleraient & ne les laisseraient jamais arriver à leur destination. Il est cependant impossible de secourir les cantons les plus dépourvus, si l'on n'y envoie du bled; il est impossible d'y en envoyer sans passer par d'autres lieux qui, de proche en proche, éprouvent déjà quelque cherté; il est impossible d'avoir des grains à porter nulle part, si l'on n'en a point fait de magasins; il est impossible qu'il y ait des magasins suffisans, si en les formant on est sûr d'être un jour obligé de vendre à perte les grains qu'ils vont renfermer, & de se voir exposé aux plus grands dangers pour avoir préparé ce secours à l'humanité.

F.

M. Turgot, convaincu de ces vérités, ne souffrit pas que la liberté des transports ou la sûreté des magasins, reçussent aucune atteinte dans sa Province, ni que les Officiers de Police se permissent aucune taxation de prix. Il sentait que le Commerce seul pouvait amener des secours efficaces. Il donna la plus grande protection au Commerce, & le Commerce pourvut aux besoins; ce qui fournit une réponse excellente, & de fait, à opposer aux personnes qui voudraient des exceptions à la liberté pour les pays de montagnes, à cause de la difficulté d'y faire remonter les grains, & qui ne comprennent pas que cette difficulté physique est au contraire un motif pour éviter plus soigneusement encore d'y ajouter des difficultés politiques & morales. Nul pays n'est plus montagneux que la Généralité de Limoges, & n'a moins de rivieres navigables; mais la cherté même y a retenu & mis en vente tout ce qui s'y est trouvé de subsistances; elle y a fait refluer celle des Provinces voisines, & attiré jusqu'aux secours des pays étrangers.

M. Turgot ne s'est pas borné à protéger le Commerce par l'autorité dont il était dépositaire; il y a joint de toutes parts les bienfaits & les secours pour les pauvres, qui n'auraient pu atteindre le prix auquel il était inévitable que les grains montassent dans la Province, afin qu'on pût y en apporter du dehors. Il sentait que procurer aux classes les plus indigentes le moyen de payer la denrée au prix où elle était élevée, c'était pourvoir à l'infortune réelle, & appeller, par le débit assuré, l'approvisionnement & l'abondance; au lieu que gêner le Commerce, arrêter les transports, ou prétendre fixer les prix, ç'aurait été intercepter les secours & causer une famine irrémédiable. Ce fut en conséquence qu'il établit & multiplia les travaux de charité, & les disposa de manière à pouvoir employer des hommes, des femmes & des enfans. Il avait obtenu pour cela des sommes considérables du Gouvernement, il y ajouta beaucoup de sa propre fortune; & ayant consumé tout ce que son revenu lui laissait de libre, il emprunta encore vingt mille francs pour les répandre en bienfaits.

En tâchant de diminuer ainsi les maux par des actes répétés de bienfaisance générale & particuliere, & d'en tarir la source par toute la vigilance de l'Administrateur, il ne croyait pas avoir assez fait ; il étendait plus loin son travail. Il s'occupait de l'instruction publique pour calmer les esprits, & faire connaître combien il importait de respecter les droits des Propriétaires & des Marchands. Il fit réimprimer & répandre dans sa Province un excellent Ouvrage de M. *le Trosne*, qui établissait avec beaucoup de clarté la nécessité du commerce des grains, les dangers & les abus sans nombre des moindres gênes apportées à sa liberté. Il accompagna la distribution de cet Ouvrage d'une lettre circulaire qu'il écrivit aux Officiers de Police, & dans laquelle il leur rendait encore plus manifeste l'intérêt du Public à la conservation de la liberté, & le devoir particulier qui les obligeait à la maintenir, & à ne se permettre aucune action, à ne tenir aucun discours qui ne tendissent à la faire respecter (5).

Ce n'est pas la seule fois que M. Turgot ait eu à combattre pour la liberté du Com-

---

(5) Cette Lettre, du 15 Février 1766, a été imprimée à Limoges, & réimprimée dans le septieme volume de l'année 1768, *des Ephémérides du Citoyen*.

merce des grains. M. l'Abbé Terray ayant résolu, en 1770, de révoquer celle que l'Edit de Juillet de 1764 avait donnée d'une maniere assez incomplette, M. Turgot en Administrateur, & en Administrateur qui avait plus souffert que personne de la cherté, de la disette, & de plus d'un reste de régime prohibitif qui avait augmenté la difficulté d'y remédier, crut devoir éclairer autant qu'il dépendrait de lui les intentions du Gouvernement. Il écrivit à M. l'Abbé Terray sept lettres qui forment le traité le plus complet & le plus parfait de la liberté du commerce des grains; matiere déjà discutée si profondément dans un si grand nombre d'excellens Ouvrages.

Il y démontre que, pour assurer l'abondance, le premier moyen est de faire en sorte qu'il soit profitable d'employer son travail & ses richesses à la production du bled, afin qu'on s'en occupe avec activité, & qu'on puisse en recueillir beaucoup; & il fait voir que si les Propriétaires & les Cultivateurs ne pouvaient pas disposer librement de leurs récoltes, & étaient exposés à ce qu'on les leur enlevât à vil prix, la culture du bled leur deviendrait onéreufe; qu'on s'attacherait de préférence aux autres cultures, & que les récoltes s'affaibliffant, les difettes feraient plus communes.

Il remarque enfuite que les années étant inégalement fertiles, le feul moyen qu'il fe conferve des productions des années où la récolte eft furabondante pour celles où elle fera infuffifante, eft la liberté d'en former des magafins; & que le meilleur encouragement pour ces magafins, eft la fûreté d'en difpofer comme on voudra, lorfque le moment du débit & du profit fera venu. Il obferve que les magafins ne peuvent être bien tenus & profitables, qu'autant qu'on les laiffe faire aux particuliers, & qu'on protege ce genre d'induftrie, attendu qu'il n'y a que les particuliers qui foignent bien leurs affaires. Les magafins que feraient le Gouvernement ou les Villes, avec la certitude pour les Adminiftrateurs que la perte ne les regarde pas, feront toujours mal tenus; & l'avantage pour les fubalternes de multiplier les frais dont ils vivent, les rendra toujours fi difpendieux, qu'il deviendrait impoffible de lever fur la Nation l'impôt néceffaire pour nourrir ainfi la Nation.

M. Turgot remarque encore que les magasins & les entreprises de commerce de bleds pour le compte du Gouvernement ou des Corps Municipaux, après avoir consumé des frais énormes, doivent nécessairement amener la disette, parce que nul Commerçant ne peut ni ne veut s'exposer à la concurrence avec l'autorité; de sorte que pour faire, à force d'argent & d'impôts, de faibles approvisionnemens mal conservés, on se prive de tous les secours du Commerce.

Il montre que si l'abondance habituelle des récoltes, résultante d'une culture bonne & encouragée, & la spéculation des magasins destinés à conserver le superflu des récoltes abondantes, ne suffisent pas pour empêcher les grains de renchérir dans un pays ou dans un canton, il n'y a de moyen d'y remédier que celui d'y apporter des grains d'ailleurs; & qu'il faut par conséquent que cette secourable opération soit libre & profitable aux Négocians, qui sont toujours plus promptement avertis que personne des besoins, & qui ont plus de correspondances & de facilités pour y pourvoir.

M. Turgot établit enfin dans ces lettres que

le véritable intérêt de tous les ordres de la société est que les prix soient peu variables, parce qu'alors les salaires se proportionnent naturellement à la valeur des grains, & que cette valeur n'éprouvant que de faibles variations, les moyens suffisent toujours aux dépenses, chacun peut calculer à-peu-près sa situation, & nulle combinaison sociale n'est dérangée; & il prouve que pour égaliser les prix, & prévenir les grandes variations, il n'y a d'autre moyen que la liberté de porter sur-le-champ du grain des lieux où les prix sont le plus bas dans ceux où ils s'élevent; car alors les prix rehaussent naturellement dans le premier canton, & baissent dans le second, ce qui rétablit le niveau.

Il rappelle un calcul très-judicieux de M. Quesnay, qui observe que le peuple consommant toujours une égale quantité de grains, tantôt chers & tantôt à bon marché; & les Propriétaires n'en ayant que peu à vendre dans les années cheres, & beaucoup dans celles où la surabondance avilit la denrée, il en résulte que le prix moyen auquel les bleds sont vendus à la premiere main, n'est jamais le même que celui auquel ils sont achetés par les Consommateurs, & qu'il lui demeure toujours inférieur, avec une différence d'autant plus grande, qu'il y a plus de variations dans les prix; d'où suit que les variations considérables qui résultent de l'inégalité naturelle des récoltes & des années, quand on ne la compense pas par les magasins, par le transport, par la liberté du Commerce, causent une perte énorme aux Propriétaires, sans aucun profit pour les Consommateurs.

Aucune des objections contre la liberté du commerce des grains, n'est restée sans réponse dans les lettres de M. Turgot; aucune des faces sous lesquelles on peut considérer ce commerce, n'a été négligée. M. l'Abbé Terray lut ces lettres, les admira, loua les lumieres, le talent & le courage de l'Auteur avec vivacité, & à toutes les personnes auxquelles il eut occasion d'en parler, & détruisit la liberté du commerce des grains.

M. Turgot en fut affligé; & pour s'en consoler, il continua de faire du bien dans sa Province.

Les Boulangers de Limoges, pendant la cherté, voulurent augmenter le prix du pain au-deſſus de la proportion qu'indiquait le prix du bled. M. Turgot ſuſpendit leur privilege excluſif, en permettant à tout le monde d'apporter & de vendre du pain dans cette Ville. Il en arriva de toutes parts. On en fit pour Limoges juſqu'à Saint-Junien, qui en eſt éloigné de cinq grandes lieues ; & la proportion du prix fut rétablie à l'inſtant. L'expérience conſtatait ainſi la bonté de ſes principes.

Il étendit celui qui l'avait conduit à l'abolition des corvées des chemins, à une autre corvée très-fâcheuſe qu'il fit auſſi diſparaître. C'était celle des voitures pour le paſſage des Troupes. Les mouvemens de Troupes arrivent ſouvent dans les momens où il importe le plus de ne pas déranger les Cultivateurs de leurs travaux. Les Cultivateurs en Limouſin n'emploient que des bœufs qui vont très-doucement, & qui ne menent que de petits charriots qu'on ne peut charger beaucoup. Il fallait en raſſembler de fort loin un nombre conſidérable, qui ſouffraient un grand préjudice pour faire mal & lentement le ſervice exigé. M. Turgot fit un marché avec un entrepreneur, qui, pour une ſomme

TRANSPORT DES ÉQUIPAGES DES TROUPES. 91
annuelle affez modique, & régulierement payée, fe chargea de fournir toutes les voitures néceffaires au paffage des Troupes. Cet homme emploie des chevaux & des mulets, les occupe ordinairement à porter ou traîner des marchandifes pour le commerce, & au premier avis d'arrivée de Troupes, il quitte tout pour les fervir. Ses animaux & fes voitures valant beaucoup mieux que les bœufs & les petits charriots de Payfan, le fervice eft beaucoup mieux fait; il ne coûte pas le quart de la perte qu'occafionnait l'ancien; il porte d'une maniere infenfible fur toute la Province; l'ancien écrafait les Paroiffes voifines des chemins; & le Peuple, débarraffé d'une fervitude onéreufe, vaque en paix à fes travaux. Plufieurs Intendans ont imité dans leurs Généralités cet exemple falutaire, &, depuis, M. Turgot a eu le bonheur d'étendre à tout le Royaume cet arrangement fi avantageux & fi fage; il fubfifte; c'eft un des biens durables & prefque ignorés dont les Payfans, les Propriétaires, l'Agriculture, les Troupes & l'Etat lui ont obligation.

Pour épargner encore au Peuple la charge

du logement des gens de guerre, les dépenses & les inconvéniens de toute espece qui en sont inséparables, & qui sont toujours aussi nuisibles à la discipline que funestes pour les mœurs, & qu'onéreux aux Paysans & aux Bourgeois, M. Turgot loua différentes maisons pour former des casernes dans les principaux lieux d'étapes; & avait pris toutes les mesures nécessaires, & amassé les matériaux pour en bâtir à Limoges. La discipline, au moyen de ces casernes, est beaucoup mieux tenue; & la dépense du logement des Troupes moins grande en elle-même, se trouvant répartie sur tous les contribuables de la Province, devient peu sensible, au lieu qu'elle était fort à charge aux particuliers sur lesquels elle tombait avant cet établissement.

Tandis que M. Turgot soulageait ainsi le Peuple de sa Généralité des corvées usitées jusqu'alors, on tenta d'y en introduire une nouvelle. Des gens qui s'étaient rendus adjudicataires de quelques fournitures de bois pour la Marine crurent en cette qualité pouvoir exiger des corvées pour faire *haler* leurs bateaux sur la Charente par les Paroiſſes voiſines de cette riviere, & ils pouſſerent l'abus juſqu'à faire conduire ainſi des bateaux de bois pour le chauffage de Rochefort, qui n'avaient aucun rapport avec les fournitures de la Marine. M. Turgot s'oppoſa fortement à cette vexation. Sur les lettres qu'il écrivit aux différens Miniſtres, il fut conſtaté que dans ſon marché le Miniſtre de la Marine n'ayant point ſtipulé que ces bois ſeraient *hâlés* par corvées, les adjudicataires n'avaient aucun titre pour en exiger, & il fut décidé qu'on ne ſe permettrait jamais une telle ſtipulation, attendu que le dommage qu'elle cauſerait aux Provinces ſerait beaucoup au-deſſus de la dépenſe qu'elle paraîtrait épargner à l'Etat.

Les recherches de M. Turgot ſur la ſituation de la Généralité de Limoges, & le travail de ſes Commiſſaires des Tailles, le mirent à portée de prouver au Gouvernement que cette Province, proportionnellement à ſes revenus, était beaucoup plus chargée que les Provinces voiſines. En conſéquence il obtint annuellement des diminutions conſidérables ſur les impôſitions. Il avait reconnu & ſe faiſait un devoir de démontrer que dans une grande partie de la Province la terre ne donnait de revenu que pour la dixme, & l'impôt, & que le Propriétaire ne tirait rien du fol, ni de fa culture que l'intérêt de fes avances d'exploitation en beftiaux, inftrumens, femences & nourriture des colons.

C'eft le premier moyen d'augmenter la population que d'intéreffer le Gouvernement à favorifer l'aifance des familles; car on peuple par-tout, tant qu'on a l'efpérance & le pouvoir d'élever les enfans. Mais c'eft fouvent en vain dans les campagnes que l'union conjugale eft féconde; l'impéritie des femmes qui fe mêlent de prêter leur fecours aux accouchemens, fans avoir aucun principe fur l'art important qu'elles exercent, expofe une multitude d'enfans à périr au moment même où ils voient le jour, & rend victimes de la plus intéreffante opération de la nature un grand nombre de meres précieufes à l'Etat, cheres & néceffaires à leur famille. Ces accidens trop communs arrachent des larmes à tous les cœurs fenfibles. M. Turgot fit venir à Limoges M*me*. *Ducoudray*, Sage-Femme vraiment inftruite & expérimentée, lui affura un traitement honnête,

& lui fournit les *phantômes* nécessaires pour faire successivement plusieurs cours de l'Art des Accouchemens à Limoges, à Tulles & à Angoulême. Il donna des encouragemens aux femmes qui suivirent ces cours, & favorisa, en différens endroits de la Province, l'établissement de celles qui avaient le mieux réussi. Il parvint à former ainsi une pépiniere de Sages-Femmes suffisamment éclairées, & les accidens sont devenus beaucoup plus rares.

Après la conservation des hommes, celle des bestiaux qui les font vivre, & qui fécondent les terres, lui paraissait un des objets les plus dignes des soins de l'administration. On a vu que dans les instructions qu'il donnait aux Commissaires des Tailles, il leur recommandait de s'en occuper. Il envoya plusieurs éleves à l'Ecole Vétérinaire de Lyon; & pour répandre davantage les lumieres qu'ils y avaient acquises, & les mettre à la portée des Maréchaux du pays, il établit ensuite une autre Ecole Vétérinaire à Limoges, sous la direction du sieur *Mira*, qui, dans ses cours à Lyon, s'était fort distingué. Il facilitait aux éleves qui avaient suivi avec succès les différens cours relatifs à l'art de guérir les animaux à l'Ecole de Lyon, ou à celle de Limoges, les moyens de s'établir dans la Province.

On n'est pas bien sûr, en écrivant ceci, de ne pas oublier quelques-unes des opérations bienfaisantes de M. Turgot. Il en a fait un si grand nombre, & les faisait avec une modestie si vraie, si profondément ennemie de tout ce qui pouvait sentir l'appareil ou l'éclat, que ses meilleurs amis, pour peu qu'ils aient été obligés de vivre quelque temps loin de lui, doivent avoir perdu le fil de plusieurs d'entre elles. Nous rapportons celles dont nous avons eu connaissance à mesure qu'elles se présentent à notre mémoire.†

† *Voyez dans l'errata pages IV, V et VI un article qui devroit se trouver ici.*

Il considéra combien la collecte de la taille était onéreuse pour ceux qui en étaient chargés. Rien n'est plus triste que l'état d'un Collecteur ; obligé de sacrifier son temps, toujours si précieux à la pauvreté ; exposé à être mis en prison par la faute ou l'impuissance d'autrui ; certain de perdre au moins l'intérêt de son argent, s'il l'avance, & regardé de mauvais œil par ses Concitoyens, comme

comme l'homme qui vient toujours demander, & se voit quelquefois forcé de poursuivre. Cet emploi cause le désespoir & la ruine de ceux qui ne peuvent éviter d'en être chargés. Et la plupart d'entr'eux ne sachant ni lire, ni écrire, ne peuvent tenir aucun calcul en regle, ni marquer d'une maniere certaine sur leur rôle les *à-comptes* qu'ils reçoivent; de sorte que les contribuables risquent de payer deux fois. M. Turgot imagina un moyen de soulager encore le Peuple de ce fardeau qui ruine successivement presque toutes les familles d'un Village. Il trouva qu'avec les taxations ordinaires accordées aux Collecteurs pour leur remise, on pouvait, en réunissant dans le même arrondissement six ou huit Paroisses, former un salaire suffisant pour un homme cautionné, sachant lire, écrire & compter; & qu'en obligeant cet homme d'avoir un registre, & de donner aux contribuables des quittances qu'on lui fournirait imprimées, ceux-ci ne craindraient plus de payer au-delà de ce qu'ils doivent, & la comptabilité deviendrait beaucoup plus claire. Il a donc établi des Préposés au recouvrement des impositions, qui s'occupent sans cesse

G

à ce travail, & qui comptent du produit aux Receveurs des tailles tous les quinze jours, ou par foumiffion. On a l'avantage de pouvoir toujours contrôler la fituation de ces prépofés, en vérifiant les quittances qu'ils ont délivrées. Cette partie de la perception a donc été perfectionnée, & le Peuple de la Généralité de Limoges a encore eu la collecte de moins à redouter.

Auffi ce Peuple, quoique défiant & fauvage, en eft-il venu à regarder M. Turgot comme un Pere ; & là du moins la reconnaiffance publique a payé fes travaux & fes bienfaits.

Les uns & les autres l'avaient attaché lui-même à cette Province. Il a refufé fucceffivement l'Intendance de Rouen, celle de Lyon, & celle de Bordeaux, toutes trois d'un féjour plus agréable, & d'un beaucoup plus grand revenu que celle de Limoges, plutôt que d'abandonner le travail qu'il avait commencé pour le bien de celle-ci.

Il avait cru cependant pouvoir mettre une condition au facrifice que lui prefcrivait fon zêle ; c'était qu'on lui fournît les moyens de parfaire la grande opération qu'il avait entamée pour réformer l'assiette de l'imposition ; & qu'on destinât pendant trois ans vingt mille écus par an pris sur les fonds de la capitation, à finir l'arpentage de la Province, & à vérifier, dans la partie qui avait été arpentée, les cantons qui l'avaient été négligemment, & par rapport auxquels il s'était élevé des réclamations.

C'était à la fin de 1763 que M. Turgot, après avoir déjà refusé l'Intendance de Rouen, refusa celle de Lyon à cette condition. Il a depuis renouvellé la même demande, en refusant encore l'Intendance de Bordeaux. On applaudit toutes les trois fois à son désintéressement & à son zèle ; on le laissa en Limousin, comme il l'avait desiré ; les fonds qu'il avait demandés lui furent promis avec éloge. Mais il ne les avait point encore obtenus lorsqu'il fut appellé au Ministere.

Que font le Citoyen & le Sage en pareil cas ? Ils ne se repentent point d'avoir pris une résolution honnête ; ils ne se dépitent point ; ils ne se découragent point ; ils travaillent & s'occupent du bien qui demeure encore en leur puissance. Il n'est point d'homme privé, & à plus forte raison point de Magistrat & d'Administrateur qui, dans la position la moins favorable, ne soit encore entouré d'une multitude d'occasions de faire des choses utiles, qu'il n'a qu'à vouloir avec quelque énergie, & dont le nombre & l'importance peuvent occuper dignement, avec fruit, avec gloire, tous les efforts de la plus grande activité. Aussi peut-on dire que le dégoût produit par la contradiction, par l'impuissance de faire tout ce qu'on aurait conçu & desiré, par les malheurs de toute espece, n'est pas seulement la faiblesse des lâches, mais encore le crime des mauvais cœurs & la folie des orgueilleux à qui le bien que Dieu laisse possible ne suffit pas, & qui voudraient un Univers à leur guise.

M. Turgot était bien au-dessus de cette vaine pusillanimité : il avait toujours des consolations prêtes dans la bienfaisance, & dans le plaisir d'étendre ses lumieres & celles des autres.

Il est d'usage, lorsqu'on sollicite auprès du Ministere l'agrément de quelque entreprise qui doit être exécutée dans une Province, ou la décision de quelque affaire qui intéresse cette Province, que le Ministre ne se détermine qu'après avoir pris l'avis de l'Intendant. Ceux que donnait M. Turgot étaient des traités complets qui discutaient à fonds la matière sur laquelle on le consultait. Il ne se bornait pas à dire son opinion; il en exposait tous les motifs, & développait en détail au Ministre tous les principes & tous les faits qui pouvaient mettre à portée d'en juger le poids.

Quelques-uns de ces Mémoires communiqués, ou par les Ministres qui les avaient reçus, ou par des amis à qui l'Auteur avait bien voulu les confier, ont été rendus publics.

Un des plus importans, qui, faisait partie de l'avis de M. Turgot sur la demande présentée au Conseil pour la concession de la mine de Glanges, contient les vrais principes qui doivent diriger l'administration relativement aux mines & aux carrieres. Il y établit que, conformément au Droit [na]turel, « chacun est le Maître d'ouvrir la terre dans » son champ; que personne n'a droit de l'ou- » vrir dans le champ d'autrui sans son con- » sentemen[t; q]u'il est libre à toute personne » de p[oursuivre les ga]leries sous le terrain d'au-

» trui, pourvu qu'elle prenne toutes les pré-
» cautions nécessaires pour garantir le Pro-
» priétaire de tout dommage; & que celui
» qui, usant de cette liberté, a creusé sous
» son terrein ou sous celui d'un autre, est
» devenu, à titre de premier occupant, Pro-
» priétaire des ouvrages qu'il a faits sous
» terre, & des matieres qu'il en a extraites,
» mais qu'il n'a rien acquis de plus, & n'a
» aucun droit d'empêcher un autre de tenter
» une entreprise semblable dans le même
» canton & sur les mêmes filons, s'il peut
» les rencontrer en s'ouvrant un nouveau
» chemin ».

Il montre ensuite que l'intérêt de l'Etat n'est pas de s'écarter de ces principes de droit naturel; que la Jurisprudence qui lui donne la propriété des mines, ne lui donne rien, puisque c'est un droit dont il ne peut faire usage qu'en le concédant; que les concessions à terme sont contraires à leur objet qui est d'encourager l'exploitation; que celle de toutes les mines d'un canton est injuste comme tout autre privilege exclusif, & qu'on n'allegue en sa faveur que les mêmes sophismes qu'on emploie pour faire excuser tout monopole ; que le droit accordé aux Concessionnaires de faire ouvrir sur le terrein d'autrui, en indemnisant à dire d'experts, est pareillement injuste & inutile; que le droit du dixieme du produit conservé pour l'Etat, est un impôt onéreux sur une entreprise dont le succès est toujours incertain, & que l'intérêt de l'Etat est au contraire de favoriser l'exploitation des mines par une entiere immunité (6).

Il a donné depuis, relativement aux forges & à l'impôt de la marque des fers, un autre avis très-détaillé, qui peut être regardé comme une suite de celui sur l'administration des mines & des carrieres, & où il rappelle les mêmes principes.

Un procès survenu à Angoulême pour de l'argent prêté à terme, à intérêt, & à différens taux d'intérêt, lui a donné occasion de développer aussi, dans son avis au Conseil sur cette affaire, les vrais principes sur l'intérêt de l'argent. L'erreur la plus commune

---

(6) Ce Mémoire séparé de l'avis particulier de M. Turgot, a été imprimé dans le septieme volume des *Ephémérides du Citoyen*, de l'année 1767.

sur cette matiere tenant à l'abus de quelques opinions théologiques poussées jusqu'à l'exagération, on ne peut la dissiper chez les esprits qui s'en sont laissé prévenir, si l'on ne possede soi-même la Théologie; & dans cette occasion il ne fut pas inutile à M. Turgot de l'avoir étudiée. Il a prouvé d'abord, en Théologien très-instruit, que le prêt à intérêt, sans aliénation du capital, n'est point contraire aux principes de la Religion. Et ensuite, en Philosophe, en Politique, en Administrateur, que l'argent est une marchandise comme toute autre, dont l'usage peut se louer comme celui de toute autre espece de bien; qu'il est naturel que le prix de ce loyer soit en raison des risques plus ou moins grands; que le placement le plus sûr étant en acquisition de terres, ce doit être aussi celui par lequel les capitaux produisent le plus faible intérêt, & que s'il peut être convenable de fixer les intérêts courans en justice sur le pied du produit des terres, il n'en résulte aucune raison de gêner la liberté des conventions pour les intérêts courans dans le Commerce; que l'usage des Négocians ne s'est jamais assujetti sur ce point aux fixations de la Loi;

qu'on a toléré & dû tolérer cet ufage, qui eft la compenfation légitime d'un rifque plus grand; & que le moyen qu'il n'y ait point d'ufure eft de ne point faire de réglement, de ne point donner de privilege excluſif à cet égard, & de laiffer la concurrence des prêteurs & des emprunteurs en âge de contracter, établir le taux de l'intérêt de l'argent. Le Confeil adopta l'avis de M. Turgot dans l'affaire dont il s'agiffait, & un Curé refpectable, qui vient de publier un très-bon livre fur l'intérêt de l'argent, paraît avoir eu connaiffance de ce Mémoire, dont les principes ont été la bafe de fon Ouvrage.

Le chaos de l'impofition une fois débrouillé, M. Turgot, fupérieur aux devoirs ordinaires de fon adminiftration, après les avoir remplis avec exactitude, fe trouvait quelque loifir : il le confacrait à voir en détail les diverfes parties de fa Généralité, & à combiner les différens biens qu'on y pourrait faire. On a trouvé plufieurs notes de ces projets utiles.

Il s'y eft particulierement appliqué avec *M. Defmarets* de l'Académie des Sciences, alors Infpecteur des Manufactures de fa

Province, & depuis de celle de Champagne, à perfectionner les Tanneries & les les Papeteries. Il a donné des fonds pour des machines nécessaires, & pour des expériences qu'il encourageait comme Administrateur, qu'il observait, qu'il discutait en Savant éclairé sur les principes des Arts.

Il venait aussi quelquefois à Paris. Les Administrateurs des Provinces y sont souvent obligés. Plusieurs des affaires importantes sur lesquelles ils doivent influer demandent la décision du Gouvernement, qu'ils attendraient six mois, qui exigeraient des lettres sans nombre, & qu'ils obtiennent dans une heure de conférence avec le Ministre, dont ils peuvent alors résoudre sur-le-champ les objections & les difficultés.

M. Turgot eut le bonheur de se trouver dans la Capitale lorsque MM. les Maîtres des Requêtes jugeant au souverain, sur le vû des pieces & le rapport de M. *de Crosne*, ont rendu justice à l'infortuné *Calas*, & réhabilité sa mémoire. Il fut un des Juges, & parla dans cette occasion avec une véhémence qui ne lui était pas ordinaire. On sait que l'Arrêt fut unanimement prononcé.

Quelque temps après il fit connaissance, chez M. d'Alembert, avec M. le Marquis de Condorcet, bien jeune encore, mais annonçant déjà tout le mérite, & le mérite de tous les genres qu'il a déployé depuis. M. Turgot & lui se lierent d'une amitié tendre qui a toujours été en augmentant, & dont une correspondance bien intéressante a été le fruit. Un grand nombre d'objets de Sciences, de littérature & de morale sont entrés dans cette correspondance. Mais le plus important de ceux qui y ont été traités est la Jurisprudence criminelle. M. le Marquis de Condorcet proposait en modele celle des Anglais ; & M. Turgot, en convenant qu'elle est préférable à celle des autres Nations, montrait qu'elle est cependant loin de la perfection à laquelle il serait à desirer qu'on atteignît sur ce point si important à la sûreté & à la liberté des Citoyens. Il donnait le plan d'une Jurisprudence qui lui paraissait de beaucoup préférable à celle des Anglais, & tous ceux qui en ont eu connaissance ont partagé son opinion. Cet ouvrage de M. Turgot sera imprimé.

On pourra faire imprimer aussi un Mémoire très-simple & très-savant sur l'origine *des Monnoies*, qu'il avait destiné au Dictionnaire de Commerce de *M. l'Abbé Morellet*, avec lequel il était lié dès sa jeunesse, ayant fait en même temps que lui sa Licence en Sorbonne.

Lorsque l'on a renvoyé dans leur patrie *MM. Ko & Yang*, deux jeunes Chinois de beaucoup d'esprit, qui avaient été amenés en France & élevés par les Jésuites, & qu'on a fait repasser à Canton, chargés de bienfaits, & soutenus par une pension du Roi, pour entretenir une correspondance suivie qui pût faire bien connoître la littérature & les Sciences Chinoises (7), M. Turgot leur donna des Livres & des instrumens précieux. Il y joignit un grand nombre de questions parfaitement bien conçues sur toutes les parties du Gouvernement & des Arts de la Chine. Il fit plus; pour leur instruction & afin de les mettre à portée de bien répondre aux questions qui regardoient la culture, ses moyens, ses avances, ses produits, la population qui se les partage, & les différens travaux qui en

―――――――――――

(7) M. *Yang* est mort. M. *Ko* vit encore & continue cette correspondance.

font la fuite, il compofa l'excellent ouvrage intitulé : *Réflexions fur la formation & la diftribution des richeffes* (8). C'eft un de ceux où l'on peut prendre une plus jufte idée du caractere étonnant qui diftinguait l'efprit de M. Turgot, de cette union fi rare de l'analyfe fcrupuleufe & févere de la raifon à la perfpicacité créatrice du génie, de l'étendue & de la profondeur que perfonne n'a peut-être portées enfemble au même degré que lui. On pourrait dire qu'*il a inventé les chofes qu'il a cependant apprifes*, parce qu'il s'eft toujours reporté au point d'où était parti l'inventeur ; & qu'*il s'eft inftruit de celles qu'il a découvertes*, parce qu'il ne s'eft jamais livré au premier apperçu de fon génie fans s'être démontré par l'examen de toutes les conféquences, par leurs rapports entr'elles, par leur conformité avec les faits reconnus, que la vue principale qui l'avait frappé était celle de la vérité même. Ses Traités Philofophiques femblent chargés de dé-

---

(8) Elles ont été imprimées dans les *Ephémérides du Citoyen*, tomes onzieme & douzieme de l'année 1769 & premier de l'année 1770, & il en a été réimprimé féparément un fort petit nombre d'exemplaires.

tails; mais comme ils ne renferment que ceux qui sont nécessaires, & les présentent dans l'ordre naturel & véritable de la génération des idées, il n'en est aucun qui ne soit d'une briéveté surprenante. Celui dont nous parlons forme un très-petit volume *in-douze* qui n'a pas cent quatre-vingt pages : il est pourtant singulierement clair; tout ce qu'il y a de vrai dans l'ouvrage estimable, mais pénible à lire, que M. Smith a publié depuis sur le même sujet en deux gros volumes *in-quarto*, s'y trouve; & tout ce que M. Smith y a ajouté manque d'exactitude & même de fondement.

La plupart des écrits qui sont sortis de la plume de M. Turgot, depuis qu'il a occupé des places de l'Administration ont été, comme ses *Réflexions sur les richesses* déterminés par des circonstances paticulieres. Il n'a pu y consacrer que très-peu de temps ; mais à voir combien le sujet y est complèttement traité, à la sagesse profonde des idées principales, à la justesse de l'expression, à l'extrême clarté des développemens, on croirait qu'ils sont le fruit du travail assidu d'un homme qui, dans la plus grande liberté d'une existence privée, aurait passé toute sa vie à les méditer & à les écrire.

Quelques Auteurs économiques s'étaient engagés dans des querelles fur la grande & la petite culture, où trop occupés des détails de l'une & de l'autre, & des animaux qu'on leur voit employer dans leurs labours, ils s'éloignaient infenfiblement du point réel de la queftion, & de la véritable diftinction qui exifte entre ces deux cultures. M. Turgot les y ramena par une differtation auffi fimple que décifive (9), dans laquelle il montre que ce qui caractérife la grande culture eft d'être conduite & dirigée par des Fermiers ou des Entrepreneurs riches, qui en font les avances; au lieu que dans les Provinces qu'on appelle de petite culture, il n'y a point de Cultivateurs en état de faire les avances de l'exploitation, & les Propriétaires y font réduits à les fournir en totalité quoique eux-mêmes foient fouvent dénués de moyens.

Quant au labour des bœufs & des chevaux, M. Turgot regardait comme un grand préjugé en faveur de ceux-ci qu'ils font préférés par

───────────────

(9) Cette Differtation fur les *Caracteres de la grande & de la petite Culture*, eft imprimée dans le fixieme volume des *Ephémérides du Citoyen* de l'année 1767.

les Fermiers & les Cultivateurs qui ont le plus de lumieres fur leur art, & qui font en état d'en faire la dépenfe; mais il ne croyait pas impoffible cependant de monter une grande culture avec des bœufs, & même en de certains cas d'y trouver quelque avantage local qui pourrait tenir à la nature du pays.

Pour éclaircir encore mieux cette queftion, il avait fait propofer à la Société d'Agriculture de Limoges, dont il était Préfident comme Intendant de la Province, un prix *fur les avantages du labour des chevaux & de celui des bœufs, & fur les raifons qui peuvent faire préferer l'un à l'autre.* Il avait rédigé le programme qui eft très-inftructif, & plus inftructif peut-être que le Mémoire même que la Société a couronné.

Tant que M. Turgot a préfidé la Société d'Agriculture de Limoges, elle a été célebre par les prix intéreffans qu'elle a propofés.

Le plus important qu'elle ait donné avait pour objet de déterminer *quels font les effets des impôts indirects fur le revenu des Propriétaires des biens-fonds ?* Le programme pour éclaircir la queftion, eft lui-même un ouvrage très-lumineux & très-bien fait.

Le

Le Prix a été remporté par *M. de Saint-Peravy*, de la Société d'Agriculture d'Orléans, & disputé avec distinction par *M. Graslin*, Receveur des Fermes à Nantes. M. Turgot a fait des remarques détaillées sur les ouvrages de ces deux concurrens. Elles furent destinées à éclairer le jugement de la Société, & eussent pu fixer celui du public. Mais M. Turgot qui ne voulait affliger ni décourager aucun de ceux qui pouvaient prétendre aux couronnes que la Société décernait, aurait craint qu'on ne sût quel sévere examen avaient à subir les Mémoires envoyés au concours.

Il avait fait proposer encore un Prix *sur la meilleure maniere d'estimer exactement le revenu des biens-fonds?* Ce Prix n'a point été adjugé, la Société n'ayant pas trouvé que ses vues eussent été remplies par les Ecrivains estimables qui se le disputerent.

Il en a donné un autre *sur la fabrication des eaux-de-vie*, qui a été mérité par M. l'*Abbé Rosier*, Physicien célebre;

Et un autre *sur l'histoire du Charanson, & les meilleurs moyens de détruire cet insecte*, qui a été remporté par M. *de Joyeuse*.

M. Turgot avait déjà eu, dans l'Angoumois,

à s'opposer aux ravages d'un autre insecte infiniment destructeur. C'est le *Papillon de bled* qui fait jusqu'à trois générations dans une année, chacune de soixante à quatre-vingt-dix œufs : de sorte que chaque couple de ces papillons en produit par an plus de deux cents, dont chacun dans son état de chenille dévore un grain de bled.

Cet insecte, qui semble avoir été celui qui parut du temps de Charlemagne, & qui fit dire que les démons avaient enlevé la farine de l'intérieur du bled, & ne lui avaient laissé que l'écorce, avait reparu en 1734 auprès de *Luçon*, où il avait d'abord fait peu de dégât, parce que le climat ou les années ne s'étaient pas trouvés favorables à sa multiplication. Mais se répandant néanmoins de proche en proche il était devenu le fléau le plus redoutable. Il réduisait presqu'à rien dans l'Angoumois les récoltes qui avaient d'abord paru les plus abondantes. Les Habitans étaient au désespoir ; & cherchant à vendre au loin leurs grains dès qu'ils étaient recueillis, ils répandaient dans les autres Provinces l'insecte destructeur. La Cour envoya *MM. du Hamel* & *Tillet* pour examiner cet insecte, & chercher les moyens d'en préserver les grains ou d'en détruire la race. Ces Académiciens trouverent que le meilleur moyen était de faire passer les grains au four après que le pain en était tiré, ou dans des étuves préparées à cet effet. Ils éprouverent qu'à soixante degrés de chaleur l'insecte & ses œufs périssaient. Mais l'expérience était toujours délicate, parce qu'à soixante-dix degrés le bled perd la faculté de germer. De sorte qu'il fallait, ou faire l'expérience avec beaucoup de précision, ou tirer d'ailleurs pour la semence d'autres bleds qui ne fussent pas infectés de papillons, & n'employer que pour faire du pain celui qui avait essuyé le degré de chaleur un peu trop fort.

M. Turgot fit construire des étuves en plusieurs endroits, & écrivit à plusieurs reprises aux Curés pour qu'ils engageassent les Paysans à y porter leurs grains, ou du moins à les faire passer dans leur propre four, après en avoir retiré le pain. Le Peuple était découragé, & chacun disait : *à quoi bon tuer les papillons de mon bled ? il sera dévoré l'année prochaine par ceux que produiront les œufs des papillons de mes voisins.* M. Turgot

répondait « il y aura d'abord de moins vos
» papillons qui ne feront plus d'œufs ; l'an-
» née prochaine vous détruirez les œufs des
» papillons de vos voisins, vos voisins vous
» imiteront, & vous parviendrez à détruire
» la race ». En effet à force d'exhortations, de soins, de discours, de lettres, de petites gratifications, & en combinant ces mesures avec *M. de Blossac*, Intendant de Poitiers, dont la Généralité était affligée du même fléau, on est parvenu à l'éteindre, ou à le calmer au point qu'il ne fait plus de ravages sensibles.

Le principal produit du Limousin est le *nourrissage* des bestiaux que l'on engraisse pour la boucherie ; mais on n'y employait que les grosses raves, connues des anglais, sous le nom de *Turneps*, & les prairies naturelles. Il est vrai que la nature des montagnes du Limousin, qui donnent de l'eau presque à toutes les hauteurs, & l'industrie du paysan à dériver, ménager & conduire ces eaux, y rendent les prairies nombreuses, excellentes & d'un très-bon rapport. Quant à la plaine, elle ne pouvait participer au profit du *nourrissage* des bestiaux autrement que par la culture des raves, qu'il faut renouveller d'année en année, & qui donnent une récolte peu abondante, relativement à l'étendue du terrein qu'elle emploie ; M. Turgot y a introduit les prairies artificielles, en treffles, luzernes & sain-foin. Il a fait venir des quantités confidérables de graines de ces plantes, & les a fait diftribuer aux divers membres des trois Bureaux d'agriculture, & par eux aux Cultivateurs les plus intelligens : de forte que les beftiaux ne peuvent que fe multiplier de jour en jour, & l'aifance de la Province s'en accroître.

C'eft encore par les foins de M. Turgot que les pommes de terre y ont été connues, & que leur culture a été encouragée. Avant lui le Payfan n'avait pour fubfiftance qu'un peu de feigle, les châtaignes & le farrafin. La récolte de ces deux dernieres productions eft toûjours très-incertaine ; le farrafin ne mûriffant que tard, eft fujet à être gâté par les pluies d'automne ou par les gelées ; les châtaignes n'ont guere qu'une année abondante fur fix. Auffi les difettes étaient-elles extrêmement fréquentes dans cette Province, & d'autant plus fâcheuses, que le Paysan Limousin, très-attaché à ses usages, ne peut se déterminer qu'avec la plus grande répugnance à changer ses alimens ordinaires. On a vu à Tulle une sédition parce qu'il ne se trouvait point de seigle au marché, quoiqu'il fût abondamment couvert de froment arrivé du dehors, & qui n'était pas plus cher que le seigle n'aurait pu l'être. Il faut à ce Peuple une production née sous ses yeux, à laquelle il soit accoutumé ; & la pomme de terre qui rapporte beaucoup, & dont la récolte n'est sujette qu'à peu de variations, lui convient parfaitement. Cependant M. Turgot n'a pu l'introduire qu'avec peine. Il en faisait servir tous les jours sur sa table. Il en distribuait aux membres de la Société d'Agriculture & aux Curés, pour en manger & pour en cultiver. Insensiblement le Peuple s'y est fait. Il en a d'abord été plus touché comme d'un supplément aux raves pour ses bestiaux, que comme d'un aliment pour lui même. Mais les enfans ont bientôt prêché à merveille que les pommes de terre étaient fort bonnes à manger, & que par la pâte

& le goût elles ne différaient pas beaucoup des châtaignes. Elles commencent à être affez communes & très-eftimées dans la Province.

C'eft un des plus grands biens qu'on puiffe faire devant Dieu, & des plus fatisfaifans pour la confcience, que d'introduire & de multiplier ainfi dans un pays des productions & des cultures nouvelles. La plupart de ceux qui en jouiffent, ignorent le bienfaicteur auquel ils les doivent. On ne peut s'occuper de leur reconnaiffance. C'eft une efpece de fervice rendu à l'humanité dont l'amour de la gloire ne tache point les motifs. Tout y eft pur. Tout y eft pour l'utilité réelle ; & c'eft peut-être pour quoi les anciens Mages en avaient fait un point de leur Religion. Il eft fi doux de fonger que dans plufieurs fiecles, des gens qui n'auront jamais de nous aucune idée, fouperont d'un bon appétit, dormiront d'un bon fomme, jouiront, aimeront, peupleront dans l'aifance, parce que nous n'aurons pas négligé un travail, inconnu comme nous, qui fe trouvait à notre portée ; & l'âme eft fi heureufe en s'affociant pour ainfi dire à la générofité paternelle du créateur, qui répand les biens & qui se cache.

M. Turgot a goûté ce plaisir sous toutes ses formes. Ceux qui ont vécu dans son intimité savent, qu'ils ignorent peut-être les trois quarts du bien qu'il a fait. Tout ce qu'il a pu taire n'a jamais été connu. Et quand ses infirmités l'ont obligé de recourir à d'autres pour administrer les secours, les conseils, les services de toute espece qu'il versait sur une foule de gens, quand ses amis sont devenus ses mains, jamais personne n'a mieux rempli le précepte de l'Evangile qui veut *que la main droite n'ait pas connaissance de ce que fait la gauche*. Chacun d'eux avait son secret relatif à son caractere, à ses lumieres, à ses mœurs; & chacun de ces secrets était un trésor de bonté & de sagesse.

Nous touchons à l'époque où M. Turgot a été le plus grand, & le moins heureux. Que ceux qui seraient tentés de le plaindre, ne s'imaginent pas cependant que l'homme de bien puisse manquer de consolations & de plaisirs. Au milieu des fatigues, des contradictions & des revers, il a ses intentions, ses œuvres, Dieu, sa conscience & son cœur,

M. Turgot Ministre de la Marine.

Au commencement d'un nouveau regne, appellé par sa réputation & par le goût du Monarque pour la vertu, M. Turgot fut nommé Secretaire d'Etat de la Marine le 20 Juillet 1774.

Il n'a rempli ce Ministere que cinq semaines. Mais dans ce court passage, l'espérance publique put cependant remarquer les lumieres, les grandes vues, les importans projets d'améliorations & de réformes qui étaient le résultat de son esprit juste, de ses profondes recherches sur toutes les branches du gouvernement, de son amour actif pour la Patrie.

Trop modeste pour croire savoir ce qu'il n'avait pas étudié à fonds, il disait qu'il ne savait pas la Marine. Cependant les Marins qui conversaient avec lui s'appercevaient avec surprise qu'il en possédait l'histoire, qu'il connaissait parfaitement le globe, les mers, la théorie de la navigation & de la construction, tous les moyens que donne l'Astronomie pour conduire un vaisseau, & s'assurer de sa position, & qu'il avait même recueilli un nombre prodigieux d'observations nautiques.

Il comptait ajouter beaucoup à l'inftruction de la Marine, & à la connaiffance encore imparfaite que nous avons de notre terre, en employant fans ceffe un certain nombre de bâtimens légers, & tirant peu d'eau, à conduire des Savans dans toutes les parties du monde, & fur-tout dans les plus ignorées. Sous fon Miniftere le célebre *Coock* aurait eu plus d'un émule ; & il aurait réalifé le projet d'une Académie ambulante, formée de Savans Voyageurs : Académie non moins utile fans doute que celles qui font fédentaires, & qui eut infiniment éclairé celles-ci.

L'Art de la conftruction eft encore bien loin d'être une fcience, il fe propofait d'employer les Savans les plus diftingués à le perfectionner.

Il était inftruit de la multitude d'abus qui s'étaient gliffés dans le département de la Marine, & aurait porté dans leur réforme toute la fermeté de fa probité févere.

Il favait de combien nos conftructions font plus cheres que celles du Roi d'Angleterre ; & de combien celles du Roi d'Angleterre le font plus, que ne le feraient les mêmes conftructions faites par des Négocians qui arme-

PROJETS POUR LA RÉFORME DES ABUS. 123
raient pour leur compte des vaisseaux de même force, avec l'activité & les soins de l'intérêt particulier.

Il connaissait le danger d'abandonner trop légèrement les bois, usés ou présentés comme tels, & n'ignorait pas combien l'intérêt de multiplier les copeaux fait perdre de journées à hacher des bois précieux.

Il savait que l'administration des Officiers de plume pouvait & devait avoir donné lieu à de grands abus, sur-tout dans un temps où tout était abus, & où le relâchement des mœurs avait été tel qu'aucune fourniture, & peut-être aucune inspection de fournitures, n'en avaient été exemptes. Mais en se proposant de surveiller sévèrement ces Officiers, de les soumettre eux-mêmes à l'inspection des Officiers de Guerre, & à une forme d'administration qui ajoutât beaucoup à la difficulté de tromper le Ministre, il ne comptait pas les réformer. Il sentait *combien il devoit* ~~que c'é-tait un danger~~ plus triste en ? ~~que celui~~ d'exposer la valeur aux tentations de la cupidité, & de donner la disposition de l'argent à des mains réservées pour les exploits guerriers, auxquelles tout autre soin que celui de vaincre doit paraître aviliſſant, & dont les déſordres, s'il devenait poſſible qu'ils euſſent lieu, feraient bien plus redoutables, parce qu'on n'aurait pas les mêmes moyens de les réprimer. Les Militaires lui paraiſ-ſaient ne devoir être excités à aucune paſſion qu'à celle de l'honneur; & il aurait craint que chez ceux où l'intérêt pourrait s'ouvrir une porte, il n'affaiblît quelquefois le courage.

Tout en ſentant la néceſſité d'avoir des magaſins bien approviſionnés, qui miſſent à portée de réparer les flottes, & même de multiplier les conſtructions en temps de guerre, & lorſque les dangers de la naviga-tion ne permettraient pas aux matériaux d'ar-river, il ſavait l'avantage qu'on pourrait trou-ver à faire faire les conſtructions habituelles en Suede, d'après les plans & ſous la direc-rion de Conſtructeurs Français; & d'amener les vaiſſeaux tout faits, tout gréés, montés d'une partie de leurs canons, & rapportant eux-mêmes les matériaux néceſſaires pour en conſtruire d'autres dans nos arſenaux ma-ritimes. Il avait calculé que l'épargne du fret diſpendieux qu'exige toute la partie du bois qu'il faut enſuite réduire en copeaux, celle de la refonte de cuivre pour les pieces de bronze dans un pays qui le tire de l'étranger, & où le charbon est rare & cher, & enfin la différence du prix des subsistances & de la main-d'œuvre en Suede & en France, pouvaient procurer une économie des deux cinquiemes sur la construction des vaisseaux du Roi. Il ne voulait donc ordonner de constructions dans nos ports, que ce qu'il en faudrait pour en conserver la science & l'habitude, & pour ne jamais manquer d'Ouvriers capables & expérimentés, & il croyait utile de faire les autres sur les chantiers suédois. Il n'enviait point à une Nation amie & alliée le profit qu'elle pourrait retirer de cette main-d'œuvre, & ne croyait pas qu'il en résultât moins d'emploi pour la population du Royaume. Il savait que nos Constructeurs en Suede boiraient du vin & des eaux-de-vie de France, consommeraient le sucre & le café de nos Colonies, porteraient des draps, des serges, des étoffes de soie, de fabrique française, *en* étendraient le goût parmi les Suédois, *et* leur donneraient les moyens de les payer. Il savait qu'une économie des deux cinquiemes sur environ les deux tiers de nos conſtructions navales, procurerait au Roi, ou les moyens de ſoulager le Peuple qui fait toujours l'uſage le plus profitable à l'Etat des capitaux qu'on lui laiſſe, ou la facilité d'ordonner des travaux publics, des conſtructions de canaux très-favorables à l'empl... de la population actuelle, & plus encore à l'agriculture & au commerce de la population future.

Ses vues ſur la légiſlation & l'adminiſtration des Colonies étaient encore plus profondes. La principale utilité de ces établiſſemens lointains lui paroiſſait être de fournir un aſyle & du travail à l'excès de la population de l'Etat qui les forme, lorſqu'il eſt en effet ſurchargé de ſa population, & un emploi aux capitaux qui n'en pourraient pas trouver un ſuffiſamment profitable dans l'exploitation des terres & le Commerce du pays.

Le ſecond avantage qu'il y enviſageait eſt celui de donner la naiſſance à de nouvelles Sociétés, à des Provinces qui, liées par la reconnaiſſance, par le langage & par les Loix à la même domination, au même Corps Politique que les anciennes Provinces dont l'Etat eſt réellement compoſé, ont avec lui une confédération naturelle beaucoup plus solide, & par conséquent plus utile que celles qui sont fondées sur de simples Traités entre les Etats soumis à des Souverainetés différentes.

Pour que cette confédération puisse procurer à l'Etat qui forme des Colonies tous les avantages qu'il en peut espérer, il croyait indispensable de faciliter à ces Colonies les moyens d'arriver à la plus grande prospérité dont elles soient susceptibles, & n'ayant avec elles de relation que celle des bienfaits, de ne jamais s'allarmer de leur puissance, mais au contraire de faire en sorte que cette puissance soit toujours volontairement disposée à augmenter celle de la Mere-Patrie. Des Colonies faibles ne lui paraissaient qu'un fardeau pour un Etat, comme de jeunes enfans ne sont qu'une charge pour une famille. Des Colonies puissantes lui paraissaient impossibles à gouverner avec autorité, de même qu'il est impossible que des fils, devenus eux-mêmes chefs de famille, soient assujettis envers le Pere commun à la soumission de tous les instans qu'ils devaient avoir dans leur bas âges. Mais de riches Colonies, formant à leur tour des Etats respectables, lui paraissaient pouvoir être toujours retenues dans une liaison vraiment sociale avec l'Empire dont elles sont émanées, tant qu'il ne voudrait pas abuser de son autorité, comme diverses branches d'une même famille contribuent, par leurs travaux, leurs succès & leur gloire, à la considération, à l'illustration & au crédit de la souche commune.

La politique des Anglais, qui, après avoir formé de puissantes Colonies, se sont crus en droit de les gouverner arbitrairement, lui paraissait également injuste & imprudente.

Celle des autres Nations qui, pour conserver leur autorité sur les leurs, les retiennent dans un état de faiblesse, lui semblait pareille à celle d'un pere qui énerverait par un mauvais régime le tempérament de ses enfans pour les maintenir dans sa dépendance, & qui paierait cette combinaison dénaturée par l'obligation de les soutenir sans cesse à ses propres frais, par le regret de n'en pouvoir jamais tirer ni suffisante assistance, ni véritable avantage.

Il ne croyait pas plus juste, ni plus raisonnable, de soumettre Saint-Domingue & la Martinique,

Martinique aux privileges exclusifs de quelques ports de Guyenne, de Bretagne ou de Normandie, qu'il ne le ferait de soumettre la Bretagne & la Normandie elles-mêmes à un monopole exercé par des Provençaux.

Il pensait que la prospérité des Colonies exigeait qu'elles jouissent de la liberté du Commerce, & qu'on ne leur demandât d'autres impositions que celles qui seraient absolument nécessaires aux frais de leur propre administration. Il était convaincu que l'augmentation de culture & de richesses qui résulteraient pour elles d'un tel régime, procurerait plus d'emploi aux capitaux, aux services & à la navigation des Négocians de nos ports, pour la part qu'ils prendraient toujours nécessairement & naturellement au Commerce de nos Colonies, que ne peut leur en donner aujourd'hui le privilege exclusif de ce Commerce, restreint par l'état de langueur où ces Colonies sont maintenues. Il voyait en même temps que la puissance de l'Etat & du Roi serait notablement augmentée par des Provinces opulentes, se suffisant à elles-mêmes, pouvant assurer leur propre défense, & que personne n'aurait intérêt d'attaquer, puisque leur conquête même n'ajouterait rien au profit du commerce qu'on pourrait faire avec elles.

Occupé de ces grandes vues pour les Propriétaires & les Négocians des Colonies, il n'oubliait pas les droits & les intérêts de l'humanité. Il ne croyait nullement impossible, quoi qu'on en puisse dire, que la culture fût exercée par des hommes libres, & même en partie par des hommes libres d'Europe, dans des pays où elle n'a commencé que par des Européens flibustiers, boucaniers, planteurs, engagés, qui avaient alors à y lutter contre des fatigues bien plus grandes, & contre un climat bien plus mal sain qu'il ne l'est aujourd'hui, que les défrichemens, les desséchemens & la diminution des bois & des marais ont beaucoup purifié l'air.

Il ne comptait point cependant, comme on l'a dit, abolir tout-à-coup l'esclavage des Negres par une Loi. Quoique cette espece de possession d'un homme sur un autre ne soit justifiable ni aux yeux de la raison, ni à ceux de la morale, ni à ceux de l'humanité, ni à ceux d'une religion vraiment fraternelle, ni à ceux d'une saine politique, il ne voulait pas employer le despotisme à l'établissement de la liberté même. Mais il voulait pourvoir avec tous les soins d'une humanité éclairée à la sûreté & aux besoins des Esclaves, prévenir & réprimer les abus d'autorité, favoriser les affranchissemens, & les concessions par les Propriétaires de terreins aux Affranchis à charge de redevances, multiplier celles du Gouvernement aux hommes libres d'Europe qui desireraient quelques petites étendues de terrein pour y cultiver des comestibles, à la condition, pour ceux à qui l'on ferait les concessions nouvelles, de n'y point employer d'esclaves. Se proposant d'ailleurs d'augmenter beaucoup toutes les relations de Commerce & la culture des Colonies, dans le temps même où l'affreux trafic des Esclaves devient de jour en jour plus pénible & plus coûteux à la côte d'Afrique, il entrevoyait le terme où le besoin ferait faire aux Propriétaires des conventions de culture avec des hommes libres, & où la supériorité du travail & de l'intelligence de ceux-ci rendant la culture par les Esclaves plus coûteuse que celle exercée librement, détruirait ainsi l'esclavage pour jamais & sans retour.

Sa politique élevée & bienfaisante embrassait l'Univers; elle n'avait pas une seule vue qui fût isolée, & chaque opération particuliere qu'il se proposait pour le bien de son pays, n'était qu'une portion d'un grand plan dont l'objet était le bonheur du monde. On peut croire que son génie, qui avait prédit trente ans d'avance la révolution de l'Amérique Anglaise, la prévoyait bien mieux encore, lorsqu'elle était si prochaine; & quoiqu'il eût songé à tous les moyens possibles pour éviter la guerre lors de cette grande & nécessaire explosion, il craignait avec raison que le cours des événemens ne forçât notre Nation d'y prendre part. Il croyait que, dans cette hypothese malheureuse, ce serait principalement aux grandes Indes qu'il faudrait cimenter la liberté de l'Amérique. Il croyait utile au genre humain, & facile en soi, de briser ce colosse de fer & d'or aux pieds d'argile, qui fait gémir les plus belles contrées de l'Orient sous le poids odieux de la plus avide tyrannie. Mais il ne pensait point qu'il fallût détruire la Puissance Anglaise aux Indes pour s'en emparer. Cette Puissance lointaine, & nécessairement passagere, lui paraissait trop opposée à la nature d'une bonne constitution sociale, trop corruptrice, trop nuisible au fonds à l'empire auquel elle prête un éclat & des moyens éphémeres. Il ne pensait point que l'Europe dût gouverner l'Asie; il desirait au contraire qu'elle se bornât à lui procurer le pouvoir de se gouverner elle-même. Il trouvait digne de la France & de son Roi de protéger la liberté sur toute la surface du globe, & de ne l'opprimer nulle part : & c'est ainsi qu'il voulait assurer à sa Nation, au milieu de toutes les autres, par leur propre consentement, par l'utilité dont le louable usage de sa Puissance leur serait à toutes, le rang que méritent les lumieres, la loyauté & la générosité françaises.

Quoique ses projets n'aient pas été suivis, la plus intéressante de ses vues du moins a été remplie, & le Roi ne s'est montré qu'en bienfaicteur de l'humanité, armé pour la liberté du commerce & des mers, pour les droits essentiels des hommes réunis en société, pour le maintien du respect réciproque que se doivent les Nations, & que les Etats belligérans doivent sur-tout conserver vis-à-vis de ceux qui restent neutres & dévoués à la fonction salutaire de verser de toutes parts, au milieu des hostilités, le baume secourable du commerce sur les profondes plaies dont la guerre couvre les malheureux pays qui s'y laissent entraîner.

Mais soit qu'on pût ou non établir la liberté de l'Inde & réduire les Nations Européennes par l'exemple & les armes de la nôtre, à n'y posséder que des comptoirs, il croyait également indispensable de changer pour nous la forme du commerce que nous exerçons dans ces contrées.

Les dangers, la longueur & les frais d'une navigation faite directement d'Europe en Inde & à la Chine, rendent ce commerce plus destructeur & infiniment plus dispendieux qu'il ne devrait l'être. Mais ils n'existent que par la jalousie mesquine, étroite &, il faut oser le dire, stupidement fiscale des Nations Européennes, qui craignent de s'aider l'une l'autre, qui s'imaginent perdre les avantages qu'elles procurent, comme si tout avantage de commerce n'était pas manifestement réciproque, qui hésitent toujours à se donner des ports francs, quoiqu'elles ne l'aient jamais fait, même imparfaitement, sans voir la prospérité marcher à leur suite.

M. Turgot n'aurait pas hésité; il aurait conseillé au Roi de faire des Isles de France & de Bourbon des ports absolument francs, déchargés de tout impôt, ouverts à toutes les Nations ; d'y établir à la fois la liberté du commerce & celle des consciences ; d'y appeller par-là quelques-uns de ces négocians dont les capitaux, les travaux & l'industrie enrichissent aujourd'hui les pays étrangers, mais qui regrettent encore la patrie que leurs peres se virent en gémissant forcés d'abandonner ; & d'y former même des Colonies Indiennes & Chinoises, en y favorisant l'établissement de quelques commerçans Malabares, de Formôse & de Ponthiamas, & celui sur-tout de cette antique & industrieuse Nation que sa population surcharge, & qui, malgré les préjugés qui s'opposent chez elle aux émigrations, commence à jetter des essains dans l'Archipel des Indes, forme une ville à Batavia, serait en grand nombre aux Philippines si on l'y avait soufferte, & porte partout où elle s'établit, l'activité, l'économie, l'amour du travail, l'intelligence, & ce respect des enfans pour les peres, cet esprit de famille qui est la base des bonnes mœurs.

L'Isle de France alors serait devenue le centre d'un commerce immense, l'entrepôt de tout celui que font en contrebande les Officiers de toutes les Compagnies Européennes, le magasin général de celui qu'on appelle commerce d'Inde en Inde. Toutes les marchandises Indiennes & celles de la Chine y seraient venues dans les moussons favorables, soit sur des navires construits à l'Européenne, soit même sur les jonques du pays, amenées dans l'un & l'autre cas par ces Matelots Indiens qu'on appelle *Lascars*, qui sont les plus économes Navigateurs de l'Univers, & qui s'y seraient chargés en retour des marchandises d'Europe qu'ils y auraient trouvées en dépôt.

Les Vaisseaux Européens n'auraient plus eu que le voyage de l'Isle de France à faire; ils seraient revenus dans la même année par une navigation sans péril. La précieuse espèce de nos Matelots eût été conservée; les dépenses du commerce de l'Inde réduites à moitié; ses profits augmentés, ainsi que les jouissances qu'il procure; & la principale cause des guerres qu'il a occasionnées jusqu'à ce jour tarie pour jamais. L'Isle de France aurait été la plus belle Colonie commerçante, & celle de Bourbon

qui aurait principalement pourvu à la fubfiftance de ce commerce ; la plus belle Colonie
agricole qui aient jamais exifté ; & dont on
puiffe même concevoir l'idée.

Ces importantes vues de M. Turgot fur le
commerce de l'Inde, ne font pas feulement
un des projets auxquels fes principes & fes lumieres le conduifaient, & qu'il avait envifagés
comme devant être l'objet de fon miniftere à
la Marine. L'exécution en a été plus prochaine.
Le choix de celui qui devait diriger à l'Ifle de
France les établiffemens & les inftitutions que
M. Turgot y croyait néceffaires était fait. Il
avait déjà reçu fes premieres inftructions, de la
main de ce Miniftre, dans des lettres particulieres qu'il conferve avec reconnaiffance ,
amour & refpect.

Depuis long temps les travaux des ouvriers
de Breft n'étaient payés que par des *à-comptes*
fucceffifs, qui, laiffant toujours des arrérages
confidérables, invitaient à la déprédation par
la difficulté de parvenir à toucher les falaires
légitimes. M. Turgot leur fit payer dix-huit
mois qui leur étaient dus, & s'affura par-là de
leur zêle, de leur activité, & du droit de
veiller féverement leur conduite.

Peut-être eût-il été à desirer que ce Grand-Homme eût été conservé pour la Patrie dans ce Ministere, où il avait déjà fait ce bien, où il projettait d'en faire tant d'autres, & qui moins orageux, moins sujet que celui des finances aux influences de Paris & de la Cour, n'expose pas un Ministre aux mêmes revers. Mais il n'y resta que trente-cinq jours, & devint Contrôleur-Général & Ministre d'Etat le 24 Août.

Il sentait le poids & le danger de cette nouvelle carriere, il ne s'y dévoua qu'en citoyen qui aurait donné sa vie même à son pays, qui n'osait la refuser aux intentions bienfaisantes de son Roi. La lettre qu'il lui adressa dans cette grande circonstance où il prévoit, où il annonce ce qu'il avait à craindre, les honore tous deux, & mérite à tous égards de passer à la postérité (10).

« SIRE » dit-il dans cette lettre mémorable « en sortant du cabinet de VOTRE » MAJESTÉ encore plein du trouble où me » jette l'immensité du fardeau qu'ELLE m'im-

---

(10) Elle est du 24 Août 1774, à Compiegne.

» pose, agité par tous les sentimens qu'excite
» en moi la bonté touchante avec laquelle
» ELLE a daigné me rassurer, je me hâte de
» mettre à ses pieds ma respectueuse recon-
» noissance & le dévouement absolu de ma vie
» entiere.

» VOTRE MAJESTÉ a bien voulu m'auto-
» riser à remettre sous ses yeux l'engagement
» qu'Elle a pris avec Elle-même de me sou-
» tenir dans l'exécution des plans d'économie
» qui sont en tout temps & aujourd'hui plus
» que jamais d'une nécessité indispensable.
» J'aurois desiré pouvoir lui développer les
» réflexions que me suggere la position où se
» trouvent les finances, le temps ne me le
» permet pas, & je me réserve de m'expliquer
» plus au long quand j'aurai pu prendre des
» connoissances plus exactes. Je me borne en
» ce moment à vous rappeller ces trois
» paroles.

» Point de banqueroute.

» Point d'augmentation d'impôts.

» Point d'emprunts.

» Point de banqueroute, ni avouée, ni
» masquée par des réductions forcées.

» Point d'augmentation d'impositions : la
» raison en est dans la situation de vos Peuples
» & encore plus dans le cœur de Votre
» Majesté.

» Point d'emprunts : parce que tout em-
» prunt diminuant toujours le revenu libre, il
» nécessite au bout de quelque temps, ou la
» banqueroute, ou l'augmentation d'impofi-
» tions. Il ne faut en temps de paix se per-
» mettre d'emprunts que pour liquider les
» dettes anciennes, ou pour rembourser d'au-
» tres emprunts faits à un denier plus onéreux.

» Pour remplir ces trois points il n'y a
» qu'un moyen, c'est de réduire la dépense
» au-dessous de la recette, & assez au-dessous
» pour pouvoir économiser chaque année une
» vingtaine de millions, & les employer au
» remboursement des dettes anciennes; sans
» cela le premier coup de canon forceroit
» l'Etat à la banqueroute.

» On demande sur quoi retrancher ? & cha-
» que Ordonnateur dans sa partie soutiendra
» que presque toutes les dépenses particulieres
» sont indispensables. Ils peuvent dire de fort
» bonnes raisons, mais comme il n'y en a
» point pour faire ce qui est impossible, il

» faut que toutes ces raisons cedent à la né-
» cessité absolue de l'économie.

» Il est donc de nécessité absolue que
» Votre Majesté exige des Ordonnateurs
» de toutes les parties, qu'ils se concertent
» avec le Ministre de la finance. Il est indis-
» pensable qu'il puisse discuter avec eux en
» présence de Votre Majesté le degré de
» nécessité des dépenses proposées. Il est sur-
» tout nécessaire que lorsque vous aurez,
» Sire, arrêté l'état des fonds de chaque
» département, vous défendiez à celui qui en
» est chargé d'ordonner aucune dépense nou-
» velle sans avoir auparavant concerté avec
» la finance les moyens d'y pourvoir. Sans
» cela chaque département se chargeroit de
» dettes qui seroient toujours des dettes de
» Votre Majesté, & l'Ordonnateur de la
» finance ne pourroit répondre de la balance
» entre la dépense & la recette.

» Votre Majesté sait qu'un des plus
» grands obstacles à l'économie est la multi-
» tude des demandes dont Elle est continuel-
» lement assaillie, & que la trop grande facilité
» de ses prédécesseurs à les accueillir a mal-
» heureusement autorisées. Il faut, Sire,

» vous armer contre votre bonté de votre
» bonté même, confidérer d'où vous vient
» cet argent que vous pouvez diftribuer à
» vos courtifans, & comparer la mifere de
» ceux auxquels on eft quelquefois obligé de
» l'arracher par les exécutions les plus rigou-
» reufes, à la fituation des perfonnes qui ont
» le plus de titres pour obtenir vos libéralités.

» Il y a des graces auxquelles on a cru
» pouvoir fe prêter plus aifément, parce que
» elles ne portent pas immédiatement fur le
» Tréfor Royal.

» De ce genre font les intérêts, les croupes,
» les privileges. Elles font de toutes les plus
» dangereufes & les plus abufives. Tout profit
» fur les impofitions qui n'eft pas abfolument
» néceffaire pour leur perception, eft une
» dette confacrée au foulagement des contri-
» buables, ou aux befoins de l'Etat. D'ailleurs
» ces participations aux profits des traitans
» font une fource de corruption pour la No-
» bleffe, & de vexations pour le Peuple, en
» donnant à tous les abus des protecteurs
» puiffans & cachés.

» On peut efperer de parvenir, par l'amélio-
» ration de la culture, par la fuppreffion des

» abus dans la perception, & par une répartition
» plus équitable des impositions, à soulager
» sensiblement les Peuples sans diminuer beau-
» coup les revenus publics. Mais si l'éco-
» nomie n'a précédé, aucune réforme n'est
» possible; parce qu'il n'en est aucune qui
» n'entraîne le risque de quelque interrup-
» tion dans la marche des recouvremens,
» & parce qu'on doit s'attendre aux embar-
» ras multipliés que feront naître les ma-
» nœuvres & les cris des hommes de toute
» espece, intéressés à soutenir les abus; car
» il n'en est point dont quelqu'un ne vive.

» Tant que la finance sera continuelle-
» ment aux expédiens pour assurer les ser-
» vices, VOTRE MAJESTÉ sera toujours
» dans la dépendance des financiers, & ceux-
» ci étant toujours les maîtres de faire man-
» quer par des manœuvres de place les
» opérations les plus importantes, il n'y
» aura aucune amélioration possible, ni dans
» les impositions pour soulager les Peuples,
» ni dans les arrangemens relatifs au Gou-
» vernement intérieur & à la législation.
» L'autorité ne sera jamais tranquille, parce
» qu'elle ne sera jamais chérie, & que les

» mécontentemens & les inquiétudes des
» Peuples sont toujours le moyen dont les
» mécontens & les mal-intentionnés se ser-
» vent pour exciter des troubles. C'est donc
» sur-tout de l'économie que dépend la prof-
» périté de votre regne, le calme dans l'in-
» térieur, la considération au dehors, le
» bonheur de la Nation & le vôtre.

» Je dois observer à Votre Majesté
» que j'entre en place dans une conjoncture
» fâcheuse, par les inquiétudes répandues
» sur les subsistances, inquiétudes fortifiées
» par la fermentation des esprits depuis quel-
» ques années, par la variation dans les
» principes des Administrateurs, par quel-
» ques opérations imprudentes, & sur-tout
» par une récolte qui paroît avoir été mé-
» diocre. Sur cette matiere, comme sur
» beaucoup d'autres, je ne demande point
» à Votre Majesté d'adopter mes prin-
» cipes sans les avoir examinés & discutés, soit
» par elle-même, soit par des personnes de
» confiance en sa présence. Mais quand elle
» en aura reconnu la justice & la nécessité,
» je la supplie d'en maintenir l'exécution
» avec fermeté, sans se laisser effrayer par
» des

» des clameurs qu'il est impossible d'éviter
» en cette matiere, quelque système qu'on
» suive, quelque conduite qu'on tienne.

» Voilà les points que Votre Majesté
» a bien voulu me permettre de lui rappel-
» ler. Elle n'oubliera pas qu'en recevant la
» place de Contrôleur-Général, j'ai senti
» tout le prix de la confiance dont Elle
» m'honore, j'ai senti qu'Elle me chargeoit
» du bonheur de ses Peuples, &, s'il m'est
» permis de le dire, du soin de faire aimer sa
» Personne & son Autorité ; mais en même
» temps j'ai senti tout le danger auquel je
» m'exposois, j'ai prévu que je serois seul à
» combattre contre les abus de tout genre,
» contre les efforts de ceux qui gagnent à
» ces abus, contre la foule de préjugés qui
» s'oppose à toute réforme, & qui sont un
» moyen si puissant dans les mains des gens
» intéressés à éterniser les désordres. J'aurai
» à lutter contre la bonté naturelle, contre la
» générosité de Votre Majesté & des per-
» sonnes qui lui sont les plus cheres. Je
» serai craint, haï même de la plus grande
» partie de la Cour, de tout ce qui sollicite
» des graces ; on m'imputera tous les refus ;

K

» on me peindra comme un homme dur,
» parce que j'aurai représenté à Votre
» Majesté qu'Elle ne doit pas enrichir, même
» ceux qu'Elle aime, aux dépens de la sub-
» sistance de son Peuple. Ce Peuple auquel
» je me serai sacrifié est si aisé à tromper,
» que peut-être j'encourrai sa haine par les
» mesures que je prendrai pour le défen-
» dre contre la vexation. Je serai calomnié,
» & peut-être avec assez de vraisemblance
» pour m'ôter la confiance de Votre Ma-
» jesté. Je ne regretterai point de perdre
» une place à laquelle je ne m'étois jamais
» attendu. Je suis prêt à la remettre à
» Votre Majesté dès que je ne pourrai
» plus espérer de lui être utile ; mais son
» estime, la réputation d'intégrité, la bien-
» veillance publique qui ont déterminé son
» choix en ma faveur, me sont plus cheres
» que la vie, & je cours le risque de les
» perdre, même en ne méritant à mes yeux
» aucun reproche.

» Votre Majesté se souviendra que
» c'est sur la foi de ses promesses que je me
» charge d'un fardeau, peut-être au-dessus
» de mes forces ; que c'est à Elle person-

» nellement, à l'homme honnête, à l'homme
» juste & bon, plutôt qu'au Roi, que je m'aban-
» donne.

» J'ôse lui répéter ici ce qu'Elle a bien
» voulu entendre & approuver. La bonté
» attendrissante avec laquelle Elle a daigné
» presser mes mains dans les siennes, comme
» pour accepter mon dévouement, ne s'ef-
» facera jamais de mon souvenir, elle sou-
» tiendra mon courage, elle a pour jamais
» lié mon bonheur personnel avec les inté-
» rêts, la gloire & le bonheur de VOTRE
» MAJESTÉ ».

Le sentiment profond qui termine cette lettre a toujours été dans le cœur de M. Turgot. Il avait la vanité en horreur, & loin de s'attribuer exclusivement la gloire de tout ce qu'il a fait ou tenté de grand & d'utile, il sentait à quel point l'amour du Roi pour son Peuple & pour la justice, avait facilité son travail. *Il est bien encourageant,* écrivait-il à l'un de ses amis intimes, *d'avoir à servir un Roi qui est véritablement un homme honnête & voulant le bien.* Et si, depuis, la multitude des clameurs de ceux dont ses grandes vues, son caractere ferme, son amour pour la vérité, son intégrité sévere contrariaient les intérêts, lui a enlevé les bontés de son Souverain, la reconnaissance qu'elles lui avaient inspirée n'en a pas moins senti combien il leur devait, pour ce qu'il avait fait de sage & d'honorable sous leurs auspices, & avec leur aveu.

Ayant pris auprès de lui cette façon de voir, comme la plûpart de celles que nous conserverons autant que l'existence, nous ne craindrons donc point d'exposer en détail ce que nous savons des bienfaits qu'un Monarque vertueux, conseillé par un Ministre habile, a répandus sur la Patrie. Si quelqu'un ôsait s'offenser de ce qu'il nous paraît utile & juste de parler avec éloge des travaux du Roi, & de rendre hommage à celui qui les a secondés pendant un temps, comment ôserait-il le dire ?

Fin de la première Partie.

MÉMOIRES
SUR
LA VIE ET LES OUVRAGES
DE
M. TURGOT,
MINISTRE D'ÉTAT.
SECONDE PARTIE,

Contenant son Ministere aux Finances &
sa Retraite.

PHILADELPHIE.
1782.

Amàns de la Gloire, Songez qu'elle est Vierge & Déesse. Elle échappe à ceux qui croient l'enchaîner par adresse, & n'en veulent jouir que par orgueil : elle va chercher l'homme vertueux, simple & modeste, qui, même en l'aimant, ne se permit jamais de l'envisager qu'avec pudeur, & qui s'est borné à la mériter par de grandes actions.

MÉMOIRES
SUR LA VIE ET LES OUVRAGES
DE M. TURGOT,
MINISTRE D'ÉTAT.

SECONDE PARTIE.

LE principe fondamental de l'administration de M. Turgot, par lequel il a mérité & justifié la confiance du Prince & celle de la Nation, a toujours été de ne chercher l'amélioration des revenus de l'Etat, & les moyens de rétablir les finances, que dans l'augmentation de la richesse des Propriétaires, dans l'aisance du Peuple, dans les facilités plus grandes qu'on lui donnerait pour subsister. Il avait la plus haute idée de la sainteté des devoirs du Gouvernement, & le respect le plus religieux pour les droits des Citoyens confiés à la garde de l'Autorité qu'ils ont établie, & qu'ils soutiennent. Jamais il n'a donné un conseil au Monarque, avec cette formule : *Cela vous sera utile.* Il lui a toujours dit : *Cela est juste,* SIRE, *& ce sera un bien-*

fait pour votre Nation. Son génie élevé favait tout ce que les Rois gâgnent à être bienfaifans & juftes. Il favait que c'eft ainfi, & que que ce n'eft qu'ainfi, qu'ils peuvent augmenter la puiffance de leur Etat, & affurer leur bonheur perfonnel, favourer les bénédictions du genre humain, & accroître chaque jour par leur ufage même ces grands moyens de mériter de Dieu & des hommes, que la Société leur a remis dans les mains, avec la difpofition de fes forces.

Econome intrépide des bienfaits de Cour, il a paru prodigue envers le Peuple, & des efprits étroits lui ont reproché d'oublier, dans fes vues équitables & généreufes, l'intérêt du Fifc. Il eft poffible que cette imputation répétée de tous côtés par l'intrigue, foit enfin parvenue à donner quelque inquiétude à la prudence du Roi. Mais la preuve que M. Turgot voyait mieux ce grand intérêt qui lui était fpécialement confié, que ceux qui ont ôfé critiquer la marche & la nature de fes opérations, eft dans l'état où fe trouvaient les Finances lorfqu'on lui en a remis le timon, & dans celui où il les a laiffées.

Nous rendrons compte de l'un & de l'au-

ÉTAT OÙ IL A TROUVÉ LES FINANCES.

tre, preuves & pieces en main ; nous ne parlerons d'aucun fait qui ne se soit passé sous nos yeux; nous citerons les loix que M. Turgot a rédigées ou conseillées, & nous nous abstiendrons de louer son Ministere : il nous suffira de l'avoir peint. Ce qui fut fait pour le service du Roi & de la Patrie, n'a de véritables Juges que le Roi, la Patrie & la Postérité.

Lorsque M. Turgot fut chargé de l'administration des Finances, il ne trouva sur leur situation que des renseignemens fort incomplets, qui ne pouvaient donner qu'une idée bien imparfaite des recettes & des dépenses de l'Etat, & dont le résultat était très-affligeant. Il ordonna la rédaction d'un tableau méthodique & circonstancié, qui contînt les plus grands détails sur chaque partie de recette & de dépense.

Ce travail a été fait, & a servi à établir le calcul des fonds nécessaires à l'année 1775.

Il présentait une somme de dépenses, qui devait surpasser de *vingt-deux millions trois cents sept mille cent vingt-six livres* celle des recettes, tandis que les anticipations étaient déjà portées à *soixante-dix-huit millions deux cents cinquante mille livres*, & qu'il existait de plus dans chaque Département une dette exigible arriérée très-considérable.

Tel était le fardeau dont il fallait supporter le poids. Celui qui n'en a pas été effrayé, celui qui dans de telles circonstances a ôsé conseiller au Roi de diminuer plusieurs impôsitions, & d'avancer plusieurs payemens; celui qui, par cette marche, après vingt mois d'administration, qui n'ont semblé consacrés qu'à faciliter les travaux & la subsistance du Peuple, est parvenu à laisser à ses successeurs, les Finances au courant, allait sans doute à ce but avec une intelligence un peu au-dessus des combinaisons communes.

M. Turgot sentit qu'une forte dette exigible arriérée était un mal aussi fâcheux qu'indécent dans tout Corps politique, & nuisible sur-tout au crédit d'une grande Monarchie. La nécessité de payer des sommes considérables sur cette dette, tant par équité envers ceux qui attendaient la rentrée de leurs fonds, qu'afin de ranimer la confiance, de relever le crédit national, & de faire baisser l'intérêt de l'argent, lui parut indispensable.

Il ne craignit pas d'y confacrer à l'inftant *quinze millions*, & de porter par-là au-deffus de *trente-fept millions* le *déficit* auquel fallait pourvoir dans l'année 1775; déficit qui, fans ce payement extraordinaire, paroiſſoit déjà de plus de *vingt-deux millions*. L'événement a prouvé que ce premier pas, qui pouvait fembler très-hardi, n'était que fage.

Tous les autres ont eu le même caractere.

Les penfions étaient arriérées de trois à quatre années. On avait imaginé dans d'autres temps de faire un capital de ces penfions arriérées, & d'en payer les intérêts en rentes viageres. Mais un tel arrangement qui laiffe les Penfionnaires pauvres, écrafés fous le faix des dettes qu'ils ont été forcés de contracter, & qui expofe ceux qui les ont fecourus à perdre leurs avances, ne pouvait convenir ni à l'efprit de Juftice du Roi, ni à celui de fon Miniftre, ni à leur humanité. Tous deux furent principalement touchés de la fituation des Penfionnaires les plus réellement refpectables; de ceux qui, pour retraite après de longs fervices, n'ont que de faibles penfions, & qui n'ont nul autre moyen de

8 Suppression des Sols pour livre
subsistance. On régla qu'il serait payé deux années à la fois des pensions de quatre cents livres & au-dessous, & M. Turgot les a laissées au courant.

L'Edit de Novembre 1771, & l'Arrêt du Conseil du 22 Décembre suivant, avaient établi les *huit sols pour livre* sur toute espece de droits, excepté seulement ceux dont le principal ne serait que de quinze deniers ou au-dessous. M. Turgot représenta au Roi que le produit de cette imposition n'avait été calculé dans les Régies, & passé en compte dans les parties affermées, que relativement aux droits appartenans à Sa Majesté, ou par Elle engagés, & dont la perception était ou pouvait être connue de l'administration; & qu'en y ajoutant les huit sols pour livre des droits qui se perçoivent au profit des Particuliers, on levait sur le Peuple une imposition onéreuse, très-nuisible au Commerce par sa nature, & dont le Gouvernement ne pouvait avoir aucune connaissance positive. En conséquence l'Arrêt du Conseil du 15 Septembre 1774, affranchit
« les droits de péage, hallage, passage, pon-
» tonnage, travers, barrage, coutume, éta-

« lage, leyde, afforage, de poids, aunage,
» marque, chablage, gourmetage & les droits
» de bacs appartenans aux Princes du Sang,
» Seigneurs & particuliers qui les poffedent à
» titre patrimonial, ou autre équivalent, de la
» perception des huit fols pour livre, » ne
laiffant fubfifter cette impofition que fur les
droits faifant partie du revenu de l'Etat, ou
donnés en engagement, & pouvant être un
jour réunis au Domaine public.

La pefanteur de ces droits de huit fols pour
livre, & le dérangement qu'ils apportaient
dans le Commerce, avaient été déjà reconnus relativement à ceux impôfés fur la marque des draps & des toiles, & ils avaient
été réduits à cet égard, en 1773, à *trois
deniers pour livre*. Cette impofition repréfentative d'une autre que le Roi venait de
fupprimer, ne pouvait pas n'être point abolie;
elle le fut par un nouvel Arrêt du Confeil du 4 Décembre 1774.

Quelque fâcheux que pût être pour le
Commerce des étoffes ce furcroît d'impófition, dont les inconvéniens avaient frappé,
même l'adminiftration ancienne qui avait cru
néceffaire de la réduire au vingt-quatrieme,

les autres fols pour livre fupprimés par le premier Arrêt dont nous venons de parler, & qui portaient fur les droits de hallage, de mefurage & autres du même genre, étaient beaucoup plus redoutables; parce que ces droits pefent directement fur la fubfiftance du Peuple, & fur le commerce de la premiere & de la plus confidérable production du territoire.

Le commerce des fubfiftances était alors l'objet principal dont une adminiftration prudente & prévoyante devait s'occuper. La récolte de 1774 avait été médiocre. Il était de la plus grande importance, pour prévenir les difettes & pour égalifer les prix, de permettre que les denrées allaffent fecourir les befoins auffi-tôt qu'ils pourraient fe manifefter. Il était en tout temps néceffaire que la culture fût encouragée par l'efpoir d'un débit avantageux, & que la proportion des falaires fût équitablement fixée par l'uniformité & le peu de variation dans le prix du principal objet de confommation ; ce qui ne peut jamais s'attendre que de la facilité avec laquelle la furabondance d'un lieu peut fournir à l'approvifionnement d'un autre. Par l'Arrêt du Conseil du 13 Septembre 1774, & par les Lettres-Patentes du 2 Novembre suivant, dont il fut revêtu, le Roi rétablit la liberté du commerce des grains & des farines dans l'intérieur de son Royaume, & de Province à Province. M. Turgot n'ignorait pas que ce bienfait du Monarque contrariait des intérêts particuliers assez puissans, & qui sauraient tirer parti des anciens préjugés pour diminuer autant qu'ils le pourraient aux yeux de la Nation le prix d'un des plus grands services qu'il fût possible de lui rendre. Il s'attacha, dans le préambule de la Loi, à en développer tous les motifs.

Une chose assez remarquable dans l'histoire des disputes & des travers de l'esprit humain, & qui montre bien que la plupart des querelles tiennent uniquement à l'esprit de parti & d'intrigue, est que les dispositions de cet Arrêt du 13 Septembre étaient conformes à l'opinion même des gens qui l'ont combattu avec le plus de chaleur.

M. *l'Abbé Galiani* & les Ecrivains qui ont adopté ses principes, ou renouvellé son système, n'ont porté leurs déclamations que contre la liberté d'exporter. Et en effet on se serait moqué d'eux s'ils eussent prétendu que les habitans d'une Province du Royaume ne dussent pas être libres de secourir leurs compatriotes d'une autre Province. C'est en parlant de la liberté de l'exportation qu'ils ont cherché à intimider le Peuple, dont les opinions ne passent que trop souvent dans la bonne compagnie, & en viennent aussi quelquefois. Ce n'est pas que la liberté de l'exportation ne soit elle-même nécessaire pour maintenir un prix moyen & uniforme, pour établir efficacement celle de l'importation, & se procurer aussi-tôt que le besoin pourrait s'en faire sentir, d'abondans & rapides secours de l'étranger : mais on peut parler avec beaucoup d'éloquence sans étendre si loin ses observations. Et l'on remue davantage, on est plus à la portée d'un auditoire vulgaire, en joignant l'idée d'exportation à celle de famine. C'est donc contre l'exportation que se sont tournés les discours & les efforts apparens : & l'on est convenu que, quant à la liberté intérieure, elle ne devait point souffrir d'atteintes ; que l'exportation seulement méritait d'être contenue par des Réglemens sages, & de fixer l'attention du Gouvernement. Or l'Arrêt du

13 Septembre 1774, & les Lettres-Patentes qui lui ont donné force de Loi, se sont bornés à établir la liberté intérieure. Ils ont laissé l'exportation aussi interdite qu'elle l'avait été par M. l'Abbé Terray. Il ne semblerait donc pas qu'on eût dû faire tant de bruit, ni témoigner tant de véhémence contre cette Loi. Mais la logique, qui n'a jamais été une chose commune, ne l'est pas encore devenue, même dans notre siecle raisonneur, & c'est rarement par elle que se distinguent les écrits qui excitent le plus d'applaudissemens.

Toutes les branches de productions & de subsistances, nécessaires aux besoins du Peuple, objets de travail & sources de richesses pour la Nation, paraissaient à M. Turgot mériter, après les grains, mais comme eux & dans le même esprit, l'attention bienfaisante du Gouvernement. Il songea à favoriser à la fois le nourrissage & le commerce des bestiaux, & les progrès de la pêche en mer. On révoqua le privilege exclusif de l'Hôtel-Dieu pour vendre la viande à Paris pendant le carême; & ce privilege, très-nuisible à la subsistance des pauvres malades qu'il privait d'avoir la viande dont l'usage importait au rétablissement de leur santé, ou qu'il forçait de la surpayer en prenant au même prix de la viande de rebut dont ils n'avaient que faire, fut remplacé par une indemnité suffisante, également profitable & plus décente pour cet Hôpital (1).

On supprima en même temps les droits qui se percevaient à l'entrée du Royaume sur la morue sèche de Pêche Française (2) ; tous les droits d'entrée & de halle sur le poisson salé à Paris, & la moitié des droits sur la marée fraîche (3). Cette opération si favorable à l'extension de nos pêches, & à la subsistance du Peuple, ne coûta au Roi presque aucun sacrifice réel de revenus. La consommation s'accrut au point que la recette de la moitié des droits sur la marée fraîche qui fut conservée, se trouva peu inférieure à celle qu'avait précédemment procuré la totalité des anciens droits. C'est une belle expérience de finances; & il faut croire qu'elle ne sera pas perdue pour le genre humain, & que le bien qui en résultera ne se bornera point à celui qu'elle a produit.

---

(1) Déclaration du 15 Décembre 1774.

(2) Arrêt du Conseil du 30 Janvier 1775.

(3) Déclaration du 8 Janvier 1775, & Arrêt du Conseil du 13 Avril de la même année.

Ces soins de l'administration ne faisaient pas négliger à M. Turgot ceux de la finance proprement dite. Plusieurs opérations de son prédécesseur, dont l'exécution pouvait entraîner de grands inconvéniens, devaient ou avoir lieu sous très-peu de temps, ou être sur-le-champ réformées.

On sait dans quel esprit & par quels moyens s'étaient pendant long temps décidées les *Affaires de finance*.

Les droits d'hypotheques, ceux de greffes, les quatre deniers pour livre du prix des ventes d'immeubles dans les provinces, avaient été confiés à une Régie sous le nom de *Rousselle*. Les Régisseurs devaient faire huit millions d'avances remboursables par des payemens successifs dont le dernier devait avoir lieu au mois de Juillet 1781. L'intérêt de leurs avances était stipulé à six pour cent ; on leur avait accordé en outre des droits de préfence montant à *quatre cents quatre-vingt mille livres* par an, ou six autres pour cent de leurs premiers fonds, & ces droits de préfence devaient durer sur ce pied jusqu'au terme de leur Régie. Il en résultait que depuis le premier Janvier 1781 jusqu'au premier Juillet, les cautions de Rousselle ne devant plus être en avance que d'un million, dont la moitié leur aurait été remboursée au premier d'Avril, n'en auraient pas moins touché outre l'intérêt de leur capital à six pour cent, sujet à la retenue du dixieme, un surcroît d'intérêt de *deux cents quarante mille livres* sous le nom de droits de préférence. Pour les trois premiers mois de 1781, ces deux intérêts réunis eussent été de *cinquante-quatre*, & dans le second trimestre ils se seraient élevés aux taux de *quatre-vingt-seize* pour cent. M. Turgot crut devoir conseiller au Roi de résilier ce marché. Il forma une nouvelle Régie qui fournit quatre millions d'avances de plus que l'ancienne ; de laquelle on augmenta le travail, en lui confiant la perception d'un plus grand nombre de branches de revenus, dont on n'augmenta point cependant le taux des droits de préférence ; & avec laquelle on stipula que ceux qui seraient accordés aux Régisseurs, soumis, comme les intérêts de leur capital, à la retenue du dixieme, diminueraient comme les intérêts même & dans la même progression en raison des remboursemens successifs (4).

---

(4) Résultat du Conseil du 15 Novembre 1774.
M.

M. Turgot avait pris des mesures pour que ces remboursemens fussent terminés six mois plutôt que ne devaient l'être ceux de l'ancienne Régie, quoiqu'il y eût quatre millions de plus à rendre à la nouvelle. Il hâtait les remboursemens de ces especes d'avances parce que, dans ce commencement de son ministere l'intérêt de l'argent n'étant point encore baissé ; il était obligé de payer l'argent que la situation des finances rendait nécessaire à un taux au-dessus de celui qu'il se proposait d'établir, & auquel il parvint dans la suite.

Il avait été encore plus pressant de prendre un parti sur l'administration des Domaines. Ceux qui sont proprement ainsi nommés, les Domaines réels, avaient été affermés pour trente ans, au prix de *quinze cents soixante-quatre mille six cents livres* par an, dont on devait payer une année d'avance le premier Octobre 1774. A cette condition on avait donné aux Fermiers la jouissance de terres précédemment louées *onze cents seize mille cent soixante-quatre livres*, par baux particuliers qui finissaient au mois de Décembre 1774, les profits à faire sur le renouvellement présent ; & les renouvellemens successifs de ces baux pendant trente années, & de plus la jouissance pour le même temps de toutes les terres vaines & vagues à défricher ou à dessécher, dont le Roi pourrait avoir le droit de jouir, & la faculté illimitée de rentrer dans tous les Domaines dans lesquels le Roi aurait pu rentrer lui-même. Par cette derniere clause, on affermait un droit dont le Gouvernement n'était pas à portée de connaître l'étendue, ou, pour mieux dire, on donnait gratuitement ce droit, ainsi que les augmentations successives de quatre baux ; car dès le premier renouvellement on trouva dans le cours de l'année 1775 à porter les sous-baux de six & de neuf ans au même produit pour lequel le bail général de trente ans avait été passé.

Les baux de trente ans conviennent quelquefois aux particuliers qui traitent de leurs propres affaires, qui peuvent calculer la valeur de ce qu'ils engagent, & peser l'avantage d'appeller par cette espece d'aliénation pour la durée de leur propre vie, des capitaux & des améliorations considérables sur le patrimoine de leurs enfans. Mais pour le compte de l'Etat, c'est toute autre chose. Les Administrateurs les plus integres, en y apportant les soins les plus vigilans, font presque toujours de mauvais marchés pour le public. Il leur est impossible de n'être pas aisément trompés, dans une multitude immense de grandes affaires qu'ils n'ont jamais eu le temps ni les moyens d'étudier suffisamment. Ils ont à lutter dans l'obscurité contre des intérêts très-éclairés & très-adroits, & contre cette avidité générale qui cherche à s'excuser elle-même lorsqu'elle ne s'exerce qu'aux dépens du Roi, ou de la Société entiere. Car l'ignorance des vrais principes de la morale porte un grand nombre de gens qui passent dans le monde pour très-honnêtes, & qui se feraient réellement scrupule d'abuser de la bonne foi d'un particulier, à se permettre sans remords des gains excessifs, des marchés illusoires, des profits usuraires & cachés, lorsqu'ils traitent avec le Gouvernement. Dans cette pente funeste qui ne pourrait diminuer que par une excellente éducation morale, dont il n'existe encore d'exemple que dans un infiniment petit nombre de familles éclairées & vertueuses, & qu'en général notre jeunesse ne reçoit pas, les Administrateurs doivent trembler sur chaque décision ; doivent desirer de revenir à l'examen le plus souvent qu'il leur sera possible ; doivent sentir combien un engagement de trente ans est imprudent & absurde.

Celui qu'on avait pris excitait les plus vives réclamations. Les Engagistes universellement mecacés de procès au nom du Roi, dont le Roi ne devait pas retirer le fruit ; les Communautés d'Habitans allarmées sur le retrait des terres vaines & vagues qui servent au pâturage de leurs bestiaux, ne cessaient de présenter Mémoires sur Mémoires. Il fallait se déterminer & se déterminer assez promptement pour ne pas déranger, ou pour suppléer, le payement de *quinze cents soixante-quatre mille livres* qui devoit être effectué au Trésor Royal le premier Octobre, & dont l'emploi était arrêté d'avance dans la dépense de ce mois.

Le bail de trente ans était visiblement insoutenable. Il ne restait que le choix entre trois partis.

Le premier, de remettre les Domaines réels entre les mains des Férmiers-Généraux, auxquels on venait de les retirer. Mais la Régie de la Ferme-Générale n'est pas propre à une administration terrienne,

& l'expérience avait fait voir que sous cette Régie les Domaines avaient été fort négligés, qu'on n'avait pas mis l'attention & la suite nécessaires à la recherche des titres, & qu'en passant des sous-baux on n'était entré dans aucun des détails qui auraient dû mettre à portée de connaître ce qui en faisait l'objet.

Le second parti était de confier la Régie des Domaines aux Receveurs-Généraux des Domaines & Bois. On y pensa, on leur en parla. Mais, d'un côté, ils ne se trouverent point à portée de faire par eux-mêmes les fonds d'avances que les circonstances où l'on se trouvait, & les vues ultérieures de M. Turgot rendaient nécessaires. De l'autre, on réfléchit que leur administration n'avait point assez d'unité, que chacun d'eux était trop accoutumé à se conduire dans son département selon sa propre intelligence; & l'on ne pouvait se dissimuler que si plusieurs d'entre eux étaient des hommes d'une activité & d'un mérite distingués, quelques autres étaient loin d'avoir les mêmes talens.

L'envie d'établir des principes uniformes & d'avoir une administration dont on pût toujours connaître la marche & l'ensemble, fit donc préférer le troisieme parti, qui était, en résiliant le bail de trente ans, dont la jouissance n'était pas encore commencée, de former une Régie spéciale pour les Domaines. C'est ce qui fut fait par l'Arrêt du Conseil du 25 Septembre 1774.

La Régie fut établie pour neuf ans. Les Régisseurs firent un fonds d'avance de *six millions*. Ils ne devaient toucher aucun remboursement pendant les trois premieres années de leur Régie, & devaient être remboursés d'un million par an, pendant chacune des six dernieres. L'intérêt de leur fonds fut assigné à six pour cent avec retenue du dixieme, ce qui le réduisait à cinq & deux cinquiemes ; & l'on doit se rappeller que c'était le premier moment de l'administration de M. Turgot, où il était obligé de suivre le cours subsistant, où il n'avait encore pu faire aucune opération qui influât sur l'intérêt de l'argent, où il avait besoin de cette avance même pour ces opérations, qu'il n'a pas tardé à suivre, & dont le succès a été complet.

On donna aux Régisseurs, outre l'administration des Domaines réels, dont le bail de trente ans était révoqué, la perception des droits féodaux & seigneuriaux casuels sur les terres de la mouvance du Roi, & le soin d'une ferme particuliere qui avait été formée pour quelques Domaines réunis par le décès des Engagistes qui ne l'avaient été qu'à vie. Leur recette annuelle fut estimée, sauf les améliorations successives de *quatre millions cent mille livres* à *quatre millions trois cents quarante mille livres*. Leurs droits de présence furent réglés comme l'intérêt de leurs fonds à cinq & deux cinquiemes pour cent du capital de leurs fonds d'avances, & soumis aux mêmes dégradations en raison des remboursemens successifs : de sorte qu'en y ajoutant les remises qui leur étaient accordées en raison du produit, & les frais de Bureau de toute espece, & répartissant le tout sur la totalité de la recette dont la Régie était chargée, cette recette rendue au Trésor Royal ne coûtait qu'environ seize deniers pour livre.

Le plus grand avantage de cette opération était d'assurer pour la suite, autant qu'il serait possible, la connaissance de la véritable valeur des Domaines du Roi. Les fonds qu'elle fournissait, joints à ceux de la Régie des Hypotheques, & à ceux qui restaient du dernier emprunt en rentes viageres fait par M. l'Abbé Terray, furent employés à relever le crédit, à éteindre des anticipations beaucoup plus cheres, à faciliter les moyens de faire la plupart des dépenses au comptant, & de diminuer ainsi les frais de banque, ceux de commission, ceux de remises & de services des Tréforiers. Les mesures que M. Turgot prit à cet égard furent si sages, & si bien calculées, qu'il parvint dans l'année 1775, comparée en ce point avec l'année moyenne des onze précédentes, à économiser *cinq millions sept cents cinquante mille livres* sur ces sortes de frais. C'était s'attirer de dangereux ennemis, mais c'était mériter de grands éloges.

La place de Banquier de la Cour avait été supprimée. Elle était inutile sous un Ministere qui opérait en grand, qui s'assurait les moyens de se passer de ressources momentanées, qui rétablissait le crédit de l'Etat, qui n'en voulait point d'autre, & qui regardait, ainsi qu'on l'a vu plus haut, tout profit qu'il était possible de retrancher ou sur la recette, ou sur la dépense des revenus publics, *comme une dette consacrée au soulagement du Peuple* (5).

Fidele à ce principe, M. Turgot, dès le commencement de son Ministere, avait mis sous les yeux du Roi la liste des Croupiers & des Pensionnaires, dont l'existence grevait presque toutes les places des Fermiers-Généraux, & il avait été autorisé à écrire à leur Compagnie que si le Roi se portait, par respect pour la mémoire de son Ayeul, à ne retrancher aucune des graces antérieurement accordées, il n'en accorderait du moins aucune de cette espece; & que son intention était que toutes les croupes qui viendraient à s'éteindre tournassent au profit des Fermiers-Généraux titulaires, & que personne n'eût part aux avantages des places de finance que ceux qui les remplissaient. Il leur déclara aussi qu'il ne serait accordé d'adjonctions que sur la demande des Fermiers eux-mêmes, & pour des sujets utiles à leur Régie qui eussent

---

(5) Voyez dans la premiere Partie de ces Mémoires la Lettre de M. Turgot au Roi, page 142.

rempli avec diſtinctions les places de Directeurs Généraux des Fermes.

Cette réſolution équitable du Roi aurait dû concilier à ſon Miniſtre la bienveillance des Fermiers-Généraux, & quelques-uns d'entre eux en effet lui ont toujours rendu juſtice (6). Mais le plus grand nombre, effrayé par les projets qu'il avait, ou qu'on lui ſuppoſait, & par la nouveauté des principes avec leſquels il prononçait ſur les conteſtations qu'occaſionnait leur Régie, était vivement prévenu contre lui.

M. Turgot, rigoureuſement attaché à l'exécution de toute Loi, était ennemi décidé de toute *extenſion*. On avait cru avant lui qu'il était de l'intérêt des recouvremens d'expliquer en général les obſcurités des Loix fiſcales en faveur des Fermiers. M. Turgot ne prononçait pour eux que lorſque leur droit était clair. Dans les cas douteux, il jugeait pour le Peuple; & l'on ne peut pas nier que l'équité ne le demande ainſi. Mais on criait de toutes parts qu'une telle Juriſ-

---

(6) On doit nommer parmi eux, M. *de Verdun*, M. *Augeard*, & M. *de Lavoiſier*.

prudence ferait baisser les produits ; que les Fermiers ne pourraient tenir leurs engagemens ; qu'ils seraient réduits à demander des indemnités, & à compter *de Clerc à Maître.* Le contraire est arrivé. Un esprit plus doux ayant été porté dans la perception, & les formes étant devenues moins oppressives, le Commerce s'est animé, & la consommation s'est accrue au point que les profits du bail des Fermes, au-delà des rétributions & des intérêts annuels, ont monté à *soixante millions*; dont *quatorze millions quatre cents mille livres* pour le Roi, & *quarante-cinq millions six cents mille livres* pour les Fermiers-Généraux : ceux du bail précédent, régi avec une verge de fer, n'avaient été que de *dix millions cinq cents cinquante mille livres*, dont *trois millions cent soixante-cinq mille livres* revenans au Trésor Royal, & *sept millions trois cents quatre-vingt-cinq mille livres* à la Ferme. De sorte que les principes d'équité scrupuleuse & d'humanité, suppléés par M. Turgot dans la Régie des Fermes à ceux de sévérité, d'extension & de rigueur, ont presque quintuplé les profits du Roi, & plus que sextuplé ceux des Fermiers-Généraux sur la masse de leur bail. Seconde expérience de finance, qui n'eſt pas à dédaigner. Il eſt vrai qu'on peut dire que quelques bonnes récoltes de vin ont contribué à ce profit extraordinaire. Cependant l'année 1777 a été mauvaiſe, & 1776 médiocre. D'ailleurs la guerre a réduit à rien le Domaine d'Occident ; & ſi la partie du tabac a été régie avec plus de ſoin, les achats en ont coûté beaucoup plus cher. Auſſi les Fermiers-Généraux les plus inſtruits ne diſſimulent à perſonne aujourd'hui que les principes de Régie introduits par M. Turgot, leur ont été très-favorables. Ils commencent à recommander à leur Compagnie de ne point ajouter à la ſurcharge de l'impôt par la forme de la perception. Ils voudraient pouvoir le diminuer pour y gagner davantage ; & cet eſprit, qui leur ſera profitable, adoucira le ſort du Peuple. M. Turgot paſſait pour n'être qu'un Philoſophe, il a inſtruit les Financiers dans la pratique de leur métier, & leur a prouvé l'utile vérité, qu'il ſera d'autant plus avantageux pour eux, qu'ils le rendront moins vexatoire : puiſſe cette heureuſe découverte n'être pas du nombre de celles que leur importance bien conſtatée n'a pas empêché de retomber dans l'oubli !

Une grande partie des procès relatifs à la Régie des Fermes-Générales, se portant en premiere instance devant MM. les Intendans en Province, & à Paris devant M. le Lieutenant de Police, d'où, par appel, au Conseil, la multitude des décisions par lesquelles M. Turgot établit la Jurisprudence également utile au Peuple & aux finances dont nous venons de parler, & dans le travail desquelles il n'a pu être secondé que par MM. *Trudaine* & *de Fourqueux* (7), nous entraînerait dans des détails immenses & fastidieux que nous devons supprimer. Laissant donc les Arrêts sur litige, qui ne font que déterminer la maniere d'exécuter les Loix fiscales, nous nous bornerons à dire un mot de ceux qui ont influé sur cette branche même de la Législation.

La perception des droits-d'entrée sur les fers blancs & les fers noirs, venant de l'Etran-

---

(7) La santé de M. *Trudaine* ayant commencé à être très-altérée pendant le Ministère de M. *Turgot*, & au point de l'obliger de voyager pour changer d'air; c'est principalement sur M. *de Fourqueux* qu'est tombée la fatigue de ce travail très-ennuyeux, très-pénible, mais très-important.

ger, fut simplifiée (8), en établissant à raison du poids le droit qui s'était jusqu'alors levé en raison de la qualité, ce qui faisait naître beaucoup de contestations.

Les droits qui avaient été établis en 1772 sur les étoffes qui *passent debout* à Paris, furent supprimés (9), ainsi que ceux sur l'entrée des Livres dans le Royaume (10), qui qui avaient été portés, en 1771, à vingt livres par quintal, & réduits, en 1773, à neuf livres deux sols, y compris les sols pour livre.

Les Fermiers-Généraux avaient obtenu en 1773 de fournir exclusivement le sel dans les Dépôts établis sur la frontiere des Provinces rédimées de Gabelles, & quoiqu'ils dussent le donner à un prix modéré & réglé sur les frais d'achat & de route, les Provinces réclamaient, dans la crainte que le Fermier, seul fournisseur, ne trouvât des raisons pour augmenter le prix, & que sa fourniture ne

---

(8) Arrêts du Conseil du 23 Octobre 1774, & du 5 Avril 1775.

(9) Lettres-Patentes du 25 Décembre 1775.

(10) Arrêt du Conseil du 23 Avril 1775.

pût dans la suite être soumise à quelques sols pour livre. M. Turgot rétablit les choses sur l'ancien pied, en accordant au Fermier les indemnités qu'il était en droit de prétendre (11).

On avait aussi changé en 1773 la forme selon laquelle la Chambre des Comptes devait jouir de son franc-salé, & cette Compagnie desirait vivement le retour à l'ancienne forme, qui lui fut accordé (12).

En rétablissant les anciens usages qui lui paraissaient légitimes, M. Turgot savait braver ceux qui ne présentent que des abus & des dangers.

La vénalité des Charges lui semblait un grand mal, sur-tout celle des Charges dont l'exercice demande des lumieres peu communes. Le mérite & les talens étaient à ses yeux les seuls titres par lesquels on dût prétendre à la confiance de la Nation & du Souverain. Il sentait que pour conserver une Charge, une fois obtenue à prix d'argent, il suffisait d'être irrépréhensible, & qu'on avait

---

(11) Arrêt du Conseil du 14 Octobre 1774.
(12) Arrêt du Conseil du 7 Janvier 1775.

toute liberté d'être médiocre. Et quand on pourrait mettre à l'obtention, ou à la durée, de l'agrément du Souverain, ou des Compagnies, une sévérité à laquelle nos mœurs répugnent absolument, il sentait encore que l'espece d'emprunt forcé sur les Titulaires des Charges, qui constitue leur vénalité, avait l'inconvénient irrémédiable de ne laisser à choisir, pour remplir les places, que parmi les gens riches. Il sentait que c'était en exclure un très-grand nombre d'hommes dignes & capables, tandis qu'il n'y a personne cependant qui osât dire que la plus grande capacité ne méritât pas d'être préférée. Il eût desiré que cette opinion devînt générale ; mais la sienne ne pouvant influer que sur les Charges qui dépendaient de son administration, il engagea le Roi à supprimer, par l'Edit de Novembre 1774, les quatre Charges & Offices d'Intendans du Commerce. Il fit rembourser un des Offices, qui était vacant, & dont M. *Albert* remplissait les fonctions d'une maniere très-distinguée, mais par simple commission. L'Edit ordonne que, vacance arrivant par mort ou démission des autres Charges d'Intendant du Commerce, elles seront

ront pareillement remboursées, & que le service important qui avait été confié à leurs Titulaires, ne sera transmis à leurs Successeurs que par Commission du Roi.

La coutume s'était introduite que les Fermiers-Généraux donnassent au Contrôleur-Général, sous le Ministere duquel ils commençaient leur bail, cent mille écus par forme de présent. Quelques Contrôleurs-Généraux observant qu'il est rare de l'être pendant six années, & trouvant peu convenable que leur prédécesseur emportât à lui seul une espece de rétribution plus attachée à la place qu'à l'homme, avaient transformé ce présent en une gratification annuelle de cinquante mille francs. Leurs successeurs n'en avaient pas moins cru que le don de cent mille écus devait toujours avoir lieu pour la signature du bail. La facilité de nos mœurs se prêtait à tous ces arrangemens, devenus, par l'habitude & l'opinion, une sorte de droit, & regardés comme des émolumens légitimes du Ministere des Finances. M. Turgot, qui ne trouvait à tout cela de noblesse ni dans les mots, ce présent s'appellait *pot-de-vin*, ni dans les choses, & qui voyait clairement que sans cette convention tacite, les baux feraient au total de six cents mille francs plus chers, crut devoir abolir l'un & l'autre usage d'une maniere assez marquée pour qu'il soit à l'avenir impossible de les renouveller. Les cent mille écus déjà fournis furent distribués aux Curés de Paris pour être employés à former les avances d'un travail de filature & de tricot, dont les ouvrages seraient vendus; ce qui procurerait à ces Pasteurs charitables la rentrée du fonds, & perpétuerait ainsi les moyens qu'ils y trouveraient d'occuper les pauvres de leurs Paroisses.

M. Turgot n'a pas vécu, ni administré, un instant sans travailler ou au soulagement des pauvres, ou à diminuer les causes qui font naître & propagent la pauvreté. Touché de la rigueur & de l'inutilité de la Loi qui établissait les contraintes solidaires contre les principaux Habitans des Paroisses pour le payement des impositions royales, il avait proposé au Roi d'en délivrer les Contribuables, excepté dans le cas de rebellion.

Cette Loi des contraintes solidaires autorisait les Receveurs à faire mettre en prison les quatre plus haut cotisés à la Taille de chaque Paroisse, lorsque le Collecteur s'était trouvé insolvable, jusqu'à ce qu'ils eussent rempli le *déficit*, sauf à eux à exercer ensuite leur recours contre les Paroisses par forme de rejet & de réimpôsition. Le cœur du Roi sentit combien il était triste & injuste de vexer & de ruiner ainsi par provision les Habitans les plus considérables d'une Paroisse, pour la faute d'autrui, & lorsqu'eux-mêmes avaient acquitté leurs cotes. Il était d'ailleurs assez clair que puisqu'on finissait par réimpôser sur la totalité des Paroisses la somme dont la recette avait manqué, il valait autant commencer par-là; & que pour empêcher les Receveurs des Tailles de se plaindre de l'obligation où ils pourraient se trouver d'avancer pendant un temps la valeur du *déficit*, il suffisait de leur accorder l'intérêt de cette avance, & de le réimpôser avec la somme même qu'ils auraient à répéter. La Loi que sollicitait M. Turgot fut portée (13); &, depuis ce temps, quiconque a payé sa cote dans une Paroisse, est assuré du moins de n'éprouver ni poursuites, ni vexation.

―――――

(13) Déclaration du premier Janvier 1775.

Cette Déclaration bienfaisante fut accompagnée d'un Arrêt du Conseil donné dans la même vue de rendre les campagnes plus heureuses & plus fécondes, en y appellant les capitaux, la dépense, les projets, l'industrie de gens riches qui voudraient tenter de grandes entreprises & des améliorations durables de culture. Pour faciliter leurs combinaisons, trop gênées par nos anciennes Loix fiscales, cet Arrêt exempte de droits d'insinuation, de centieme ou demi-centieme denier, & de francs-fiefs, les baux des biens-fonds de la campagne qui n'excéderont pas vingt-neuf ans (14).

Ces Loix ont effectivement retenu, attiré, attaché aux travaux champêtres un grand nombre d'hommes aisés & intelligens. Elles ont augmenté la masse des subsistances & des richesses renaissantes, & contribué à montrer au monde que la sagesse des Rois est dans leur bonté. Elles venaient d'être signées, & M. Turgot croyait pouvoir s'occuper du soin de procurer à tout le Royaume de meilleurs chemins à moins de frais, en le faisant participer à l'exemption de corvées dont la Gé-

---

(14) Arrêt du Conseil du 2 Janvier 1775.

néralité de Limoges jouissait depuis dix à douze ans. Il croyait pouvoir supprimer dès-lors les impôts qui se levaient sur les grains & les farines à la Halle, sur les ports, & aux entrées de Paris, en réglant le remboursement des Officiers à qui une partie de ces impôts avaient été aliénés, quand il tomba malade à Versailles le 3 Janvier 1775. Ce qui l'affligeait le plus dans ce contre-temps était qu'il venait de recevoir de fâcheuses nouvelles de la maladie épizootique qui ravageait alors nos Provinces méridionales.

Il avait déjà pris des mesures contre ce fléau redoutable. L'ordre de tuer les premiers animaux malades dans les Paroisses où l'épizootie se manifesterait, & de les enterrer profondément avait été donné. Le Roi s'était engagé à payer aux propriétaires le tiers de la valeur que les animaux sacrifiés à la sûreté publique, & déjà dévoués par la maladie incurable qui les attaquait, auraient pu avoir en santé (15). Mais ces précautions, peut-être suivies d'abord avec trop de négligence, ayant été insuffisantes, la maladie se répandait

---

(15) Arrêt du Conseil du 18 Décembre 1774.

avec fureur, & gagnait des Provinces où l'on avait espéré qu'elle ne pénétrerait pas.

M. Turgot rassembla ses forces pour dicter, de son lit, une instruction étendue sur la maniere d'arrêter la contagion, d'en préserver les Provinces qui en étaient encore exemptes, & de désinfecter les lieux qu'avaient habités les animaux malades. Aussi-tôt qu'une feuille était prête, il l'envoyait à l'Imprimerie établie à Versailles ; il continuait de dicter. On lui rapportait les épreuves, il les corrigeait. L'instruction fut faite & imprimée en un jour & une nuit ; il dicta encore les lettres qui devaient l'accompagner, & un Arrêt du Conseil pour accorder des gratifications à ceux qui conduiraient des chevaux & des mulets dans les Provinces affligées, & les y vendraient aux cultivateurs qui avaient perdu leurs bestiaux de labour (16). Il sentait bien qu'il prodiguait sa vie ; mais il mourait en faisant, dans une circonstance pressante, ce qu'il regardait comme son devoir, ce que nul autre n'eût pu faire aussi-bien que lui. Cet effort appella la goutte sur la poitrine. La France

---

(16) Arrêt du Conseil du 8 Janvier 1775.

manqua le perdre. Il fut près de quatre mois sans pouvoir se lever, & ne fut tiré de son lit que par le bruit des séditions qui prenaient pour prétexte la liberté du commerce intérieur des grains.

L'Histoire aura peine à rendre compte de cet étrange événement. Quoique les récoltes eussent été généralement mauvaises, les bleds étaient moins chers qu'on ne les avait vus souvent sous le règne précédent, & notamment sous le Ministere du prédécesseur de M. Turgot; la liberté du commerce intérieur des grains établie, soutenue, protégée, avait réparé une partie du mal causé par l'intempérie des saisons. On avait permis de faire passer par le port de Marseille, & d'y adresser des Provinces, où se trouvait le plus d'abondance, des grains destinés à l'approvisionnement de l'intérieur du Royaume, en prenant, vû les Réglemens relatifs au commerce de ce port réputé étranger, des acquits à caution qu'on était obligé de rapporter au Bureau de sortie, avec la décharge du Bureau par lequel les grains rentraient dans le Royaume (17).

---

(17) Arrêt du Conseil du 14 Janvier 1775.

Cette précaution avait assuré la subsistance de la Provence, du Dauphiné & d'une partie du Languedoc; & les acquits à caution garantissaient que sous prétexte du commerce si nécessaire d'une Province du Royaume à l'autre par mer, il ne pouvait pas se faire d'exportation. Car quoique M. Turgot fût convaincu que la liberté de l'exportation n'aurait eu aucun danger, il suffisait qu'elle fût encore interdite par une Loi, pour qu'il voulût que cette Loi fût rigoureusement respectée.

Les prédécesseurs de M. Turgot, par zèle sans doute, mais il faut l'avouer par ce zèle de l'ignorance presque toujours plus redoutable que les mauvaises intentions, avaient dans la vue louable de prévenir les famines ou d'y remédier, employé les moyens les plus contraires à cet objet. Ils avaient totalement découragé de contribuer à l'approvisionnement des Provinces, les Commerçans qui ne pouvaient ignorer que, sous les ordres de ces Ministres, on faisait un commerce considérable de bleds pour le compte du Roi, avec lequel aucun Négociant ne veut entrer en concurrence. Trop d'expériences ont en effet prouvé que des spéculateurs qui disposent des fonds du

Tréfor Royal, & qui ont l'autorité derriere eux, ont mille moyens de ruiner les opérations du commerce particulier, & doivent y réuffir contre le vœu même du Gouvernement qui les emploie. M. Turgot qui avait tant de fois démontré que le commerce particulier cependant pouvait feul pourvoir aux befoins du Peuple dans les années de difette & les cantons malheureux, avait donné & fait donner les affurances les plus pofitives que le Roi, ni l'Adminiftration, ne fe mêleraient plus du commerce des bleds que pour le protéger en général & contre toute vexation. Joignant les effets aux paroles, il avait fait vendre, avec la feule précaution que ce fût fucceffivement & au cours du marché, pour ne pas donner de fecouffes aux prix naturels, environ *cent foixante dix mille feptiers* de bled qui s'étaient trouvés dans les magafins de la Compagnie qui avait eu les commiffions du Roi. Il avait fait louer ces magafins & les moulins dont cette Compagnie avait eu l'ufage.

Cette opération fi raffurante pour le commerce, & fans laquelle la liberté que les Loix lui devaient & lui promettaient aurait été illufoire, fit rentrer au Tréfor Royal *quatre millions* qui n'auraient jamais dû en être fortis, & qui contribuerent au fuccès des opérations de finance. La réforme d'un abus prêtait des forces pour diminuer les autres.

On avait réprimé les tentatives ou les erreurs de quelques Juges qui, fous prétexte de police, s'étaient permis de gêner l'importation des grains étrangers (18). Il en était arrivé beaucoup de Hollande & du Nord. Tout ce qui avait pu fe faire pour procurer l'abondance & pour égalifer la diftribution des denrées avait été fait. La difette n'était nulle part. Les Provinces où le foulévement eut lieu n'étaient pas celles où le bled fe vendait au plus haut prix. Ceux qui le pillaient n'étaient pas des gens affamés. Ils fe fouciaient même affez peu de le paraître, puifqu'ils répandaient par les rues, ou jettaient à la riviere les grains dont ils s'étaient emparés, ce qui ne pouvait avoir d'autre effet que celui d'augmenter la cherté dont ils feignaient de fe plaindre. Les principaux d'entre eux avaient douze francs dans leur poche, & les propofaient aux marchands avant le pillage, foit pour un fac

---

(18) Arrêt du Conseil du 7 Avril 1775.

de grain, soit pour un sac de farine, quoique le Peuple n'ignore pas que le sac de celle-ci vaut ordinairement le double du sac de grain. Quelques-uns avaient de l'or. Leur marche était réglée comme si leur projet eut uniquement été d'affamer Paris. Sous ce point de vue elle était parfaitement dirigée, dans les meilleurs principes de l'Art Militaire, comme par un Général expérimenté. Elle était si bien réglée qu'elle put être devinée d'après leurs premiers pas, & que dès le troisieme jour ils furent prévenus, dans tous les lieux où ils se préfenterent, par les troupes qu'on envoya au devant d'eux. On avait imprimé de faux Arrêts du Conseil. On avait fabriqué d'avance, & laissé moisir pour le moment de l'explosion, du pain composé d'un peu de farine de seigle mêlée de son & de cendre. On avait répandu ce pain à Paris, & sur-tout à la Cour. Mais si la partie militaire de ce plan montrait du talent, la partie politique faisait pitié. La marche pour affamer Paris était conduite avec intelligence. L'espoir de soulever les Parisiens en pillant leur pain & le jettant à leurs yeux dans la boue, n'avait pu entrer que dans des têtes bien médiocres.

Tout ce qu'on peut croire & dire est que M. Turgot avait & devait avoir beaucoup d'ennemis. Il avait déjà coupé la racine à de grands profits. Son projet de détruire les Jurandes avait transpiré, de même que celui d'ôter les droits sur les grains. On craignait de lui de bien plus grandes réformes dans toutes les branches de l'Administration. L'enthousiasme de ses admirateurs, la manie qu'ils avaient de lui supposer, & souvent de lui attribuer tous les projets qu'ils concevaient eux-mêmes, devaient semer les allarmes sur une multitude de gens, & fomenter des haines sans nombre. Beaucoup d'adversaires font beaucoup de mauvais propos; beaucoup de mauvais propos peuvent animer quelques esprits ardens; quelques esprits ardens peuvent soulever un petit nombre de personnes; un petit nombre de personnes peuvent faire beaucoup de bruit en l'annonçant la veille: & en effet le Peuple qui se trouvait à ces scênes scandaleuses, & y faisait nombre, n'y venait que comme au spectacle; attiré par la nouveauté de l'invitation, & par l'espoir d'une distribution gratuite dont il ne comprenait pas trop le motif.

Du reste nulle opiniâtreté, nulle force, nulle animosité parmi les séditieux. Ils faisaient leurs courses en chantant. Jamais complot si atroce ne fut exécuté d'une maniere si ridicule.

Indépendamment du danger de toute insubordination, il pouvait cependant avoir plusieurs effets très-funestes : celui de détruire une grande quantité de subsistances ; celui d'exciter de proche en proche des soulévemens dans toutes les Provinces ; celui d'effrayer le commerce, de faire manquer les approvisionnemens ordinaires, d'exposer Paris & les autres grandes Villes à quelques momens d'une disette réelle. Il avait au moins celui de détourner de pauvres citoyens de leurs travaux, d'augmenter leur misere par la perte de leur temps, & de détruire leur morale en leur persuadant qu'ils pouvaient disposer arbitrairement du bien d'autrui.

Mais la fermeté du Roi déconcerta les acteurs. La vigilance qui répandit les troupes dans tous les points importans, réduisit le pillage à très-peu de chose ; & la présence d'esprit avec laquelle M. Turgot fit payer sur le champ *cinquante mille francs* au Négociant

Planter, pour la valeur d'un bateau de bled qu'on lui avait pillé, & dont on avait jetté le grain à l'eau, raſſura le commerce. Les Marchands & les Laboureurs virent qu'ils pouvaient continuer d'envoyer des grains, puiſqu'il n'y avait rien à perdre, & que le Roi les garantiſſait par ſes armes, ou les payait ſi bien. Les approviſionnemens continuerent de même que s'il n'y avait point eu de déſordre. Le trouble réprimé & n'ayant plus d'objet fut obligé de finir ; & bientôt, comme il arrive trop ſouvent en France, la plupart des ſociétés n'y virent plus qu'une matiere à plaiſanterie.

Les bons eſprits & les cœurs honnêtes n'y devaient cependant trouver que des ſujets d'affliction profonde. On n'avait pu ſe diſpenſer de ſacrifier deux malheureuſes victimes, *ſix cents dix mille francs* avaient été dépenſés en pure perte, beaucoup de temps précieux pour le Peuple & pour le Miniſtere avait été conſumé, beaucoup de projets utiles avaient été retardés, & de plus grandes haines couvaient pour un autre temps.

Leur donnera-t-on le plaiſir féroce de ſavoir toute l'étendue du mal qu'elles ont fait? Oui : puiſque c'eſt un moyen, le ſeul moyen peut-être, de mettre sous les yeux de la Nation, sous ceux de la postérité, sous ceux du Roi, une partie des plans achevés ou presque achevés, que la nécessité d'employer six semaines au soin pressant de protéger le commerce, l'agriculture & la subsistance du Peuple contre les efforts d'une sédition insensée, ont assez retardés pour faire manquer l'époque du mois d'Octobre 1775, où ces projets auraient dû avoir été soumis à l'approbation du Monarque & de son principal Conseil, & pouvoir s'exécuter. Car l'assiette & la répartition de toutes les impositions territoriales & personnelles se faisant au mois d'Octobre, & les rôles des contributions étant alors rendus exécutoires pour un an ; ce n'est qu'au moment où l'année est révolue, & où il faut procéder à une nouvelle répartition & donner les ordres qu'elle nécessite, qu'on peut perfectionner cette grande opération du Gouvernement, la régler d'après de meilleurs principes, & y apporter les réformes que le bien de la Nation, les droits des contribuables, & l'intérêt même du fisc, exigent de la sagesse & de la bonté du Souverain. Au mois d'Octobre de l'année suivante, il y avait déjà long temps que M. Turgot n'était plus dans le cas de proposer ce qu'il aurait cru convenable ; & dans l'intervalle, sa grande âme aurait dédaigné d'employer l'expofition de fes projets pour fe foutenir, & de donner ainfi au zèle pur dont il était animé l'air de la prétention ou de l'intrigue.

Il faut donc dire qu'il avait réfolu de fupprimer les deux Vingtiemes & les quatre fols pour livre du premier, en les remplaçant par une impôfition de la même fomme fous le nom de *fubvention territoriale*, mais qui aurait été établie dans une proportion réelle & jufte avec les revenus des biens-fonds (19), de forte qu'on aurait pu avoir une véritable connaiffance des revenus territoriaux : premiere bâfe de toute bonne opération de finance.

Il faut dire que le travail néceffaire pour établir l'utilité de cette converfion des vingtiemes

---

(19) On fait que la proportion des Vingtiemes avec le revenu des terres n'eft que *nominale*. Les petites propriétés font taxées à la rigueur ; aucune des grandes ne l'eft à fon véritable taux. Ainfi les plus pauvres contribuables de la Nation font furchargés, & les plus riches foulagés ; ce qui eft vifiblement contraire à toute juftice & à toute faine politique.

en une impôfition de même valeur, mais effectivement proportionnelle aux revenus, & le difpofitif de la Loi qui aurait ordonné cette converfion, ainfi que le détail des moyens de l'effectuer, ont été conduits prefqu'au point où il les fallait pour les pouvoir offrir aux regards du Miniftre principal & du Roi.

Il faut dire qu'il avait pris des mefures pour épargner à toutes les Provinces du Royaume, comme il l'avait fait à la Généralité de Limoges, la perte de temps, les dangers & les abus de la Collecte des Tailles.

Il faut dire enfin qu'il avait conçu un grand plan pour régler, de la maniere la plus équitable & la plus fimple, la répartition de toutes les impofitions territoriales & celle de tous les travaux publics; en établiffant une hiérarchie d'adminiftrations municipales, à commencer par celles des Paroiffes de Campagne faifant Corps de communauté, & des Villes; formant enfuite des Députés des unes & des autres, chargés d'inftructions, par leurs commettans, la municipalité des arrondiffemens d'un certain nombre de Villes, de Bourgs & de Villages, & nommés Elections, Bailliages ou Vigueries; qui par leurs Députés, pareillement porteurs d'inſtructions, formeraient à leur tour celle des Provinces dont ces arrondiſſemens font partie ; leſquels enfin auraient pendant un certain temps à la Cour des Députés qui, réunis, puſſent coopérer ſous les ordres du Roi, à l'adminiſtration municipale de la totalité du Royaume, d'après la connaiſſance que chacun d'eux aurait de la Province dont il ſerait envoyé, & les faits qu'il pourrait juſtifier (20).

Le principe de ces Adminiſtrations aurait été que chaque poſſeſſeur d'une propriété foncière pût, dans le canton où elle eſt ſituée, concourir à la répartition des impôſitions, à la déciſion & à l'exécution des travaux publics uniquement utiles à ce canton, en raiſon préciſe du revenu de ſa propriété ; que les Députés de chaque Communauté puſſent concourir à la répartition des mêmes impô-

_____

(20) Cet établiſſement ne devait d'abord être fait que pour les Provinces qu'on appelle *Pays d'Election*; mais il y avait lieu de croire que les grands avantages qu'elles en retireraient, engageraient plus tôt ou plus tard les *Pays d'Etats* eux-mêmes, à demander au Roi de changer la forme de leur adminiſtration, & de les rapprocher de la conſtitution générale.

ſitions entre les Communautés, ainſi qu'au pouvoir d'ordonner & de faire exécuter les chemins & les canaux avantageux à tout l'arrondiſſement où leur Communauté ſerait compriſe, & n'intéreſſant que cet arrondiſſement, en raiſon également préciſe des revenus de cette Communauté; & de même en remontant juſqu'à la répartition générale des impôſitions entre les Provinces & à celle des grands travaux publics, qui, regardant la totalité de la Nation, ſe feraient faits par ordre du Roi avec le concours de l'aſſemblée générale des Députés des Provinces.

Il ſerait réſulté de la contexture de ce plan profondément combiné, que toutes les affaires importantes à l'adminiſtration de chaque canton, & n'important qu'à lui, ſe feraient faites & décidées auſſi raiſonnablement, auſſi équitablement qu'il ſoit poſſible dans le canton même; que chaque citoyen aurait eu la plus grande influence qu'il puiſſe deſirer ſur toutes les choſes qui l'intéreſſent, & une influence exactement proportionnée au degré d'intérêt qu'il y peut avoir. Tandis que de ſon côté le Roi aurait eu la connaiſſance la plus ſûre & la plus complette qu'il foit poffible de la véritable fituation de fon Royaume, la plus grande autorité & la moins aifée à tromper, la plus grande facilité pour faire exécuter à l'inftant fes intentions paternelles ; & que les Miniftres débarraffés d'une incroyable multitude de détails, qui dans la forme actuelle les accablent de travail, auraient eu le loifir de s'occuper uniquement, avec toute la maturité & tous les fecours néceffaires, des grandes vues de la législation & de l'adminiftration générale.

Il faut dire que ce plan qui eft un des plus vaftes & des plus fages du plus excellent homme d'Etat, & les deux autres dont on vient de parler, étaient entierement achevés au mois de Septembre 1775 ; & que fi la futile fédition prétextée par le commerce de grains n'eut pas dévoré fix femaines, ils euffent pu l'être à la fin de Juillet, & qu'alors ils euffent pu être foumis à la difcuffion du Confeil, propofés au Roi, publiés au mois d'Octobre, où, comme nous venons de le remarquer, il était abfolument néceffaire que leur exécution commençât, à peine d'être reculée d'un an. C'eft un devoir envers la

CONSEIL DE L'INSTRUCTION NATIONALE. 53

Patrie de publier ce qu'on a pu recueillir de ce plan général d'administration que M. Turgot avait conçu, & dont on ne pourrait donner ici une juste idée qu'en le transcrivant en entier ; ce devoir sera rempli.

Le terme où M. Turgot aurait desiré de voir adopter un établissement d'une si grande importance se trouvant passé, il jugea qu'il fallait attendre un autre temps pour occuper le Roi & le Conseil de projets dont l'exécution ne pouvait plus être prochaine, & crut devoir se livrer lui-même au travail des opérations qui ne demandaient point une époque positive.

Avant d'en revenir à celles-ci qui sont connues du Public, sera-t-il permis de dire encore qu'il avait joint à son projet de Constitution générale de tous les degrés d'Administrations, celui de l'établissement d'un Conseil de l'instruction nationale, composé d'un petit nombre de Citoyens les plus recommandables par leur naissance, leurs lumieres & leurs vertus, choisis parmi les plus grands Seigneurs, dans le Conseil du Roi, dans le Parlement ; & que ce Conseil qui ne devait influer en rien sur l'instruction religieuse, toujours sacrée & qui n'est pas du ressort de l'autorité civile, devait avoir la direction générale des Académies, des Universités, des Colleges, des petites Ecoles, faire faire au concours des livres classiques, établir des Maîtres d'Ecole dans les Paroisses, avoir soin que le Peuple même pût être instruit de l'intérêt, du lien social, des droits, des devoirs qui l'attachent à la Patrie, & acquérir les connaissances nécessaires pour vivre en bon fils, en bon mari, en bon pere, en bon administrateur dans sa famille, en bon voisin & en bon citoyen dans sa Paroisse, en bon sujet & en bon Français dans l'Etat ?

Pourra-t-on ajouter qu'il avait commencé pour le Roi un *Mémoire sur la Tolérance*, dans lequel il établit qu'un incrédule pourrait n'y voir qu'une institution politique avantageuse à l'Etat ; mais que pour un homme qui croit qu'il doit y avoir une Religion, & qu'il y a une vraie Religion, la Tolérance devient un devoir sévere de la conscience; puisque le fidele alors sent par sa conscience même, qu'il préfere à sa vie,

LIBERTÉ DU COMMERCE AUGMENTÉE. 55
combien il ferait atroce de vouloir impôfer
des loix à celle d'autrui, & qu'il y a des
points facrés où ceffe toute autorité humaine ?
L'étude qu'il avait faite de la Théologie lui
fervait à établir d'une maniere plus réguliere & plus impôfante ces utiles vérités (21).

Mais laiffons ce que ce grand homme
avait penfé, ce qu'il avait conçu, ce qu'il
avait voulu faire, cela nous menerait trop
loin, & les Nations ne tiennent compte
que de ce qu'on a fait.

Nous devons remarquer à ce titre comment au milieu de la fédition, qui a coûté
fi cher à la France & aux vues de M. Turgot
pour fon bonheur, il a, d'un efprit froid &
d'une main vigoureufe, étendu & affuré cette
même liberté du commerce des grains contre
laquelle on foulevait le Peuple, & qui était
en effet le meilleur & le plus fûr remede
aux murmures qu'elle faifait naître. C'eft un

---

(21) On affure qu'il avait chargé des perfonnes
de confiance de prendre dans les Pays étrangers des
informations prudentes, fur la quantité & la richeffe
des Proteftans de race françaife qui pourraient rentrer dans la Patrie de leurs ancêtres, fi la tolérance
y était établie.

D 4

exemple de la maniere dont les hommes de génie & de courage favent marcher plus rapidement à leur but, à la faveur des obftacles qu'on leur oppofe.

Il était facile d'obferver alors que les Villes où l'on fe plaignait de la liberté du commerce, & qui étaient le foyer public ou caché des mouvemens excités contre cette liberté, étaient précifément celles que des Réglemens particuliers dérobaient à l'influence de la Loi générale, dont ils gênaient l'approvifionnement, & dans lefquelles des impôts onéreux fur les grains augmentaient la cherté & repouffaient l'abondance. Ceux qui ont bien lu l'hiftoire, favent que le même fait s'eft répété toutes les fois qu'il y a eu des réclamations au fujet de la liberté du commerce des grains; & qu'elles ne fe font jamais élevées que dans les lieux & les temps où ce commerce était chargé d'impôts, foumis à des privileges exclufifs & à des vexations arbitraires, où il n'exiftait enfin aucune liberté véritable. La liberté eft un de ces bienfaiteurs du monde que l'on calomnie quelquefois, mais feulement en leur abfence. M. Turgot méprifait les cla-

Droits sur les Grains suspendus. 57
meurs des hommes ignorans, trompés, insensés, prévenus. Il allait à la source du mal, supprimait, ou suspendait du moins, les droits & les impôts qui renchérissaient la subsistance du Peuple, révoquait les priviléges exclusifs, anéantissait les monopoles qui en étaient la suite, & rétablissait l'abondance.

C'est ainsi que les droits qui se percevaient sur les grains dans les Villes de Dijon, de Beaune, de Saint-Jean-de-Losne & de Montbard furent suspendus par Arrêt du Conseil du 22 Avril 1775.

Le droit de minage qui était considérable dans la Ville de Pontoise, fut pareillement suspendu par un autre Arrêt du 30 du même mois.

La Ville de Bordeaux levait un droit d'octroi de sept sols six deniers par boisseau de froment, de six sols par boisseau de méteil, & de quatre sols & demi par boisseau de seigle; & la Ville de Bordeaux en percevant ce tribut onéreux qui ajoutait à la cherté des grains destinés à la consommation de ses Habitans, & qui portait les Marchands à conduire leurs bleds dans d'autres Villes où les droits étaient moins pesans, demandait que le Roi trouvât quelque moyen de diminuer la cherté, & d'appeller la denrée dans ses murs. Il trouva celui de suspendre l'octroi (22).

Un autre Arrêt étendit la suspension des droits sur les grains à tous ceux qui se levent dans toutes les Villes du Royaume au profit du Corps Municipal, & *Supprima* ceux qui dans quelques-unes d'entre elles étaient attribués aux Exécuteurs de la Haute-Justice (23). Le Roi qui s'était fait rendre compte de la situation des revenus & des dépenses d'un grand nombre des principales Villes du Royaume, & qui faisait suivre avec activité cet examen, annonçait dans cet Arrêt l'espoir de trouver, dans l'économie de plusieurs dépenses inutiles aux Villes, les moyens de rendre cette suspension durable.

―――――――――――――――――

(22) Arrêt du Conseil du 3 Juin 1775.
(23) Autre Arrêt du même jour 3 Juin 1775. Paris & Marseille furent les seules Villes exceptées *pour le moment*. Il y avait, relativement à Paris, une Déclaration prête qui embrassait un plus grand nombre d'objets, & qui n'a pu être publiée que le 5 Février 1776, comme on le verra plus bas. Marseille demandait aussi des dispositions particulieres.

Indépendamment des dépenses superflues qui se font dans la plupart des Villes en fêtes & en repas, il était singulier de voir les plus peuplées lever d'une main de très-forts impôts sur les grains que les Laboureurs & le commerce pouvaient leur apporter, & dépenser de l'autre les revenus municipaux, & au-delà, pour acheter des grains & les revendre à perte; dégoûter ainsi les Marchands de les approvisionner, d'un côté, par l'octroi établi sur leur denrée, & de l'autre, par le danger de se trouver en concurrence avec un Corps Municipal déterminé à perdre lui-même sur ses fournitures, & à faire perdre les Négocians sur les leurs. Il était non moins singulier de voir ces Villes, administrées par des gens qui n'étaient pourtant pas totalement dénués de sens-commun, témoigner une grande surprise de ce qu'avec de tels Réglemens, & de tels usages, l'abondance n'était pas extrême dans leurs marchés.

La Ville de Lyon entre autres avait été ruinée; elle avait contracté une dette immense par ce double manege. Ses greniers d'abondance avaient été pour elle une source d'abus de plus d'un genre, & de calamités de toute espece. Ils furent loués au profit de la Ville, à laquelle on enjoignit de ne plus faire le commerce des bleds. Les droits qu'elle levait sur les grains furent suspendus comme les autres. Un Arrêt du Conseil (24) permit à tous les Boulangers des Villes, Villages & autres lieux circonvoisins de Lyon, d'y apporter du pain, & de l'y exposer en vente tous les jours de la semaine; & depuis lors cette grande Ville si remplie d'Habitans a toujours été abondamment pourvue, & les prix n'y ont jamais été excessifs.

La Ville de Rouen était dans une position encore plus étrange. Le commerce des grains y était uniquement & exclusivement confié à une Compagnie de cent douze Marchands privilégiés & créés en titre d'office, qui non seulement jouissaient seuls du droit & de vendre du grain & d'en tenir magasin dans la Ville, mais qui avaient seuls la permission d'acheter celui qu'apportaient les Laboureurs & les Marchands étrangers, & de le vendre ensuite aux Boulangers ou aux Habitans qui ne pouvaient en aucun cas

―――――――――――――――

(24) Du 5 Novembre 1775.

acheter de la premiere main. Le monopole des Marchands privilégiés de Rouen ne se bornait pas même là, il s'étendait jusques sur les marchés d'Andely, d'Elbœuf, de du Clair & de Caudebec, qui sont les plus considérables de la Province & dans lesquels la Compagnie de Rouen avait seule le droit d'acheter. A ces privileges exclusifs, si nuisibles à l'approvisionnement de la Ville de Rouen, se joignait le privilege exclusif d'une autre Compagnie de quatre-vingt-dix Officiers Porteurs, Chargeurs & Déchargeurs de grains, qui pouvaient seuls se mêler du transport de cette denrée, & devaient y trouver outre le salaire de leur travail, l'intérêt de leur finance & la rétribution convenable au titre d'Officiers du Roi. Ce n'était pas tout : la Ville de Rouen possede cinq moulins qui jouissaient du droit de bannalité sur tous les grains qui devaient se consommer dans la Ville. Ces moulins ne pouvaient suffire à la mouture d'une aussi grande quantité de grains, que celle qui est nécessaire à la subsistance du Peuple de Rouen. Ils se faisaient payer par les Boulangers de la Ville qu'ils ne pouvaient servir; la permission de faire moudre ailleurs ; & les Boulangers des fauxbourgs qui n'étaient pas directement soumis à la bannalité s'y trouvaient assujettis indirectement, avec surcharge, par l'obligation qu'un Réglement de Police leur imposait de fournir le pain sur le pied de dix-huit onces par livre, au même prix que les Boulangers de la Ville, qui n'étaient tenus qu'à la livre de seize onces : ce qui montre que ceux-ci faisaient payer seize onces de pain à la véritable valeur de dix-huit onces, ou sur le pied d'un huitieme en sus de la valeur naturelle que cette denrée si nécessaire aurait dû avoir, même soumise au double monopole des Marchands privilégiés & des Officiers Porteurs.

C'était au milieu de ces entraves & au prix de ces surcharges, que l'on mangeait du pain à Rouen. Et l'on y dormait sur ces fers, tandis que les préjugés les plus violens y régnaient contre la liberté du commerce des grains qui n'y existait pas, dont ceux qui s'en plaignaient n'avaient même aucune idée nette, & à laquelle on attribuait toutes les chertés que tant de privilégiés exclusifs accumulés devaient rendre si fréquentes. Les préventions y étaient telles fur ce point, que les Lettres-Patentes du 2 Novembre 1774, dont l'objet était de donner force de Loi aux difpofitions de l'Arrêt du 13 Septembre de la même année, portant rétabliffement de la liberté du commerce intérieur des grains & des farines, ne furent enrégiftrées à Rouen que le 21 Décembre 1775, & qu'il fallut caffer l'Arrêt d'enrégiftrement qui détruifait la Loi par les modifications qu'il y avait apportées (25). Quant au monopole des Marchands privilégiés, à celui des Officiers Porteurs, à celui des moulins bannaux, perfonne ne s'en était jamais plaint. Il fallut que la vigilance de l'Adminiftration s'en fît inftruire, & y apportât remede fans qu'on le lui demandât.

C'eft ce qui fut fait par un Edit donné à Rheims au mois de Juin 1775, car les cérémonies & les fêtes du Sacre n'empêchaient ni le Roi, ni fon Miniftre, de fe livrer aux travaux du Gouvernement. Cet Edit fupprime la Compagnie des Marchands privilégiés & celle des Officiers Porteurs,

––––––––––––––––––––––––––––––
(25) Arrêt du Confeil du 17 Janvier 1776.

& pourvoit au remboursement de leurs Officiers & au payement de leurs dettes, leur permettant de continuer leur commerce & leur travail comme à tous autres, mais sans privilege exclusif. Il supprime aussi le droit de bannalité des moulins de la Ville, en assurant pareillement à la Ville l'indemnité qu'elle pourrait être dans le cas de prétendre ; car M. Turgot n'a jamais conseillé au Roi de supprimer un Office inutile sans s'occuper du remboursement du Titulaire, ni un droit onéreux au Peuple, mais légal, sans indemniser le légitime possesseur.

On trouve dans cet Edit un principe sur les droits de bannalité qui mérite une attention particuliere, parce qu'il paraît devoir servir de regle pour l'indemnité à fournir dans le cas de suppression de toute banalité, dont on croirait devoir l'anéantissement au bien public. l'Edit de Rheims distingue, dans le produit des moulins bannaux & autres usines du même genre, ce qui constitue le salaire naturel du surplus de ce salaire qui est l'effet du privilege exclusif & qui forme le seul revenu réel de la bannalité, le seul dont on doive indemnité au propriétaire,

propriétaire, lorsque la bannalité est supprimée.

Un exemple rendra ce principe encore plus sensible à nos Lecteurs, & nous ne devons donc pas nous refuser à l'énoncer. Si un Seigneur jouit d'un moulin bannal affermé mille écus, & faisant, en vertu de sa bannalité, la mouture au douzieme, l'indemnité qu'il a droit de prétendre dans le cas de suppression de sa bannalité, n'est pas de mille écus de rente; car son moulin lui reste avec pleine faculté de moudre librement, & avec l'avantage d'être tout construit & ordinairement mieux placé que ceux qu'on pourrait construire, & de gagner par conséquent plus qu'ils ne pourraient faire. Mais si la suppression de la bannalité fait baisser le prix de la mouture au quinzieme, de manière que le moulin ne puisse plus être affermé que cent louis, la juste indemnité que peut exiger le possesseur, est de six cents livres de rente. L'avantage de ce genre de privilege exclusif monte rarement aussi haut : la plûpart des moulins, fours, & pressoirs bannaux, ayant été originairement construits par la suite de conventions faites de gré à gré entre les possesseurs & ceux qui se sont soumis à la bannalité, ne rendent guere plus que le salaire dû au service, & qui aurait lieu de même sans privilege exclusif, & si l'on veut examiner ce que vaudraient sans ce privilege les usines qui jouissent de la bannalité, on verra que la suppression générale de cette servitude, exécutée de maniere à ne faire aucun tort réel à ceux au profit desquels elle existe, ne serait pas une grande dépense pour les Communautés qui auraient la liberté de s'en rédimer.

Qu'on nous pardonne cette digression. En rendant compte des principes d'un homme qui avait consacré sa vie au bien public, il n'est pas inutile de les développer quelquefois. Revenons aux mesures que prit M. Turgot pour faciliter le commerce des grains & l'équitable distribution des subsistances.

Une Commission de deux Conseillers d'Etat & de sept Maîtres des Requêtes fut nommée pour se faire représenter les titres des Seigneurs & autres Particuliers qui percevaient des droits sur les grains, supprimer ceux qui seraient dénués de titres suffisans, &

aviser aux moyens d'indemniser les Propriétaires des autres, si l'on jugeait à propos d'ordonner aussi la suppression de leurs droits. Le même Arrêt qui établit cette Commission (26), ordonne aux Villes, dont les droits sur les grains avaient été suspendus par l'Arrêt du 3 Juin précédent, de représenter aussi pardevant les Intendans des Provinces, les titres d'après lesquels elles avaient levé ces droits & d'y joindre l'état de leurs revenus & de leurs charges, afin de mettre les Intendans à portée de « proposer les retranche-
» mens dans les dépenses qu'ils jugeroient
» convenables, d'indiquer les améliora-
» tions dont les revenus seroient suscepti-
» bles, & le plan de libération le plus
» avantageux aux Villes, & d'après la ba-
» lance exacte des revenus & des charges,
» de donner leur avis sur l'indemnité qui
» pourroit être nécessaire aux Villes, pour
» remplacer les droits sur les grains, & sur
» les moyens les moins onéreux de la pro-
» curer ». Il est encore ordonné par le même Arrêt aux Fermiers des droits sur

―――――――――――

(26) Arrêt du Conseil du 13 Août 1775.

les grains appartenans à Sa Majesté, dont la perception avait été pareillement suspendue, de représenter aussi leurs titres devant les Intendans, chargés de donner également leur avis sur l'indemnité qui pourrait être due à ces Fermiers.

Le commerce & la distribution des grains en raison des besoins ainsi favorisés par l'immunité, le furent encore par de plus grandes facilités données à leur transport. La faculté d'en envoyer par mer d'un Port du Royaume à un autre, qui avait d'abord été restreinte à quelques Ports, fut accordée à tous, & la peine de confiscation & de trois mille livres d'amende portée par les loix précédentes, lorsqu'il se trouverait au Port de rentrée un *déficit* d'un vingtieme sur la quantité constatée par l'acquit à caution du Port de sortie, fut commuée en l'obligation de faire entrer dans le Royaume, sous un court délai, des grains étrangers en quantité quadruple du *déficit* (27) : genre de peine beaucoup plus adapté à la nature de la contravention, & qui apportait un remede direct au mal qu'on

_____

(27) Arrêt du Conseil du 12 Octobre 1775.

aurait pu craindre, en rendant chaque exportation frauduleuse garante d'une importation quadruple.

M. Turgot n'ignorait pas que l'attrait le plus sûr pour l'importation des grains étrangers, est la liberté absolue & la plus dégagée qu'il soit possible de formalités pour la réexportation; parce qu'alors les Négocians étrangers & nationaux se livrent avec ardeur à la spéculation d'importer dès que l'état des prix y fait envisager un bénéfice, & ne sont pas retenus par la crainte que l'affluence d'un grand nombre de combinaisons semblables à la leur ne fasse trop baisser le prix & ne les force à vendre à perte. Ils voient la réexportation, lorsqu'elle peut avoir lieu, comme une ressource naturelle contre ce danger, & il n'en est aucune de plus efficace. Mais l'état des opinions ne permettant pas encore au Gouvernement d'employer ce moyen si simple, on y avait suppléé par des gratifications pour les grains étrangers qui entreraient dans le Royaume, tant par mer que par terre (28).

---

(28) Arrêts du Conseil du 26 Avril & du 8 Mai 1775.

Exciter quelquefois, & seulement dans les grandes occasions ; jamais contraindre : c'était une des maximes de M. Turgot. Elle était encore neuve en France.

L'usage y était très ancien dans les voyages de la Cour, d'ordonner aux Cantons environnans, & aux Provinces voisines des lieux où elle allait séjourner, une certaine quantité d'approvisionnemens. Et quoique ces ordres renfermassent une sorte d'exclusion tacite & de fait pour les Négocians, les Entrepreneurs, les Fournisseurs qui ne les avaient pas reçus, & qui craignaient alors de se présenter dans une Ville fournie par ordres du Roi ; quoique d'ailleurs ces ordres fussent balancés par des taxations du prix de toutes les denrées, toujours onéreuses, ou au commerce, ou aux consommateurs, on avait de tout temps été persuadé que sans cette précaution orientale la Cour manquerait de tout.

L'ébranlement de la sédition durant encore, & ajoutant pour les esprits faibles à la prétendue nécessité de suivre l'ancienne forme, M. Turgot ôsa conseiller de ne donner aucune Ordonnance pour l'approvisionnement de Rheims où l'on préparait le Sacre du Roi, & de s'en fier à la liberté, à l'intérêt qui appelle les Marchands par-tout où se trouve un grand débouché, à l'espoir que chacun aurait de vendre plus & mieux dans cette brillante circonstance, Il demanda seulement que cet attrait naturel fût abandonné à toute son énergie, & ne fût balancé, ni retenu, par la crainte d'aucune imposition. Il représenta que ce n'était qu'un acte de justice; que les Fermiers des droits d'entrée & de ceux sur les consommations dans la Ville de Rheims, n'avaient pu combiner sur l'affluence & l'excès de consommation qu'y appellerait le Sacre du Roi, qu'on ne prévoyait pas lors de la passation de leurs baux; que laisser subsister dans cette circonstance extraordinaire les droits dont la perception leur avait été confiée, ce serait donc mettre sur le Peuple une surcharge, dont les Fermiers n'avaient point payé le prix au Roi, ni à l'Etat; & que l'indemnité qui leur serait due pour la suspension des droits pendant cette époque, ne devant être proportionnée qu'à la consommation ordinaire de la ville de Rheims, ne serait qu'un objet de peu de conséquence dont la générosité du Roi ne pouvait regretter le don à son Peuple au moment de son Sacre. Les gens à routine murmuraient contre toutes ces propositions. Le Roi les adopta. M. Turgot obtint qu'en effet tous les droits d'entrée & de consommation sur toute espèce de denrées & d'approvisionnemens, seraient suspendus à Rheims pendant le séjour du Roi, huit jours avant son arrivée, & huit jours après son départ (29). Il prit seulement des précautions afin que cette franchise ne s'étendît pas aux denrées qui ne seraient point destinées pour la Ville (30), ni à celles qui ne devaient servir qu'à sa consommation ordinaire, lorsque le temps de l'exemption serait passé (31). Ce furent tous les préparatifs de l'approvisionnement de Rheims. Il n'y eut point d'injonction ; M. Turgot ne souffrit aucune taxation de prix ; & à la grande surprise des Réglementaires, l'abondance fut extrême, & le cours des prix très-modéré. Cet exemple notable a rendu libre

---

(29) Arrêt du Conseil du 15 Mai 1775.
(30) Arrêt du Conseil du 19 Mai 1775.
(31) Autre Arrêt du Conseil du même jour.

l'approvisionnement de Fontainebleau dans le voyage suivant, & jamais il n'a été plus complet. Ce n'est pas un des succès auquel M. Turgot ait été le moins sensible.

Il eut deux autres plaisirs très-doux pour son cœur. *Sa Majesté le Roi de Suede*, Prince éclairé dans ses vues, sage dans ses moyens, noble dans ses discours, héroïque dans ses actions, & attaché à la France comme doit l'être le Souverain d'un Peuple lié avec nous selon les termes de la plus antique & de la plus durable alliance *de Roi à Roi, de Nation à Nation, d'homme à homme*, au premier bruit des séditions qui prenaient les grains pour prétexte, envoya en présent au Roi deux Vaisseaux chargés de bled. La lettre qu'il lui écrivit dans cette occasion, était accompagnée d'une autre lettre de sa main & assez étendue pour M. Turgot, dans laquelle, en rendant à son administration une justice raisonnée, ce Monarque l'exhortait à soutenir toujours avec le même courage des principes qui devaient être aussi utiles à la prospérité d'un Empire, dont le bonheur, la puissance & les succès intéresseront toujours vivement la Suede. C'est une des plus précieuses récompenses que puisse recevoir un grand Ministre que les éloges motivés d'un grand Roi.

Cette jouissance de la gloire méritée ne peut le céder qu'à celles de l'amitié satisfaite & du patriotisme qui se livre à l'espoir. M. Turgot vit appeller au Ministere *M. de Malesherbes*, qu'il connaissait dès l'enfance, qu'un extrême amour pour les sciences & beaucoup de zéle pour le bien public lui rendaient infiniment cher, & dont les lumieres, les vertus, la douce & facile éloquence, lui paraissaient si propres à seconder, à faire réussir tout projet de réforme, tout plan d'administration utile à l'Etat : M. de Malesherbes que le vœu de son cœur & de sa raison eût placé à la tête du Conseil de l'instruction nationale, s'il eut pu, comme il s'en flattait alors, faire un jour adopter au Gouvernement cette institution importante. Dans ce premier moment, avec le secours de M. de Malesherbes, M. Turgot croyait possible toute entreprise qui aurait pour objet l'avantage du Roi & de la Nation.

Une des premieres qui fut exécutée fut la résiliation du bail des poudres. (32).

Pour juger cette opération, il faut savoir ce que c'était que le bail des poudres ; à quelles conditions, à quel prix, à quel point l'Etat se trouvait approvisionné de cette matiere nécessaire à sa défense ; & quel avantage retirait le fisc du droit exclusif de fabriquer & de vendre, dans le Royaume la poudre & le salpêtre : droit que, comme tant d'autres, on avait cru devoir attribuer au Gouvernement, & qui était exercé en son nom.

Ce privilege était affermé à une Compagnie de Financiers. Les conditions du bail étaient arrêtées par le Ministre des Finances ; mais ce n'était point à lui à savoir comment elles étaient remplies, & on lui disputait jusqu'au droit de s'informer si les fournitures de poudres stipulées, comme seul prix de bail, étaient effectivement faites aux Arsenaux de la Guerre & de la Marine.

Il y avait, il est vrai, un Commissaire-Général des Poudres, que son titre & sa Com-

_____

(32) Arrêt du Conseil du 28 Mai 1775.

mission constituaient l'homme du Roi pour veiller à l'exactitude & au bien du service en cette partie. Mais l'usage s'était introduit que le Commissaire-Général fût toujours un des Fermiers, & ordinairement celui d'entre eux qui avait le plus gros intérêt dans leur entreprise, auquel le brevet de Commissaire-Général était expédié sur la présentation de la Compagnie même dont il était membre; & toutes les fois qu'une Compagnie succédait à une autre dans cette entreprise, le Commissaire-Général était changé & repris dans la nouvelle Compagnie.

Celle qui existait au commencement de 1775, avait le bail des poudres, à la seule charge de fournir par an *un million pesant de livres de Poudre* dans les Arsenaux du Roi, sur le pied de *six sols la livre*. Cette Poudre coûtait environ *douze sols la livre* à l'Adjudicataire; ainsi le prix de son bail paraissait être de *cent mille écus*.

Si l'Etat avait besoin d'une fourniture de Poudre qui excédât *un million de livres pesant*, il devait se pourvoir, où, & comme le Gouvernement jugerait à propos, mais il n'avait rien à demander au Fermier. Il résultait de cette clause que la défense de la Nation en guerre n'était point assurée ; car elle a souvent consumé jusqu'à *trois & quatre millions de livres de Poudre.*

En paix on était loin d'en consumer *un million de livres.* Depuis la derniere guerre, la Compagnie à laquelle le bail avait toujours été renouvellé n'en avait jamais fourni plus de *cinq cents milliers.* On avait glissé dans un ancien bail la clause singuliere, qu'on a fait valoir quoiqu'elle n'eut pas été renouvellée depuis, que, l'année finie, le département de la Guerre & celui de la Marine ne seraient en droit de rien répéter pour les fournitures de Poudre qui leur étaient dues, mais qu'ils auraient négligé de réclamer & d'exiger dans l'année même. Ainsi leurs demandes en paix n'allant pas à *cinq cent milliers*, l'Etat perdait, & perdait sans retour, la moitié du prix de bail convenu.

L'autre moitié était sujette aux déductions suivantes.

La Compagnie devait prendre le salpêtre que fabriqueraient les Salpêtriers du Roi, & le payer *sept sols* la livre. Mais comme ce prix, qui n'était pas augmenté depuis quarante ans, était devenu insuffisant, le Roi s'était chargé de faire payer par le Tréfor Royal un supplément aux Salpêtriers de Paris, qui coûtait de *cinquante à soixante mille livres* tous les ans. On donnait aussi, mais pendant la guerre seulement, des gratifications aux Salpêtriers des provinces, qui ont été portées plusieurs fois jusqu'à *quarante mille livres*; & ces gratifications devaient encore être à la charge du Tréfor Royal.

Les événemens de force majeure, tels que les incendies, si fréquens dans ce genre de travail, la submersion ou l'enlèvement des matières, effets & ustensiles, étaient restés au compte du Roi. Il avait un abonnement de *vingt-sept mille livres* par an avec la Compagnie, pour le seul article des fauts de moulins; & les autres dépenses éventuelles à la charge du Roi, pouvaient monter, année commune, à *dix mille francs*.

Ainsi pour environ *cinquante mille écus* que le Roi paraissait avoir de bon marché sur les fournitures de Poudre faites à son Armée & à sa Marine, il était obligé de payer *quatre-vingt-dix-sept mille francs* d'indemnité à la Compagnie & aux Salpêtriers; & le bail apparent de *cent mille écus* ne se trouvait réellement valoir à l'Etat que de *cinquante à cinquante-trois mille francs* par an. C'était à ce prix qu'on avait engagé la fabrication & la fourniture exclusive de la Poudre & du salpêtre dans tout le Royaume.

La Compagnie avait eu le crédit de faire augmenter à son profit de *deux sols* par livre dans le cours du bail, le prix du salpêtre qu'elle vendait. Elle avait obtenu cette augmentation sous prétexte de celle du prix des denrées, tandis qu'elle continuait de ne payer aux Salpêtriers leur salpêtre que *sept sols*, & que le supplément de prix & les gratifications qui leur étaient accordées l'étaient par la justice & aux dépens du Roi.

Pour remplacer effectivement aux Salpêtriers ce qui manquait au salaire de leur travail, on leur avait attribué des privileges qui les rendaient à la fois odieux & onéreux à la Nation. Ils avaient droit de fouiller, pour chercher les matieres salpêtrées, non seulement dans les écuries, granges & bergeries, mais encore dans les maisons, salles basses & caves des citoyens. Les Communautés où ils s'établissaient étaient obligées de leur fournir des voitures, & le logement *gratis*, & des bois à vil prix. Il en résultait une imposition inégale & très-pesante sur une partie de la Nation. On a calculé que ces faux-frais coûtaient *soixante-neuf mille livres* par an aux seuls Villages de la Franche-Comté ; & l'on peut juger, en supposant une perte proportionnelle dans les autres Provinces, combien le Peuple était surchargé pour procurer des profits considérables à une Compagnie, & une économie de *cinquante mille francs* seulement au Roi sur la fourniture habituelle de la poudre nécessaire à ses Troupes en paix, sans assurer la défense du Royaume en guerre.

Elle l'était d'autant moins, que les Communautés, effrayées des prétentions & des droits des Salpêtriers, prenaient ordinairement le parti de transiger avec eux pour les envoyer porter le même effroi dans une autre Communauté, & s'y faire ensuite payer de la même complaisance ; ainsi les Salpêtriers se promenaient avec leur attirail, & levaient un impôt sur les Villages, sans que la fabrication du salpêtre, qui en était l'objet, eût lieu. La Nation supportait la dépense, & n'avait pas la matière qui devait en être le fruit ; & la récolte du
salpêtre

salpêtre national qui, à la fin du dernier siecle, était annuellement de *trois millions cinq cents milliers*, se trouvait réduite à moins de *dix-huit cents milliers*. Les Fermiers se souciaient peu d'en soutenir ou d'en rétablir l'abondance ; ils se procuraient du salpêtre de l'Inde à meilleur marché, & ne pouvant être guidés que par leur intérêt personnel & du moment, rien ne les engageait à s'occuper de ce qui arriverait si la guerre venait à intercepter l'importation du salpêtre étranger.

L'Art du Salpêtrier perfectionné en Suede, en Prusse, aux Indes, était en France au premier état d'enfance & de grossiereté. On n'y savait que démolir & lessiver les vieux bâtimens ; on ignorait qu'on pût construire des nitrieres artificielles, & recueillir l'immense quantité de cette substance qui, dissoute dans l'air, ou prête à se former par son moyen, ne demande qu'à se déposer sur les terres préparées pour l'attirer & la recevoir. Comment des Financiers, qui n'avaient qu'un bail de six ans, auraient-ils songé à faire de grandes dépenses pour des atteliers de physique, qui n'auraient rien ajouté à leur profit, & n'auraient pu être utiles qu'à leurs successeurs ?

II. Part. F

La Compagnie avait *quatre millions* de fonds d'avances en matieres & uftenfiles de toute efpece. Elle commençait par partager tous les ans *quinze* pour *cent* de ce capital entre fes membres. Elle partageait enfuite à la fin de fon bail une maffe de bénéfices, qui s'étaient plufieurs fois montés à *quinze* autres pour *cent* par an ; & elle trouvait que tout était bien dans le monde.

M. Turgot crut qu'un tel bail, quoiqu'il eût encore quatre ans & demi à courir, était réfiliable, & le ferait au jugement de tous les Tribunaux de la terre ; qu'il ne pouvait lier un Monarque & une Nation vifiblement furpris.

Il affura en quatre ans le remboursement des Fermiers. Il leur accorda l'intérêt à *onze* pour *cent* de leur capital, fujet à la retenue du dixieme, ce qui le réduifait à *neuf & neuf-dixiemes* pour *cent*. Et malgré cette indemnité & ce taux d'intérêt, qu'on peut regarder comme trop forts pour une Compagnie qui avait fait depuis vingt ans des gains immenfes, & qui n'était plus foumife à aucun travail, ni expofée à aucun danger, la réfiliation du bail des Poudres excita les murmures les plus violens contre M. Turgot. Depuis qu'il avait appris au Public le mot de *propriété*, tous ceux dont on dérangeait ou les profits excessifs, ou les privileges exclusifs, ou les monopoles, criaient qu'il n'y avait plus rien de sacré, & qu'*on portait atteinte à leur propriété*.

M. Turgot ne crut point devoir substituer de nouveaux Fermiers aux anciens, quoiqu'on lui eût fait à cet égard des propositions très-avantageuses. Il sentit qu'un Fermier, tel qu'il pût être, ne serait pas assez intéressé à perfectionner l'Art du Salpêtrier, & à encourager la production nationale du salpêtre; & que la nécessité de déterminer la quotité de sa fourniture de Poudre aux Arsenaux du Roi, rendrait trop précaire la défense de l'Etat lorsque la guerre pourrait survenir.

Il préféra l'établissement d'une Régie pour le compte du Roi (33).

Les Régisseurs furent choisis avec soin (34). On plaça parmi eux quelques membres distingués de l'ancienne Compagnie. On y joignit

---

(33) Résultat du Conseil du 30 Mai 1775.
(34) Arrêt du Conseil du 24 Juin 1775.

M. *le Faucheux*, homme d'une probité & d'une intelligence rares, & qui, en qualité de Directeur-Général sous l'ancienne Compagnie, était depuis long-temps l'âme du service & de la manutention des Poudres; & M. *de Lavoisier*, aussi connu par ses lumieres en chymie, essentiellement nécessaires pour ce genre d'administration, que par l'activité, la capacité, l'honnêteté qu'il porte dans la partie de la Régie des Fermes dont il est chargé comme Fermier-Général.

Les nouveaux Régisseurs firent des fonds d'avances destinés à former une partie du remboursement des anciens Fermiers; le reste de ce remboursement fut pris sur les profits mêmes de l'entreprise. Il fut stipulé pour les fonds qu'ils fourniraient que l'intérêt n'en serait jamais payé qu'au cours du commerce, c'est-à-dire à *un* pour *cent* au-dessus de l'intérêt légal, & que cet intérêt diminuerait si l'intérêt légal venait à baisser. On verra plus bas que M. Turgot avait pris des mesures très-bien combinées pour que cette condition ne présentât pas un avantage imaginaire, & pour faire baisser en effet l'intérêt de l'argent; & que ces mesures eurent un plein succès, malheureusement passager comme son ministere.

Les remboursemens à l'ancienne Compagnie effectués, les nouveaux Régisseurs n'ont gardé de fonds d'avance que ceux qui sont absolument nécessaires à la manutention du service. S'il survient un moment de besoin qui surpasse les forces de leur caisse, ils mettent sur la place leurs billets à courts termes, & l'Etat ne paye que l'intérêt de ce besoin passager. L'intérêt de leurs fonds compris, ils font pour moins de *cent mille francs* le même service pour lequel l'ancienne Compagnie avait souvent touché un *million deux cents mille livres*.

Mais ils font mieux. La prévoyance du Législateur ayant attaché leurs plus grands profits à l'accroissement de la récolte du salpêtre national, & leurs plus fortes remises à celui qui provient des nitrieres artificielles, la Régie a favorisé ces établissemens & le travail des Salpêtriers. L'Arrêt qui lui confie le soin de l'administration des Poudres, délivre le Peuple des corvées auxquelles il était assujetti pour voiturer les matieres salpêtrées & les ustensiles des Salpêtriers, & de l'obligation de leur fournir ni logement, ni bois, autrement qu'en payant au prix courant & de gré à gré. C'était une impôsition arbitraire d'environ *six cents mille francs*, & une foule de vexations non moins onéreuses dont la Nation était soulagée. On annonça la suppression du droit de fouille pour un temps déterminé. Les privileges des Salpêtriers furent remplacés par une augmentation de prix du salpêtre, qui coûtait beaucoup moins à l'Etat, qui leur était plus profitable, qui les excitait à la fabrication. On rechercha les procédés des différens Peuples étrangers. On profita de l'expérience des Suédois qui sont très-habiles dans cette partie; on fit recueillir & traduire leurs méthodes, & on les rendit publiques. On répandit dans les Provinces des instructions imprimées sur l'art de former des nitrieres. M. Turgot donna des fonds à l'Académie des Sciences pour proposer un Prix sur cette matiere importante. Il choisit des Savans pour les envoyer jusqu'aux Indes étudier les causes qui y rendent le salpêtre en si grande quantité & à si vil prix, & la maniere dont on y aide à sa formation & à sa récolte. Il leur donna les encouragemens & les secours nécessaires pour un pareil voyage.

Ce concours d'opérations a produit l'effet qu'on en devait attendre. La matiere est devenue plus abondante & de meilleure qualité. On a pu épargner au Peuple la gêne de la fouille dans les maisons & dans les caves à l'époque précise où M. Turgot l'avait espéré & annoncé ; & malgré la cessation de cette ancienne maniere de recueillir le salpêtre, la récolte qui, tandis qu'on exerçait le droit de fouille à la rigueur, était tombée à *dix-huit cents milliers*, est remontée jusqu'à *deux millions sept cents milliers*. Elle continue de s'accroître ; de sorte qu'on peut se flatter qu'avant peu d'années non seulement on en recueillera ce qui est nécessaire à la consommation du Royaume, mais le salpêtre deviendra un nouvel objet d'exportation.

Un succès si complet montre une opération parfaitement combinée. M. Turgot eut la satisfaction, dans les recherches & les travaux de détail qu'elle exigea, comme dans ceux relatifs au projet de subvention territoriale à substituer aux vingtiemes, de voir ses intentions & son plan aussi-bien secondés qu'il avait droit de le desirer, par le zèle & l'activité de M. *d'Ormesson*, jeune & vertueux Magistrat, fils respectable d'un pere respectable.

Dans la crainte d'exagérer, on ne compta

encore que pour *huit cents mille francs* le profit annuel en argent qui revient à l'Etat de la nouvelle forme donnée à l'Administration des Poudres. Mais on doit compter aussi l'avantage d'avoir en outre fourni à la consommation de Poudre que la guerre a occasionnée, & aux secours que le Roi a donnés en ce genre à ses Alliés. On doit compter celui d'avoir soulagé la Nation d'une foule de vexations & de contributions qui coûtaient au moins *six cents mille francs* par an à la classe la plus pauvre & la plus utile des Sujets du Roi, & qui étaient répartis sur elle avec une inégalité & un arbitraire effrayans. On doit compter celui d'avoir au contraire fait naître pour le Peuple une nouvelle branche de production, d'industrie & de revenus. Et en remarquant que, depuis six ans & demi qu'elle existe, la Régie des Poudres a remboursé, ou fourni, ou payé pour l'Etat la valeur de *sept millions*, on verra que pour prix de tant de biens qui ont été chers au cœur du Roi, ses revenus seront accrus de plus d'*un million* par an.

On estime que l'établissement de la Régie des Messageries Royales les a augmentés de *quinze cents mille francs* ; c'est encore un des objets sur lesquels on a crié *à la violation de la propriété*; comme si des privileges exclusifs concédés par le Roi, & qu'il n'avait concédés qu'à la condition expresse d'y rentrer à sa volonté, qui ont donné des profits très-considérables, & qui étaient en eux-mêmes à charge au Public, pouvaient être *une propriété*, & s'assimiler aux biens qu'on a hérités de ses peres, ou acquis par son travail.

En faisant exercer ce privilege exclusif pour le compte du Roi, on le rendait en soi moins onéreux & plus favorable aux communications ; on se donnait les moyens de perfectionner plusieurs branches d'administration & de les rendre moins coûteuses ; on préparait les voies par lesquelles on pourra le supprimer un jour. Car ce n'était pas l'intention de M. Turgot de conserver dans la suite au Roi, ni ce privilege exclusif, ni même aucun privilege exclusif. Dans l'Arrêt du Conseil qui réunit au Domaine ceux qui avaient été concédés pour les Messageries (35), & dans le Réglement sur la maniere dont la Régie Royale

---

(35) Arrêt du Conseil du 7 Août 1775.

exercerait cette adminiſtration (36), il avait fait annoncer que ce qu'il y avait d'excluſif, dans le droit qui allait être régi pour le compte de l'Etat, ne ſerait pas durable. Il y voyait un terme. On n'en voyait point avant lui à l'excluſion que renfermait l'établiſſement des anciennes Meſſageries qui n'étaient d'aucun avantage aux finances, & qui ſervaient mal le Public. Mais M. Turgot ſavait que lorſque le ſervice des Meſſageries Royales ſerait monté comme il devait l'être, l'avantage d'une entrepriſe faite en grand, & combinée avec l'établiſſement des Poſtes, lui donnerait les moyens, qu'il attendait avec impatience, de rendre libre ce genre de commerce & d'induſtrie, comme tous les autres dont il projettait la liberté, ſans nuire à la reſſource qu'il y trouvait pour l'état arriéré dans lequel on lui avait remis les finances, & aux vues ultérieures qui ſe combinaient avec cette opération.

M. Turgot n'en a pas dirigé tous les détails.

---

(36) Autre Arrêt du 7 Août, ſervant de Réglement pour les Diligences & Meſſageries.

On commence à s'appercevoir qu'il avait un assez grand nombre d'autres travaux plus importans. Mais il en avait approuvé le plan, embrassé les conséquences, conçu les rapports. Il avait vu combien cet établissement pouvait lui être utile pour concourir aux autres grands projets dont il était occupé.

En réunissant cette entreprise à l'Administration générale des Postes, dont il fut nommé *Surintendant* sans appointemens le 3 Septembre 1775, M. Turgot trouvait l'avantage d'épargner, lorsque les Messageries seraient bien montées, toute la dépense des Couriers de la Malle, au moins jusqu'à trente lieues à la ronde de Paris, où les diligences auraient porté les lettres en un jour & sans frais; de sorte qu'il n'y aurait eu besoin d'avoir des carioles & des Couriers que pour les prendre à ce terme & les porter plus loin. C'aurait été un profit considérable pour le Roi, sans perte & sans retardement pour le Public.

M. Turgot qui comptait supprimer & *rembourser* tous les Trésoriers & les Receveurs-Généraux des Finances, épargner leurs taxations, monter à la maniere des Banquiers, & semaine par semaine, une correspondance de comptabilité suivie, mais dont les formules & les tableaux eussent été imprimés pour ménager le temps & les Commis, entre le Tréfor Royal & tous les Receveurs locaux des impofitions, faire payer par ceux-ci dans les provinces toutes les dépenses de l'Etat qui sont à leur portée, & n'amener à Paris que l'argent dont on ne pourrait trouver l'emploi ailleurs, voyait dans les Messageries Royales l'avantage de conduire les fonds en sûreté, avec rapidité & sans frais, ou des recettes particulieres au chef-lieu, ou d'une Province dans l'autre, ou des Provinces à Paris, ou dans des cas extrêmes de Paris même aux Provinces. Et cette facilité de porter & de rendre par-tout l'argent, tel qu'il aurait été reçu, tel qu'il devait être dépensé, quitte de tous frais de voiture & de commission, devait épargner des sommes immenses au profit du Roi, sans qu'il en coûtât rien à la Nation.

Il se proposait encore de mettre toutes les Postes à quatre lieues, comme elles le sont dans le reste de l'Europe, & de donner aux Maîtres de Poste l'inspection des routes à laquelle ils sont plus intéressés que personne. Alors les Maîtres de Postes jouissant d'un petit traitement, comme Inspecteurs des routes, & recevant le prix de la course double, auraient suffisamment gagné sur les chevaux à vingt sols ; les diligences moins cheres, eussent été plus employées : & le Peuple eût profité de la moitié des exemptions des Maîtres de Postes qui sont à sa charge ; les chemins eussent été mieux entretenus, & le fisc se fût enrichi, tandis que les Provinces auraient été soulagées.

La Régie des Messageries Royales qui, malgré son utilité sensible, paraissait, à quelques amis de M. Turgot, n'être pas une opération au niveau des grandes vues qu'on lui connaissait, était donc essentiellement liée à des vues non moins grandes, qu'il était trop prudent pour dévoiler avant le temps. Mais considérées en elles-mêmes, indépendamment de ces rapports importans, & ne s'arrêtant qu'à l'effet nécessaire de la plus grande facilité pour les voyageurs, de l'épargne des frais pour le transport des marchandises précieuses & des lettres, & du secours réciproque que les Postes & Messageries devaient se prêter, on peut supputer que l'établissement achevé, & le Peuple moins chargé qu'auparavant, l'Etat en aurait tiré annuellement *quatre milions de livres* au moins, en augmentation de revenu, ou en diminution de dépenses.

Les droits des anciens Concessionaires du privilege exclusif des Messageries & de leurs Fermiers, pour lesquels les ennemis de M. Turgot cherchaient à exciter la pitié publique, avaient été scrupuleusement respectés, & leurs intérêts ménagés avec une attention paternelle. Une Commission de trois Conseillers d'Etat & de quatre Maîtres des Requêtes, fut nommée pour liquider ce qu'ils pourraient avoir à prétendre (37). Leurs chevaux, voitures, fourrages, effets & ustensiles relatifs à leur service, leur furent achetés à toute leur valeur, plutôt augmentée qu'affaiblie. On les garantit de toutes poursuites pour les dettes qu'ils pourraient avoir contractées comme Propriétaires ou Fermiers des Messageries, en chargeant le Caissier de la Régie Royale d'acquitter leurs billets (38). Si

―――――――――――――――――――

(37) Arrêt du Conseil du 7 Août 1775.
(38) Arrêt du Conseil du 15 Septembre 1775.

DETTES DES COLONIES PAYÉES. 95
ce n'eut été alors une espece de mode, personne n'eût murmuré contre M. Turgot; personne du moins n'en avait le droit.

Attentif aux intérêts de tous ceux qui pouvaient avoir des prétentions légitimes à réclamer contre l'Etat, il avait fait un fonds extraordinaire de *quinze cents mille livres* pour rembourser en 1775 les lettres-de-change des Isles de France & de Bourbon, arriérées depuis cinq ans (39). De ce fonds, *douze cents mille livres* furent employées dans les six premiers mois, à retirer celles de ces lettres qui avaient été données aux Hollandais & aux Danois, pour fournitures nécessaires à ces Colonies, & au Régiment de *Royal Comtois*, en échange des fonds qui s'étaient trouvés dans sa caisse à son départ de ces Isles. *Cent mille écus* furent destinés, dans les six derniers mois, à payer celles appartenantes à des Français, qui n'étaient que de la somme de *cinq cents livres* & au-dessous, & qui en cela se trouvaient les plus dignes de faveur.

Ces remboursemens effectués, il restait encore pour *huit millions cinq cents mille livres*

---

(39) Arrêt du Conseil du 15 Janvier 1775.

de ces lettres. On assigna *un million* par an pour les rembourser, par ordre de dates; en laissant aux Propriétaires qui ne voudraient pas attendre l'époque des remboursemens, la liberté d'échanger leurs lettres pour des contrats à quatre pour cent. Plusieurs d'entre eux préférerent ce parti, & l'Etat par un premier sacrifice d'argent, & pour une modique rente volontairement acceptée, se trouva libéré d'une dette exigible qui nuisait beaucoup à son crédit.

Le *droit de Marc d'or* établi, par le prédécesseur de M. Turgot, sur les lettres d'honneur ou de vétérance, obtenues par les Officiers qui ont servi vingt ans dans les Cours & autres Sieges, avait été supprimé (40). Celui sur les Charges qui n'ont pas besoin de lettres scellées en grande Chancellerie, le fut pareillement (41); ainsi que celui pour les lettres portant création de Foires ou de Marchés, & pour celles qui permettent d'établir des Manufactures, des Forges, des Verreries, des Tuileries, d'imprimer des

---

(40) Déclaration du 26 Décembre 1774.
(41) Arrêt du Conseil du 16 Mars 1775.

livres,

livres, ou de faire toute autre entreprise utile (41).

Un grand nombre de Charges, de Places & de Commissions Militaires avaient aussi été déclarées exemptes de ce droit, d'après des considérations de convenance ou de justice, & il avait été modéré pour plusieurs autres (42).

L'exemption du droit de centieme-denier, étendu sur les Officiers des Bureaux des Finances, par M. l'Abbé Terray, avait été accordée à leurs réclamations, comme ayant toujours fait partie des Compagnies supérieures; & des deux droits dont le *centieme-denier* est composé, n'ayant jamais été soumis à celui de *prêt*, & ayant racheté celui *annuel* (43).

L'esprit de sagesse qui porte à favoriser toute convention libre, licite & utile, avait fait exempter pour deux ans des droits d'*amortissement*, les actes qui pourraient se passer

_____

(41) Autre Déclaration du 26 Décembre 1774.

(42) Arrêts du Conseil du 4 Décembre 1774 & du 13 Avril 1775. Voyez aussi l'Arrêt du Conseil du 9 Février 1776.

(43) Lettres & décision du 10 Novembre 1775.

entre les Gros-Décimateurs, ou Curés primitifs, & les Curés ou Vicaires perpétuels, pour échange de dixmes (44); & avant que le délai fût expiré, un nouvel Arrêt avait rendu cette exemption perpétuelle & l'avait étendue à tous les autres actes & concordats à passer entre les Gros-Décimateurs & les Curés (45).

Le même esprit & la vue, plus importante encore, de mettre autant qu'il se peut dans des mains laborieuses & actives, l'usage des biens dont l'emploi peut devenir utile à la Société, avait fait exempter aussi du droit d'amortissement les Maisons Abbatiales & autres lieux dépendans des biens claustraux & réguliers qui seraient donnés à location, & mis ainsi passagerement dans le commerce (46). Ils ne furent plus soumis dans ce cas qu'au droit de nouvel acquêt, qui est le vingtieme du prix du loyer.

Cette exemption fut encore accordée par les mêmes motifs & sous les mêmes condi-

―――――――――――――――――――――

(44) Arrêt du Conseil du 24 Novembre 1774.
(45) Arrêts du Conseil du 29 Janvier 1776.
(46) Arrêt du Conseil du 27 Novembre 1774.

tions aux bâtimens appartenans aux Villes & destinés à servir de casernes, dont l'intérêt des Villes exigerait la location, pourvu que la destination de ces édifices ne se trouvât pas changée à perpétuité (47).

Un Edit de 1758 avait établi sur les marchandises entrantes à Paris, ou qui se consomment dans sa banlieue, différens droits connus sous le nom de *droits réservés*. Ces droits avaient été abonnés, en 1768, à la Ville de Paris. MM. les Prévôt des Marchands & Echevins, administrant en Magistrats & non en Financiers, avaient très-sagement cru devoir borner leur perception à la somme suffisante pour payer leur abonnement. Ils n'avaient pas perçu la totalité des droits, ils en avaient affranchi les suifs, les cuirs, l'amidon dans la Ville même, & n'avaient fait aucune perception en plusieurs endroits de la banlieue. L'abonnement & la régie de la Ville finissaient avec l'année 1774, & dès 1772, M. l'Abbé Terray avait confié la perception des droits réservés à une nouvelle Compagnie, sous le nom de

---

(47) Arrêt du Conseil du 22 Novembre 1775.

Boſſuat, moyennant certaines ſoumiſſions & certaines avances. Le traité avait été fait avec cette Compagnie, d'après l'Edit de création des droits. Elle était donc fondée à les percevoir en rigueur, & ſans s'aſſujettir aux adouciſſemens que le Corps de Ville avait cru devoir y apporter. On n'avait pu le prévoir. On ſavait que la totalité des droits réſervés avait été abonnée à la Ville, que la Compagnie de Boſſuat devait la régir après elle, que c'était un arrangement décidé par un Réſultat du Conſeil depuis deux ans. Nul droit nouveau n'avait été établi, il ne ſemblait pas qu'il y eût là-deſſus rien à faire.

Le Peuple paya pendant deux mois ſans réfléchir & ſans ſe plaindre. Enfin quelques réclamations s'éleverent, & M. Turgot malade, apprit avec la plus grande ſurpriſe qu'une perception avait été aggravée ſous ſon miniſtere. Les Régiſſeurs, cautions de Boſſuat, furent mandés. Ils repréſenterent les Edits & prouverent qu'ils n'avaient perçu que ce qu'ils étaient chargés de percevoir. Il y eut un moment d'incertitude très-ſingulier. La tolérance de la Ville n'était connue de per-

IMPÔSITIONS SUPPRIMÉES. 101
fonne. Il paraît qu'elle était ignorée de M. l'Abbé Terray lui-même. Elle avait été décidée, & avait eu lieu avec fageffe, avec fimplicité, fans éclat. Le Corps de Ville avait craint en l'ébruitant d'appeler un ordre rigoureux de percevoir ; & une augmentation d'abonnement, tandis que celui qu'il avait foufcrit avait paru fuffire au befoin pour lequel l'impôt avait été établi. Ce fait eft très-honorable pour l'Adminiftration de *M. de la Michodiere*, fous la Prévôté duquel il s'eft paffé. Il fut confulté & dévoila le mot de l'énigme. M. Turgot n'héfita pas à croire que la juftice du Roi devait confolider l'arrangement qu'avait fait la prudence de la Ville. Il fut ordonné à Boffuat de fe conformer à l'ufage que les Prévôt des Marchands & Echevins avaient établi (48) ; & le Roi fe chargea d'indemnifer fes cautions de la perte que pouvait leur caufer ce changement fait aux conditions de leur traité.

Il n'eft pas une opération de M. Turgot qui ne foit ainfi marquée par la juftice, la bonté, & un dévouement perpétuel

―――――――――――
(48) Arrêt du Confeil du 24 Mars 1775.

G 3

au bien public. Dans cette même maladie, & du fond de son lit encore, il a porté une réforme très-sage dans la maniere de percevoir les impôsitions de Paris & celles de la Cour. Il mettait à profit pour le service de l'Etat jusqu'à l'insomnie qui le dévorait.

Il y avait un Receveur-Général de la Capitation & des Vingtiemes de Paris, & un Receveur-Particulier de la Capitation de la Cour. Le dernier sur-tout était très-arriéré dans ses payemens.

L'autre n'était tenu de commencer ses payemens qu'au bout de six mois. Il ne les finissait qu'en trente, & ne rendait & soldait son compte qu'à la fin de la troisieme année.

On créa six Receveurs des Impôsitions en titre d'Office. La finance des six Offices réunis fut portée à six cents mille francs, ce qui était le prix de la Charge de Receveur-Général de la Capitation & des Vingtiemes, & employée au remboursement de cette Charge, dont les gages se trouverent éteints par ce remboursement. Les six cents mille francs de finance à payer pour les six Offices furent partagés entre eux, non par égale portion, mais en raison de l'importance du département & de la recette confiés à chacun d'eux. Ils furent dispensés d'autre cautionnement que cette finance, qui par l'ordre qu'on mit dans leurs payemens, & la forme qu'on établit pour être toujours instruit de l'état de leurs caisses, se trouvait suffisante pour garantir le Trésor Royal de toute perte. Il ne leur fut point attribué de gages. Les taxations dont ils se contenterent, quoique plus faibles que celles qui avaient été accordées précédemment, suffirent pour leur procurer l'intérêt de leurs fonds, & la rétribution honnête de leur travail (49). Ils furent chargés de la perception des impôsitions des personnes de la Cour qui ont leur domicile à Paris, & qui ne sont pas employées dans les Maisons du Roi, de la Reine, ou des Princes, & firent leurs soumissions pour commencer leurs payemens dans le troisieme mois, & solder & compter à la fin de la seconde année.

On supprima ensuite la commission du

_____

(49) Edit de Janvier 1775, & Réglement du Conseil du 19 Mars suivant.

Receveur-Particulier de la Capitation de la Cour (50). On cessa de faire fonds aux Trésoriers du montant de la Capitation des personnes employées à la Cour, en les autorisant à leur en faire la retenue sur leurs appointemens. Le Trésor Royal ainsi payé par ses mains, n'eut plus de non-valeurs à craindre, & plus de taxations à supporter sur cette partie.

On supprima le Bureau particulier de la direction des Vingtiemes de Paris.

Toute cette opération produisit une avance de *deux cents quatorze mille livres* dans la recette, & une augmentation de revenu de *sept cents dix mille livres* en épargne de frais & de non-valeurs, sans augmentation de l'impôsition.

Le principe de cette opération consiste à faire rembourser des Charges de finance auxquelles sont attribuées, sous le nom de gages, l'intérêt du capital de leur acquisition, par de nouveaux titulaires qui n'ont pas besoin de gages, attendu qu'ils trouvent dans la réunion des taxations ordinaires, un

―――――――――――――

(50) Arrêt du Conseil du 30 Décembre 1757.

émolument suffisant pour le produit des fonds que leur coûte leur Office, & pour le salaire de leur travail. Il fut appliqué aux Receveurs des Tailles. Un Edit du mois d'Août 1775 supprime tous les Offices anciens & alternatifs, triennaux & mi-triennaux des Receveurs des Tailles, & crée en leur place un seul Office de Receveur des impositions pour chaque Election, Bailliage, Bureau, Diocese ou Viguerie où il en avait été créé plusieurs. Le Roi ne voulant cependant point déposséder tout-à-coup un grand nombre d'Officiers qui n'ont donné aucun sujet de mécontentement, consent que la suppression qu'il prononce n'ait lieu, quant à ses effets, que lors de la vacance arrivant d'un des Offices doubles, par la mort ou la démission d'un des titulaires. En ce cas, celui qui demeure doit rembourser à celui qui se retire, ou à ses héritiers, s'il est mort, le montant de la finance de l'Office dont il avait joui : savoir un tiers comptant, un tiers six mois après, & l'autre tiers lorsque les comptes du Receveur décédé ou démis auront été rendus. Au moyen de ce payement le survivant sera pourvu, par de nouvelles provisions & sans frais, de l'Office de Receveur des impositions ; & les taxations des deux Offices réunis, suffisant pour procurer un traitement convenable à ses avances & à son travail, les gages, tant de son ancien Office, que de celui qu'il aura remboursé à la famille de son collegue, demeureront éteints & supprimés. Cet arrangement est avantageux aux Receveurs dont il améliore la situation ; car il n'en est aucun dont les taxations ne montent à plus du double des gages de son Office : de sorte qu'en jouissant seul des taxations qui par-là deviennent doubles pour lui, il se trouve avoir du profit au-delà des doubles gages ou intérêts dus à une double finance, & de la somme de taxations qui avait jusqu'alors été l'honoraire de ses peines. L'Etat se trouve acquitté sans dépense d'une dette très-considérable ; & les contribuables sont soulagés, parce qu'ils n'ont plus à craindre le croisement des poursuites des Receveurs des années paires & impaires, & la multiplicité des frais que chacun d'eux fait à l'envi, pour tâcher de retirer ses fonds avant son collegue.

Les besoins de l'Etat avaient, sous des

Ministres peu capables, fait multiplier à l'excès les Offices de toute espece. On avait pour la seule administration des fonds des saisies-réelles, successivement créé des Conseillers-Commissaires, des Receveurs, des Contrôleurs, des Payeurs, des Greffiers, des Commis anciens, alternatifs, triennaux, quatriennaux. Quelques-uns de ces Offices avaient été réunis, d'autres étaient encore exercés séparément. Le partage des droits sur les saisies-réelles entre tous ces Officiers ne donnait à chacun d'eux que de faibles émolumens; & presque tous s'étaient laissés entraîner à prendre sur les fonds des saisies-réelles des sommes assez considérables, dont eux ou leurs héritiers n'avaient pu faire le remplacement, ce qui diminuant le gage des créanciers, mettait la rentrée de ce qui leur était dû dans un véritable péril. Car les créanciers ne pouvaient pas trouver une caution suffisante de leur remboursement sur la valeur de ces charges mises dans le commerce & proposées à de nouveaux Officiers, attendu que ces charges étaient décriées & tombées de valeur, vu la connaissance qu'on avait de la modicité de leurs profits légitimes. Le Roi jugea, sur le rapport de M. Turgot, que le prix qu'avaient dans le commerce des Offices aliénés par ses Prédécesseurs, avec charge de dépôt public, ne suffisant plus pour garantir la sûreté de ce dépôt, l'Etat qui avait reçu la finance primitive de ces Offices, devenait la caution naturelle & nécessaire des Officiers; & que c'était le cas, telle que pût être la situation des Finances, de rembourser les Offices au profit des créanciers. Tous les Offices sur les saisies-réelles furent supprimés par Edit du mois de Juin 1775. Les fonds destinés à leur remboursement furent faits, & assignés de préférence, avec les deniers & effets trouvés dans leur caisse, au payement des créanciers des saisies-réelles.

Pour diminuer sur les Finances la charge de ce remboursement imprévu, il fut créé un seul Office de Conseiller-Commissaire-Receveur & Contrôleur-Général des saisies-réelles, à la finance de cent mille écus. Et les droits des différens Offices supprimés, réunis pour ce seul Officier, devenant un objet assez considérable, en lui conférant les mêmes honneurs, titres, prérogatives, droits & émolumens dont avaient joüi les anciens Officiers, il ne lui fut point attribué de gages. Ceux qui avaient été attachés aux Offices fupprimés, fe trouverent éteints par leur rembourfement, & l'Etat fut encore foulagé par un acte de juftice.

Cet acte de juftice femblait ici prefcrit par la nature des circonftances. Celui dont nous allons rendre compte ne l'était pas auffi précifément, quoiqu'il ne fût pas moins convenable à la probité fcrupuleufe du Roi & à celle de fon Miniftre.

L'Edit de Décembre 1764 avait prefcrit une liquidation générale des dettes de l'Etat, une repréfentation des titres, une conftitution de *titres nouvels* dans de certains délais, paffé lefquels les Propriétaires qui n'auraient pas repréfenté leurs titres feraient déchus de toutes prétentions. Les délais accordés pour ces opérations avaient été prorogés, il eft vrai, mais les dernieres prorogations étaient expirées depuis quatre ans.

La Déclaration du 12 Juillet 1768 avait ordonné une autre repréfentation des titres nouvels & pieces juftificatives de propriété des rentes fur le Roi, dans les Bureaux de M. d'Ormeſſon, pour que les arrérages puſſent être employés dans les Etats du Roi. Pluſieurs propriétaires avaient confondu ces deux repréſentations, un grand nombre avaient envoyé leurs titres au Bureau deſtiné à la rédaction des Etats du Roi pour le payement des arrérages, au lieu de les envoyer au Bureau de la liquidation. D'autres n'avaient remis qu'une partie de leurs titres, inſuffiſante pour qu'ils puſſent être liquidés, ni employés dans les états. L'Arrêt du Conſeil du 11 Août 1771 avait déclaré fatals les délais expirés, nulles & de nul effet toutes les parties de rentes, intérêts ou autres créances dont il n'avait point été repréſenté de titres avant le premier Juillet précédent. Il avait donné juſqu'au premier Janvier 1772 pour repréſenter au Bureau de liquidation les titres qui l'avaient été par erreur au Bureau de M. d'Ormeſſon, & ceux qui ayant été déjà préſentés au Bureau de liquidation, n'y avaient obtenu, faute de quelques titres de propriété, qu'une ſimple date. Le même Arrêt obligeait même les titres nouvels obtenus au Bureau de liquidation, d'être repréfentés avant le premier Juillet 1772 aux Bureaux de M. d'Ormeſſon, pour la confection des états du Roi. Les créances pour leſquelles on n'avait pas rempli ces formalités étaient périmées ſans retour. Telle était la Loi, dont le règne du Roi n'était pas reſponſable, & en vertu de laquelle un grand nombre de créanciers légitimes de l'Etat ſe trouvaient déchus & dépouillés de leurs droits.

Une Déclaration du 30 Juillet 1775, qui réunit la Caiſſe des amortiſſemens à celle des arrérages, & établit par-là une économie notable de frais de régie & de bureaux inutiles, releve les propriétaires qui n'avaient rempli qu'une partie des formalités preſcrites par l'Edit de Décembre 1764, & par les Déclarations & Lettres-Patentes qui l'avaient ſuivi, & même ceux qui les auraient toutes négligées juſqu'alors, de la perte de leurs capitaux, prononcée contre eux en 1771 & 1772, & leur donne un nouveau délai de ſix mois pour repréſenter leurs titres.

Il exiſtait une multitude de petites parties de rentes ſur les Aides, les Gabelles & les Tailles, qui ne valaient pas pour les propriétaires, sur-tout pour ceux dont le séjour habituel est en Province, les frais nécessaires afin d'en toucher les arrérages à Paris. Une Administration avide les eût laissé s'anéantir & s'éteindre. Une équité prévoyante & bien entendue en ordonna le remboursement. On avait fait dresser un état de toutes celles dont le revenu, impositions déduites, était de *douze francs* & au-dessous, & dont chaque article chargeait la comptabilité d'autant de travail que les sommes les plus considérables. Le capital en montait à *dix-huit cents mille francs*. Les fonds furent faits pour le solder en 1776 ; & ce remboursement fut annoncé par la même Loi qui rend leur fortune à ceux que l'Arrêt du 11 Août 1771, & la rigueur des Loix précédentes en avaient privés.

Qu'arriva-t-il ? Que le crédit fut entierement rétabli. Les Actions des Indes qui, le premier Septembre 1774, étaient à 1,757 remonterent à 2,007 livres ; les Rescriptions qui perdaient dix-neuf pour cent, se négocierent à moins de cinq; les Billets des Fermes revinrent au pair. On a vu qu'au commencement de son Ministere, M. Turgot lui-même

même avait été obligé de prendre des fonds d'avances à cinq & deux cinquiemes pour cent, l'intérêt revint à quatre. A quatre pour cent, le Clergé fit avec facilité un emprunt de seize millions (51). Il fallut autoriser les Etats de Bourgogne (52), ceux de Languedoc (53), ceux de Provence (54) à emprunter à quatre pour cent les sommes qu'on leur offrait pour rembourser les capitaux à cinq; & par la suite de cette opération, les intérêts de toutes les rentes perpétuelles allaient baisser d'un cinquieme de gré à gré.

L'esprit d'ordre & la bonté se montraient par-tout. Il fut déclaré que les Villes, Corps, Communautés Hôpitaux & Provinces ne pourraient être autorisés à emprunter qu'en assignant des fonds pour le remboursement. Cette Loi nécessaire, pour assurer les droits des prêteurs & la libération des Communautés, l'était aussi pour prévenir les dépenses fastueuses & inutiles, auxquelles les Corps se livreraient, encore plus que les particuliers,

---

(51) Lettres-Patentes du 21 Octobre 1775.
(52) Lettres-Patentes du 16 Décembre 1775.
(53) Arrêt du 19 Février 1776.
(54) Arrêt du 10 Mars 1776.

s'il ne s'agiſſait que d'emprunter ſans s'inquiéter du payement des capitaux (55).

Les Impôſitions qui ſe levaient en différentes Provinces pour divers travaux publics, furent converties en une ſeule de huit cents mille francs, répartie ſur la totalité du Royaume, & ſpécialement conſacrée aux travaux néceſſaires pour les canaux de navigation intérieure (56).

Les Corvées pour le tranſport des équipages des Troupes, déjà ſupprimées dans la Généralité de Limoges, dans celle de Soiſſons, de Châlons, de Bordeaux, de Grenoble, de Metz, de Franche-Comté, dans la Lorraine & dans le Barrois, par des arrangemens particuliers, le furent dans toutes les autres Provinces, par une Loi générale & une répartition proportionnelle (57). L'équité de cette répartition diminua la dépenſe, même pour les Provinces déjà ſoumiſes à la payer en argent. La perfection du ſervice la diminua pour toutes. La charge commune partagée entre tous ceux qui pouvaient y être expoſés, ſou-

---

(55) Arrêt du Conſeil du 24 Juillet 1775.
(56) Arrêt du Conſeil du premier Août 1775.
(57) Arrêt du Conſeil du 29 Août 1775.

ABOLIE. VASSAUX DU ROI SOULAGÉS 115
lagea beaucoup ceux qui en avaient alternativement porté seuls le fardeau ; & les travaux champêtres moins interrompus, ont fait naître des récoltes plus abondantes, qui ont procuré plus de subsistances, de consommations, de jouissances pour l'humanité, & nécessairement plus de revenus pour l'Etat.

Un délai de deux ans fut accordé aux Vassaux du Roi, pour rendre foi & hommage. Ceux qui ne les lui devaient qu'à cause de son avénement à la Couronne, furent autorisés à les rendre par Procureurs, & dispensés de tous autres frais pour ce devoir, que ceux du papier & du parchemin timbrés (58). On songeait à leur épargner une dépense imprévue, qui n'avait pu entrer dans leurs arrangemens domestiques.

Les anciens principes fiscaux avaient été de mettre des droits sur les conventions les plus utiles, afin qu'ils fussent perçus plus souvent, & donnassent un plus gros produit ; on songeait au contraire à favoriser toutes les conventions utiles aux particuliers. Les actes portant extinction de rentes foncieres,

---

(58) Arrêt du Conseil du 7 Août 1775.

H 2

116 IMPÔSITION SUPPRIMÉE: LIBERTÉ originairement stipulées non-rachetables, & ceux par lesquels la faculté d'en faire le rachat serait accordée aux débiteurs, furent exemptés du droit de *centieme-denier* (59), le Roi se réservant de pourvoir, s'il y avait lieu, à l'indemnité de l'Adjudicataire des Fermes-Générales. On sentait que faciliter aux Propriétaires la libération de leurs héritages, & les occasions de placer sur eux-mêmes le produit de leurs économies, était le plus puissant aiguillon qu'on pût donner au travail, & le meilleur moyen d'accroître les richesses publiques & privées.

Ces deux objets essentiellement liés aux yeux éclairés de M. Turgot, & devant également résulter du soin de conformer les loix & la police aux principes de l'équité naturelle, offraient de toutes parts les plus puissans motifs à la liberté qu'il cherchait à donner à toute espece de commerce & de travail.

Le débit de l'huile de pavôt, dite d'œillet, dont il se consommait secrettement à Paris des quantités considérables sous le nom

_____

(59) Arrêt du 9 Septembre 1775.

d'huile d'olive, fut permis d'après les décrets de la Faculté de Médecine, & l'expérience publique des Provinces de Beaujolois, de Picardie, de Franche-Comté, d'Alsace, de Flandre, & de plusieurs Pays étrangers, qui constatent que l'usage n'en est accompagné d'aucun danger. Il fut seulement prescrit de vendre cette huile sous son véritable nom, & l'on fit imprimer une instruction pour apprendre aux consommateurs à la distinguer de l'huile d'olive (60).

L'art de polir les ouvrages d'acier, fut déclaré une profession libre (61).

Les Verreries de la Province de Normandie n'avaient fait aucuns progrès ; elles ne fabriquaient encore que du verre à vitre le plus grossier, tandis que plusieurs autres Verreries du Royaume avaient porté à un très-haut degré de perfection la fabrication du verre blanc, connu sous le nom de *verre de Bohême*. Cette impéritie pour une branche d'industrie précieuse, au milieu d'une Province

---

(60) Arrêt du Conseil du 18 Novembre & Lettres-Patentes du 20 Décembre 1774.

(61) Arrêt du Conseil du 24 Juin 1775.

118 LIBERTÉ AUX VERRERIES.
dont les habitans montrent beaucoup d'intelligence dans tous leurs travaux, venait de ce que les Verreries de Normandie avaient été soumises à des Réglemens onéreux, & à l'obligation de fournir aux Villes de Paris & de Rouen, une certaine quantité de paniers de verre, à un prix au-dessous de la valeur réelle de leur marchandise. De sorte que pour y perdre moins, elles s'étaient plutôt attachées à en diminuer qu'à en améliorer la qualité; tandis que les Provinces libres de leur débit & de leur prix, avaient suivi une marche contraire. Ces Réglemens absurdes furent abolis (62). Les Maîtres de Verrerie de la Province de Normandie furent rétablis dans la liberté de vendre leur verre où il leur plairait, & au prix qu'ils trouveraient convenable, & dispensés de faire aucune fourniture à Paris, ni à Rouen, qu'aux conditions qu'ils y voudraient mettre eux-mêmes. Cette Loi bienfaisante a déjà relevé, ranimé & perfectionné ces Verreries.

Le Port de Rochefort (63), & ceux de

----

(62) Déclaration du 11 Janvier 1776.
(63) Arrêt du Conseil du 11 Décembre 1775.

S. Brieuc, Binic & Porterieux (64) obtinrent la liberté du commerce des Colonies dont ils n'avaient point encore joui, & celle de l'entrepôt pour les marchandises qu'ils en rapporteraient.

Les Négocians de Marseille furent autorisés à mettre en entrepôt, pendant un certain délai, les marchandises de l'Amérique dont ils ne pourraient pas donner de déclarations précises au moment de leur arrivée (65).

La gratification de vingt-cinq sols qui avait été accordée en 1763, à chaque quintal de morue seche de pêche française, qui serait importée dans nos Isles & autres Colonies Amériquaines, tant pour en favoriser l'approvisionnement que pour encourager nos Pêcheurs, n'avait plus lieu depuis deux ans. Elle fut rétablie par Arrêt du Conseil du 19 Mai 1775, dans le temps où le Ministre paraissait devoir être assez occupé d'autres soins, pour qu'il eût été pardonnable d'avoir négligé ou retardé celui-là.

---

(64) Arrêt du Conseil du 14 Mars 1776.
(65) Arrêt du Conseil du 19 Septembre 1775.

Sous le règne précédent & particulierement par les soins de feu *M. d'Ormesson*, plusieurs exemptions, & entre autres celle de dixmes, avaient été accordées aux défrichemens pour un certain nombre d'années. Mais plusieurs de ceux qui se prétendaient dans le cas d'en jouir, étaient troublés par des procès portant, soit sur la quantité de terres par eux défrichées, soit sur la *qualité* de terres *incultes* que les Décimateurs ou Habitans contestaient aux terres nouvellement mises en valeur, sous prétexte qu'anciennement elles avaient rapporté quelques récoltes, ou qu'elles avaient servi de pacages. La faculté d'élever de tels procès fut restreinte à six mois; & les déclarations des Cultivateurs ou Propriétaires faites avec les formalités requises, qui auraient passé six mois sans contradiction, furent déclarées suffisantes pour leur assurer les exemptions qu'ils réclamaient (66).

Une autre chose fut faite en faveur de l'Agriculture, & M. Turgot n'y eut de part

___

(66) Déclaration & Lettres-Patentes du 7 Novembre 1775.

que celle d'avoir été consulté sur la forme, & d'avoir applaudi avec un sentiment bien tendre & bien profond aux vues paternelles qui avaient inspiré le projet. Le Roi avait été touché des dégâts que causent les lapins de ses Capitaineries, dans les terres ensemencées & dans les vignes. Il avait rédigé lui-même, & de sa main, une Loi pour faire détruire ces animaux nuisibles, qui consomment chaque année une quantité de productions dont la valeur est dix fois au-dessus du prix auquel ils peuvent être vendus eux-mêmes. Ce monument de l'intérêt que doit inspirer à un Prince, & à un homme, la conservation de la subsistance du Peuple, & des revenus des Propriétaires & de l'Etat, est l'Arrêt du Conseil du 21 Janvier 1776. M. Turgot regardait ce travail du Roi comme la plus douce récompense qu'il eût reçu du sien.

Il en méritait sans doute, & en méritait de ce genre. Les affaires s'arrangeaient ; l'ordre s'établissait ; le Trésor public se libérait par des moyens doux & nobles. Les anticipations étaient diminuées de près de *vingt-huit millions*. L'Administration prenait une marche d'autant plus impôsante qu'elle répandait par-tout des bienfaits. Elle acquérait le poids néceſſaire pour faire mieux encore.

M. Turgot avait féverement diſcuté les projets de fonds des différens départemens ; &, celui des Affaires Etrangeres ſeul excepté, il avait trouvé dans tous la poſſibilité de faire des économies conſidérables, ſans nuire à la dignité, ni à l'utilité du ſervice du Roi. Il avait ſur-tout apporté le plus grand ſoin à l'examen du projet de fonds de la Guerre. Il l'avait comparé avec celui des deux Puiſſances militaires les plus reſpectables. Il avait conſulté des Officiers-Généraux du mérite le plus diſtingué. Et il en avait conclu, qu'en rendant les Garniſons plus ſédentaires ; en améliorant l'adminiſtration & le plan des étapes ; en réformant ceux des Châteaux forts qui ne ſont plus d'aucun uſage, & même par la ſuite une partie des Fortereſſes qu'un meilleur ſyſtême pour la Guerre rendrait inutiles ; en donnant à l'Ecole Militaire une conſtitution plus avantageuſe, qui fît élever encore mieux & d'une maniere plus convenable au ſervice dans les Régimens, un plus grand nombre de jeunes Gentilshommes; en rendant les Invalides plus heureux, & les Vétérans plus utiles; en confirmant pour leur vie aux Gouverneurs & Commandans actuels des Provinces leurs places purement honorables & lucratives, dont ils ne peuvent remplir les fonctions fans une commiſſion particuliere, ce qui les met dans une poſition ſi étrange, qu'un Gouverneur de Province n'ôſerait exercer aucune autorité, ni même faire un voyage dans la Province qui paraît lui être confiée, ſans un ordre exprès de la Cour; mais en réformant pour l'avenir ces titres qui n'occaſionnent point de ſervice & qui ne donnent de pouvoir; ou ſi la faibleſſe extrême de nos mœurs veut abſolument faire de ces places & de leurs revenus un fonds perpétuel de fiefs à vie, ou de Bénéfices militaires, en les chargeant du moins, lorſque la vacance en arriverait & qu'il faudrait les conférer de nouveau, d'une partie des penſions militaires au ſoulagement du Tréſor Royal, comme les gros Bénéfices eccléſiaſtiques ſont chargés de penſions envers d'autres Eccléſiaſtiques que les titulaires; il en conclut qu'on pouvait ſe procurer les moyens d'améliorer le ſort du Soldat, & la force, &

les approvisionnemens de l'armée & rendre beaucoup de fonds libres pour les autres besoins de l'Etat.

Il avait remis à M. le Comte de Saint-Germain deux Mémoires, dont l'un contenait les économies qui pouvaient, & devaient être faites sur-le-champ dans le Département de la Guerre ; elles passaient *deux millions*. L'autre exposait celles qui demandaient un travail & des réformes qui pouvaient cependant avoir lieu dans le cours d'une année ; elles se montaient à *quinze millions* & devaient s'accroître annuellement par le décès de ceux auxquels les réformes laisseraient des traitemens viagers. Et il faut répéter que c'était en rendant le Soldat plus heureux & l'armée plus redoutable.

M. Turgot finissait ce dernier travail lorsqu'il tomba malade à Fontainebleau, vers la fin d'Octobre 1775. Il l'a été jusqu'au mois de Janvier suivant. Et quand on considere ce qu'il a exécuté & ce qu'il a été forcé de laisser imparfait, c'est une chose à remarquer que sur vingt mois de Ministere aux Finances, il en a passé sept dans son lit, en proie aux plus vives douleurs & en danger de la vie.

Au commencement de 1776, il mit sous les yeux du Premier Ministre & du Roi l'état des améliorations faites dans le revenu, & celui des économies apportées dans la dépense pendant l'année qu'on venait de finir (66).

---

(66) Les personnes que l'histoire circonstanciée des Finances n'intéresse point, & qui craignent la fatigue d'une lecture pénible, sont priées de passer tout de suite à la page 169.

Ce qu'elles trouveraient dans les pages qu'elles peuvent se dispenser de lire est la démonstration :

1°. Que M. Turgot ayant été chargé des Finances dans un moment où elles présentaient, autant qu'on en pouvait juger, un *déficit* de *vingt-deux millions trois cents mille livres* de la recette à la dépense, & où il en existait réellement un d'environ *dix-huit millions sept cents mille livres* ; après vingt mois d'administration, dont il n'en a pu employer que treize au travail, & pendant lesquels il a payé plus de *vingt-quatre millions* de la dette exigible arriérée, éteint près de *vingt-huit millions* d'anticipations, remboursé environ *cinquante millions* de la dette constituée, & n'ayant pris de fonds d'avances à la charge du Roi que *dix millions*, il les a laissés avec un excédent de *trois millions six cents mille livres* au-delà des fonds faits pour le remboursement annuel d'environ *vingt-cinq millions* ;

2°. Que cet excédent devait croître d'année en

Le premier, non comprise la Régie des Messageries qui n'était encore passée que pour *Mémoire*, se montait à . . 2,982,967 liv.

L'autre était de . . 6,075,747 10 s.

---

année, sans améliorations nouvelles, par le seul cours des extinctions de rentes viageres, de la cessation des intérêts qu'anéantissent les remboursemens, & par la fin de plusieurs payemens qui, d'année en année, se trouvaient terminés ;

3°. Que cette suite naturelle & indispensable de la situation où M. Turgot a laissé les Finances, a en effet libéré, depuis 1776 jusqu'à la fin de 1780, plus de *vingt-cinq millions* de revenus qui, joints à l'augmentation d'impôts, établie par son successeur sous le nom de loterie, ont fourni une hypotheque plus que suffisante aux emprunts que la guerre a occasionnés dans cet intervalle ; & qui auraient pu procurer des moyens plus considérables, si l'on n'avait pas préféré, pour la plus grande partie des emprunts, les constitutions de rentes viageres, dont il semble cependant qu'on pourrait se dispenser, lorsqu'il est facile d'établir clairement la solidité de l'hypotheque.

La puissance que le Roi a pu déployer a donc été la conséquence nécessaire de l'état dans lequel M. Turgot a remis les Finances, si différent de celui où elles étaient lorsqu'elles lui furent confiées, quoiqu'il n'ait été le maître d'achever qu'un petit nombre des opérations qu'il avait projettées.

& de cette somme il y en avait, comme on l'a dit plus haut, *cinq millions sept cents cinquante mille six cents livres* en économie de

---

Le respect dû à la vérité a obligé de développer ces faits incontestables, dont la connaissance a été puisée dans des pieces sur l'authenticité desquelles on peut compter. C'est la partie des objets traités dans ces Mémoires la plus ignorée jusqu'à ce jour ; & ces calculs, qui pourraient ennuyer la plupart de nos Lecteurs, seront peut-être ce que les Historiens, & les Hommes d'Etat qui auront part à l'administration des Finances, feuilleteront le plus souvent. Mais il était impossible d'en rendre la lecture agréable à ceux qui n'en veulent pas faire une étude particuliere ; les résultats indiqués dans cette note leur suffisent.

M. Turgot ne cherchait en aucune maniere à se faire valoir. Sa modestie couvrait réellement une partie de son mérite. Un grand nombre de ceux même qui rendent justice à la sagesse de ses vues sur la Législation, & à sa haute capacité comme Administrateur, ne lui croyaient, comme Financier, que des talens ordinaires. Cependant, si, depuis le commencement de la Monarchie, il a été un autre Ministre qui, en si peu de temps, avec une autorité aussi contrariée & aussi limitée, sans injustice d'aucune espece, & en soulageant le Peuple autant & aussi constamment, ait opéré dans la situation des Finances un changement aussi considérable & aussi avantageux, qu'on le nomme.

frais de banque, de courtage, de commiſſions & de ſervices des Tréſoriers, ou autres fourniſſeurs d'argent.

Depuis la derniere paix ces ſortes de frais avaient conſumé à l'Etat *quatre-vingt-quinze millions cinq cents quarante-huit mille livres*, ce qui était ſur le pied de *huit millions ſix cents quatre-vingt-ſix mille livres*, année commune. Ils n'ont coûté dans l'année de l'adminiſtration de M. Turgot, que *trois millions quarante mille livres*. Ce ſuccès tenait à ſa bonne réputation, à ſes principes, à ſon génie, & à ſon courage.

Ayant fait un effort pour donner des *à-comptes* conſidérables aux créanciers de la dette exigible arriérée, pour rembourſer les anticipations, & pour rapprocher le payement des rentes ſur la Ville, auxquelles il fit donner *deux millions* d'extraordinaire en 1775, & *deux autres* en 1776, & montrant dans toutes ſes opérations le plus grand reſpect pour les droits du Peuple, & la bienfaiſance la plus ſoutenue; il avait relevé le crédit au point que, les Reſcriptions ayant repris faveur, le Tréſor Royal pouvait les négocier directement avec le Public, & n'avait plus beſoin de les donner

aux

ANTICIPATIONS DIMINUÉES. 129

aux personnes chargées de services, & de subir la loi que ces personnes avaient toujours imposée en raison du discrédit. Les Rescriptions ainsi négociées au cours de la place, procuraient de l'argent qui, joint aux autres ressources que M. Turgot s'était préparées, faisait au comptant la plus grande partie des services : ce qui en économisait tous les faux-frais, rendait la marche des affaires publiques plus imposante, relevait encore plus le crédit, & n'avait d'autre inconvénient que celui d'exciter l'inimitié de ceux qui avaient jusqu'alors fondé leur fortune sur les anticipations des revenus auxquelles le Gouvernement s'était trouvé réduit, & sur les manœuvres de banque qui en étaient la suite.

Il avait diminué de *vingt-sept millions sept cents soixante-dix mille livres* ces anticipations onéreuses. Elles avaient été au premier Janvier 1775, de *soixante-dix-huit millions deux cents cinquante mille livres*. Au dernier Décembre de la même année elles n'étaient plus que de *cinquante millions quatre cents quatre-vingt mille livres*.

Il avait remboursé *vingt millions deux cents trente-trois mille quatre-vingt-une livres* sur la

II. Part. I

dette conſtituée à différens taux d'intérêt, ſans compter les *trois millions ſix cents mille livres* de billets des Fermes que les Fermiers-Généraux étaient chargés d'acquitter annuellement ſur le prix de leur bail.

Ces deux rembourſemens joints à celui des anticipations, éteignaient une ſomme d'intérêts annuels de *trois millions deux cents quarante-neuf mille quatre cents cinquante-trois livres*. Mais comme dans les fonds extraordinaires qui avaient mis à portée de les effectuer, ſe trouvaient *dix millions* provenans des fonds d'avance des deux Régies, & *cinq millions cinq cents ſoixante mille livres* qu'avait procurés une vente de Reſcriptions & de Billets des fermes; ces deux ſecours coûtant *huit cents dix-huit mille livres* d'intérêts, le ſoulagement réel pour les finances n'était que de *deux millions quatre cents trente & un mille quatre cents cinquante-trois livres*.

En joignant cette ſomme d'intérêts abſolument éteints aux *deux millions neuf cents quatre-vingt-deux mille neuf cents ſoixante-ſept livres* d'autres améliorations, & aux *ſix millions ſoixante-quinze mille ſept cents quarante-neuf livres* d'économies dont nous venons de parler, &, comme il est juste encore, au produit de la Régie des Messageries Royales qui a été en rapport dès l'année suivante, & qu'on estime *quinze cents mille francs*. On verra que les opérations de l'année 1775 ont amélioré la situation des finances, & rapproché respectivement la dépense & la recette d'environ *treize millions*.

De cette somme il y avait eu *sept millions huit cents dix-neuf mille quatre cents dix-huit livres* de réalisés dans le cours de 1775, & qui avaient contribué d'autant à couvrir le *déficit* de cette année, ou à opérer des remboursemens extraordinaires. Le surplus montant à *cinq millions cent soixante-dix mille sept cents cinquante & une livres*, & provenant tant d'extinctions d'intérêts que d'opérations & de réformes qui ne venaient que d'être achevées, comme la Régie des Poudres & celle des Messageries Royales, ne pouvaient avoir d'effet que pour les années suivantes.

Sur le fonds de *quinze millions* formé pour le payement d'une partie de la dette exigible arriérée, il n'y en avait eu que *quatorze millions cinq cents cinquante-neuf mille livres* employés à cet usage ; mais ce qu'il avait fallu payer de dépenses extraordinaires imprévues en 1775, ayant surpassé de *cinq cents six mille huit cents quarante-quatre livres* le fonds qui leur avait été destiné, ces deux articles se balançaient; & le fonds de l'arriéré était venu d'autant plus naturellement au secours des dépenses extraordinaires, qu'il fallait, ou que ces dépenses fussent soldées, ou qu'elles augmentassent d'autant la dette exigible.

La somme des remboursemens avait donc été,

1°. Sur la dette constituée à différens taux d'intérêts, y compris les billets des Fermes 23,833,081 l.
2°. Sur la dette exigible arriérée 14,559,000 l.
3°. Sur les dépenses extraordinaires excédant le fonds qui avait été fait pour elles . . . . 506,844 l.
4°. Sur les anticipations . . . 27,770,000 l.

Total . . . . . 66,668,925 l.

On demandera peut-être comment M. Turgot qui avait trouvé les finances arriérées & dans un état de *déficit* plus ou moins grand, a pu faire tant de remboursemens? Il est juste & honnête de ne le pas laisser ignorer au Public. Un homme qui avait autant de véritable génie que celui sur lequel nous recueillons

ces Mémoires, n'a pas besoin que pour rehauſ-
ſer ſa gloire & pour éblouir les Lecteurs inat-
tentifs, on cherche à inſinuer, ce que les autres ne croiraient pas, qu'il ait opéré comme
par magie. M. Turgot a eu des moyens extraordinaires qui lui étaient donnés par les circonſtances. Il s'en eſt procuré d'autres par ſon travail & par la ſageſſe de ſes combinaiſons. Le
mérite d'un Miniſtre n'eſt pas de faire tout
avec rien ; c'eſt de ſe préparer & de ſaiſir
toutes les reſſources poſſibles ; c'eſt de les
employer à meſure qu'elles ſe réaliſent avec
habileté, activité, & intégrité à la libération
de l'Etat & au ſoulagement du Peuple.

Il y avait au Tréſor Royal le premier Janvier
1775, tant des fonds provenans du dernier emprunt
en rentes viageres, fait par M. l'Abbé Terray, que
des avances de la premiere Régie des
Hypotheques . . . . 19,214,000 l.
 Il s'y trouvait auſſi des reſcriptions
anciennes & des billets des Fermes,
dont on vendit pour . . . . . 5,560,000 l.
 On toucha ſur le bénéfice du précédent bail de la Ferme-Générale, &
à compte des trois dixiemes qui en
appartenaient au Roi . . . . . 1,620,000 l.
                                   ―――――――
         De cette part . . 26,394,000 l.

MOYENS EXTRAORDINAIRES.

De l'autre part . . . . . . 26,394,000 l.
Une dette particuliere qui fut recouvrée, fit rentrer . . . . . . 2,000,000 l.
Les fonds d'avance de la Régie des Domaines procurerent . . . . . 6,000,000 l.
Le surplus de ceux qu'on obtint de la nouvelle Régie des Hypotheques, au-delà de ceux que l'ancienne avait faits sous le ministere de M. l'Abbé Terray, avait été porté à . . . 4,000,000 l.
La vente successive des bleds de la Compagnie qui avait eu les commissions de l'ancien Ministere, avait rendu, comme nous l'avons dit plus haut, 4,000,000 l.
L'emprunt du Clergé avait fourni 16,000,000 l.
Les diverses économies & améliorations faites par M. Turgot avaient produit ou libéré, pour employer à l'acquittement des dettes . . . 7,819,418 l.

Total des moyens extraordinaires... 66,213,418 l.
Sur le produit de ces moyens extraordinaires il restait au Trésor Royal en especes, le premier Janvier 1776, 12,510,000 l.

Il n'y en avait donc eu d'employés aux remboursemens que . . . . 53,703,418 l.
Les remboursemens avaient cependant monté, comme on vient de le voir, à la somme de . . . . . 66,668,925 l.

Différence . . . 12,965,507 l.

Il en résulte clairement que si l'on n'eut point eu en 1775 ces remboursemens à faire, & que les revenus courans n'eussent eu à subvenir qu'aux dépenses courantes, il y aurait eu dès-lors un excédent de . . , . . . 12,965,507 l.

Cet excédent de la recette de 1775, sur les dépenses courantes de la même année, en n'y comprenant pas les remboursemens, ne pouvait cependant pas être estimé au commencement de l'année, puisqu'il s'en est trouvé une forte partie montante à .. 7,819,418 l. provenant d'améliorations pour les revenus, & d'économies sur la dépense, effectuées par M. Turgot, dans le cours même de l'année. Lorsque l'état des recettes & des dépenses fut dressé, il n'y avait d'excédent véritable de la recette à la dépense courante, non compris les remboursemens, que . . 5,146,089 l.

Mais comme il y avait un engagement pris pour rembourser *vingt millions deux cents trente-trois mille quatre-vingt-une livres* de la dette constituée à différens taux d'intérêts, & *trois millions six cents mille livres* de billets des Fermes, ce qui formait un total de dépense inévitable de . . . . 23,833,081 l.

De l'autre part, dépense inévitable
pour remboursements . . . . 23,833,081 l.

L'excès des revenus sur la dépense qu'exige le service ordinaire & régulier de la Nation & la dignité de la Couronne, quoique réellement de . . 5,146,089 l.

n'en laissait pas moins dans les Finances un *déficit* de . . . . 18,686,992 l.

Et tel est précisément l'état où l'administration en a été remise à M. Turgot.

Il résulte de cette exposition du fait tel qu'il s'est passé, que le tableau de situation mis à la fin de 1774 sous les yeux de M. Turgot, & par lui sous ceux du Roi, qui présentoit un déficit de *vingt-deux millions trois cents sept mille cent vingt-six livres* qu'il porta à *trente-sept millions* & au-delà, par la formation d'un fonds de *quinze millions* pour la dette exigible arriérée, était en erreur de *trois millions six cents vingt & un mille cent trente-quatre livres.*

Cette erreur dans des estimations faites d'avance, & par apperçu, d'une multitude de branches de recettes & de dépenses, formant une somme d'environ *quatre cents millions*, ne doit être imputée comme un tort, ni à M. Turgot, ni aux personnes employées sous ses ordres. Lorsqu'il faut rendre compte à son

Souverain de l'état des Finances d'un grand Empire, & peser les moyens de faire face à la situation où elles se trouvent, il ne s'agit pas de flatter le Prince & d'éblouir le Public par des résultats imposans dont on ne pourrait pas garantir la solidité. La vertu & le patriotisme demandent au contraire que l'on n'exagere aucun avantage ; que l'on n'atténue aucun embarras ; que l'on estime les dépenses au plus haut, & les recettes au plus bas ; que l'on ne s'expose à trouver, ou à laisser à ses successeurs, sur aucun article, un mécompte imprévu qui pourrait nuire au crédit de l'Etat ; & qu'on se réserve plutôt la satisfaction de pouvoir employer au rétablissement de l'ordre plus de moyens & d'aisance qu'on ne l'avait cru, & sur-tout qu'on ne l'avait annoncé.

Le même esprit de prudence & de prévoyance avait été recommandé aux Bureaux lorsqu'ils furent chargés de rédiger le tableau des recettes & des dépenses auxquelles on devait s'attendre dans l'année 1776. Aussi, malgré les améliorations & les économies faites par M. Turgot en 1775, cet état de la situation des finances pour l'année 1776 présente, les remboursemens de la dette constituée compris, un excédent de dépenses au-dessus de la recette, de *quatorze millions quatre cents cinquante-neuf mille sept cents trente-neuf livres*.

M. Turgot crut devoir y ajouter par une continuation du remboursement de la dette exigible arriérée, & consacrer encore à cette maniere équitable de libérer les Finances & de soutenir le crédit, *une dixaine de millions*. D'après cette vue on dressa un tableau des différens *à-comptes* qui seraient payés en 1776 aux créanciers de la dette exigible ; & ces divers *à-comptes* n'ayant demandé que *neuf millions sept cents trente-trois mille huit cents quarante-trois livres*, l'acquittement d'une portion de la dette exigible ne fut porté que pour cette somme dans le projet de dépense de cette année ; & l'état général des recettes & dépenses de l'année 1776, fut arrêté comme présentant un *déficit* de *vingt-quatre millions cent quatre-vingt-treize mille cinq cents quatre-vingt-deux livres*.

On ne doit pas dissimuler que cet apperçu de recettes & de dépenses a servi de matiere à des Mémoires de la part de personnes qui s'en étaient procuré la communication, & que ces Mémoires, alors secrets, ont contribué à faire déplacer M. Turgot. Mais quoique la situation des Finances eût encore quelque chose de fâcheux, elle ne pouvait pas effrayer un Administrateur qui avait déjà fait le tiers du chemin pour revenir de plus loin, puisque le projet de recette & de dépense de l'année précédente avait présenté un déficit de *trente-sept millions trois cents sept mille cent vingt-six livres*, auquel on avait pourvu avec supériorité.

Nous avons vu de combien en 1775 le mal & le vuide ont été moins grands qu'on ne l'avait présumé dans des tableaux faits pour se préparer à tout événement, & où la plus dangereuse imprudence eût été de se flatter soi-même, & le crime le plus grave de flatter le Souverain. Nous devons prendre le même soin pour l'année 1776. Ce n'est pas que nous ignorions que ces calculs paraîtront très fastidieux aux Lecteurs frivoles dont nous n'ambitionnons nullement le suffrage. Mais ils ne sont pas indifférens aux Citoyens, ils sont intéressans & utiles aux Hommes d'Etat, ils sont le véritable flambeau de l'Histoire.

Nous remarquerons d'abord que dans le

tableau de situation dont nous venons de parler, pour l'année 1776, il y avait une erreur d'*un million soixante-cinq mille livres* en moins sur la recette.

Cette erreur venait de ce qu'on avait mal estimé le produit du dernier bail des Fermes sous le nom d'*Alaterre*. On avait supposé que les profits de ce bail ne seraient que de *sept millions*, dont le Roi devait avoir les *trois dixiemes*, ou *deux millions cent mille livres*. Le Trésor Royal avait reçu à-compte de ces profits, en 1775, *seize cents vingt mille francs*; on pensait donc qu'il n'avait plus à prétendre que *quatre cent quatre vingt mille livres* de cet article qui avait en conséquence été passé pour cette somme au chapitre des recettes en 1776. Mais les profits du bail d'*Alaterre* se sont trouvés de *dix millions cinq cents cinquante mille livres*, dont les trois dixiemes sont *trois millions cent soixante-cinq mille livres*. Le Roi n'en ayant reçu que *seize cents vingt mille*, en avait donc encore à recevoir *quinze cents quarante-cinq mille* en 1776, au lieu des *quatre cents quatre-vingt mille* qu'on avait présumés. Si les profits de ce bail eussent pu être connus lorsqu'on rédigeait les états de situation, il est donc clair que ces états auraient présenté une recette d'*un million soixante-cinq mille livres* au-dessus de celle qui s'y trouve portée.

Si de la recette nous passons à la dépense, nous verrons que l'article des frais de service des Trésoriers y avait été passé pour *quatre millions* ; cependant il n'avait coûté l'année précédente que *trois millions quarante mille livres* ; & M. Turgot était occupé à prendre les mesures les plus efficaces pour réduire à zéro, au moins dans le second semestre de l'année, cet article de dépenses. On pourrait donc le regarder comme exagéré de *deux millions à deux millions cinq cents mille livres*. Mais comme M. Turgot n'a pas administré le second semestre, & comme on ne s'est procuré que six mois plus tard les fonds qu'il s'était assurés, nous nous bornerons à dire que cet article n'a pas dû monter plus haut que l'année précédente ; & à le prouver en montrant que les fonds n'ont pas pu manquer pour les services de l'année, ni le secours des Trésoriers devenir par conséquent plus nécessaire. Il en résultera que cet objet de dépense avait été

En résumant ces quatre articles on trouve :

1,065,000 l. de recettes provenantes des profits du bail des Fermes, qu'on n'avait pu connaître encore.

960,000 l. au moins, à quoi on avait évalué de trop la dépense des services des Tréforiers.

1,734,000 l. d'excès dans l'estimation de la dépense de l'épizootie.

3,500,000 l. à quoi les autres dépenses imprévues avaient été supposées au-delà de ce qu'on les a comptées depuis.

C'est en total *sept millions deux cents cinquante-neuf mille livres* qui grossissaient l'apparence du déficit de l'année 1776.

Au lieu d'être de *vingt-quatre millions cent quatre-vingt-treize mille cinq cents quatre-vingt-deux livres*, il n'était donc réellement pour cette année que de *seize millions neuf cents trente-quatre mille cinq cents quatre-vingt-deux livres*.

Et l'on ne doit pas oublier, il faut répéter pour l'instruction des étrangers, que ce déficit ne venait aucunement de ce que les revenus réguliers se trouvassent au-dessous des dépenses nécessaires pour le maintien & la dignité de la Couronne, & pour les intérêts de ses emprunts; mais seulement de ce que l'on devait

devait & voulait faire des remboursemens qui excédaient ce qu'on avait réellement de fonds libres ; car il y en avait alors, & comme on va le voir, pour une somme très-considérable.

Il avait été un temps où le désordre dans les dépenses les avait élevées au-dessus des revenus, & c'était de là qu'était résultée une dette exigible arriérée, au remboursement de laquelle M. Turgot travaillait avec une activité qui rétablissait l'ordre général & le crédit, mais qui ne pouvait qu'ajouter au *déficit* du moment.

On a vu qu'il avait payé *quatorze millions cinq cents cinquante-neuf mille livres* de cette dette exigible en 1775. On vient de voir qu'il y avait encore consacré en 1776 *neuf millions sept cents trente-trois mille huit cents quarante-trois livres*. S'il n'eut pas pris ce parti, auquel rien ne l'obligeait que ses grandes vues d'administration, d'ordre & d'équité, il est clair que le *déficit* n'aurait pas été de *seize millions neuf cents trente-quatre mille cinq cents quatre-vingt-deux livres*, & qu'il eût été borné à *sept millions deux cents mille sept cents trente-neuf livres*.

Mais les remboursemens de la dette constituée se montaient dans cette même année à *vingt-cinq millions neuf cents soixante-seize mille huit cents vingt-sept livres*, en y comprenant toujours *trois millions six cents mille livres* de billets des Fermes. Il est donc clair encore qu'il y avait dès-lors au-delà des dépenses courantes, un excédent de *dix-huit millions sept cents soixante-seize mille quatre-vingt-huit livres* de revenus qu'on employait à des remboursemens ; qu'ainsi la position ne se trouvait gênée que par respect pour d'anciens engagemens, qui obligeaient de rembourser au-delà des fonds libres qu'on y pouvait consacrer, & par la justice, la prudence & la raison qui voulaient qu'on ne laissât pas le crédit de l'Etat compromis sous le fardeau d'une forte dette exigible arriérée, & qu'on travaillât à l'en soulager.

Il ne faut donc pas s'arrêter plus que ne l'a fait M. Turgot, à l'excédent réel de *dix-huit* à *dix-neuf millions* qui existait alors, mais qui était absorbé & bien au-delà par des remboursemens nécessaires. Il faut partir du point où il était, des engagemens qui avaient été pris, les uns avec raison, les autres sans réflexion & sans principes, par les prédécesseurs de M. Turgot, mais qu'il était obligé de respecter; de ceux que le bien du service exigeait qu'il prît lui-même. C'étaient ces engagemens divers qui portaient, non pas la dépense courante & habituelle, comme quelques Ecrivains l'ont insinué, mais la dépense particuliere de l'année 1776 à *seize millions neuf cents trente-quatre mille cinq cents quatre-vingt-deux livres* au-dessus de la recette.

Et pour se convaincre que cette position n'était nullement fâcheuse, il faut se rappeller que M. Turgot avait en especes au Trésor Royal du reste des fonds extraordinaires de l'année précédente, *douze millions cinq cents dix mille livres*. Il n'était donc absolument obligé de chercher de ressources momentannées que pour environ *quatre millions quatre cents vingt-cinq mille livres*. On peut croire que ce n'était pas une grande difficulté.

La Caisse d'Escompte s'était engagée à lui avancer *dix millions*, remboursables en treize ans, & portant quatre pour cent d'intérêt. Les plus fortes Maisons de banque en Hollande avaient fait la soumission de lui en prêter *soixante*. Il devait avec ce secours effectuer de bien plus grandes améliorations & des économies bien plus considérables que celles de l'année précédente.

Elles n'ont pu avoir lieu. Son successeur immédiat qui n'inspirait pas la même confiance aux Prêteurs, a couvert le vuide du moment en remettant les Maîtrises en finance, en refusant aux sept derniers Contrôleurs des Rentes, le remboursement de *quatre cents soixante-deux mille livres* qui leur avait été promis pour solde de leurs charges, & en établissant le *Jeu public des numéros* dans toute l'étendue sous laquelle on le nomme *Loterie Royale*.

M. Turgot s'était refusé à cette institution, puissamment protégée, avec la vertueuse fermeté de son caractere. Il regardait cette Loterie comme un impôt de séduction du genre le plus funeste, & qui corrompant les mœurs & dérangeant les fortunes des citoyens, ne pouvait à la longue que devenir très-nuisible aux finances même de l'Etat.

Ce qu'il avait fait pour elles, quoiqu'arrêté au milieu de sa marche, mettait ceux qui devaient occuper sa place hors de tout embarras.

Il ne devait pas y avoir de *déficit* en 1777 Il devait au contraire y avoir un excédent, qui devait croître, qui a cru, d'année en année ; & qui a pourvu, presque seul jusqu'à ces derniers temps, aux dépenses extraordinaires, dans lesquelles une guerre, qu'on ne peut regretter, puisqu'elle n'a pour objet & ne peut avoir pour terme que le maintien des droits naturels de tous les hommes & de tous les Etats, a entraîné la Nation.

Pour nous en convaincre & achever de juger en arithméticiens le travail de M. Turgot, déjà suffisamment apprécié sans doute par les Citoyens, par les Philosophes & par les Hommes d'Etat, il ne faut qu'examiner quels remboursemens se trouvaient terminés à demeure par les dispositions qu'il avait faites, & ne devaient plus avoir lieu à l'avenir, & calculer la marche ordinaire des extinctions. Alors la véritable situation dans laquelle ce Ministre méconnu a laissé les finances, se trouvera clairement développée; & nous aurons rempli la plus importante partie de la tâche que nous imposaient envers sa mémoire, l'amour de la vérité, celui de la justice & celui de la Patrie.

Voici ce qui devait inévitablement arriver.

Il était encore dû fur la dot de Madame Clotilde *dix-huit cents mille francs* dont *un million* devait être payé en 1776, & *huit cents mille francs* pour folde en 1777.

Il était donc clair que l'année 1777 ferait pour cet article chargée de *deux cents mille francs* de moins que 1776, ci. 200,000 liv.

Il était pareillement dû pour le refte du payement du troufleau de cette Princeffe *cent mille francs*, & pour folde de différens articles de fa toilette *foixante-dix-neuf mille fept cents quatre-vingt-quatre livres*; ces deux dépenfes foldées ne devaient plus avoir lieu, & c'eft encore 179,784 livres dont l'année 1776 était plus chargée que ne devait l'être 1777.

Le payement de deux années à la fois des petites penfions confommait *onze cents mille francs* d'extraordinaire, mais par-là ces penfions fe trouvaient remifes au courant, & cet extraordinaire devait ceffer, ci. 1,100,000 l.

Le remboursement des rentes de *douze livres* & au-deffous fur les Tailles, Aides & Gabelles, abforbait *dix-huit cents mille francs*, & c'était encore un objet qui rempli en

1776 ne pouvait plus être renouvellé,
ci . . . . 1,800,000 l.

Lorsque les Rescriptions avaient été suspendues, on avait fait des fonds particuliers pour le remboursement de celles qui circulaient & qui circulent encore dans le public, & d'autres pour celui de la quantité qui s'en était trouvée dans les mains mêmes des Receveurs-Généraux des Finances. Il ne restait à rembourser de ces dernieres, que pour *cinq millions soixante & un mille neuf cents trente livres*. De cette somme les dépenses de 1776 avaient été chargées d'acquitter *quatre millions deux cents vingt-neuf mille vingt-trois livres*, & celles de 1777 devaient solder le reste, ou *huit cents trente-deux mille neuf cents sept livres*.

Il était encore clair que sur ce point la dépense de 1777, serait de *trois millions trois cents quatre-vingt-seize mille cent seize livres* moindre que celle de 1776.

On devait achever de rembourser en 1776 les Contrôleurs des Rentes, & c'était un payement de *sept cents vingt-six mille livres* pour solde, ci. . . . . 726,000 l.

On devait faire un autre payement définitif

& pour solde aux anciens Fermiers des Voitures de la Cour de . . . . 180,841 l.

On en devait faire encore un autre & pareillement pour solde de l'arriéré au Guet & à la Garde de Paris, de . . . 98,040 l.

L'extinction des rentes viageres est d'environ un *vingt-neuvieme* tous les ans. En 1775 elle avait dégagé *quinze cents quarante-huit mille cinq livres*, on pouvait s'attendre à une extinction à-peu-près égale en 1776 ou environ, 1,500,000 francs.

Divers traitemens accordés aux Officiers de la feue Reine, ou à ceux qui ont servi le feu Roi dans son bas-âge, & les Princes & Princesses de la Maison Royale aussi dans leur bas-âge, & qui ne sont pas dans le cas d'être renouvellés, se montaient à *quatre cents deux mille quatre cents soixante-quinze livres*. En supposant que l'extinction s'en fasse sur le même pied que celle des rentes viageres, d'un vingt-neuvieme tous les ans, on pouvait compter à cet égard sur une extinction de . . . . 17,327 liv.

Les pensions & gratifications annuelles de toute espece ont été estimées nouvellement à *vingt-huit millions*. Les pensions s'éteignent dans la même proportion que les rentes viageres. Mais une partie d'entre elles doivent être remplacées. Cependant vu la profufion avec laquelle elles avaient été accordées fous le dernier règne, & la fomme énorme à laquelle elles fe montent, on pouvait fe flatter qu'il ferait fuffifant de n'en remplacer que pour une fomme égale à la moitié de celles qui s'éteindraient ; & l'on pouvait l'efpérer de la fage économie du Roi & du defir qu'il avait de mettre fes affaires au courant.

L'extinction des penfions au lieu d'être calculée fur le pied du vingt-neuvieme, ne doit l'être que fur celui du cinquante-huitieme, puifqu'on en fuppofe la moitié remplacées par d'autres légitimement acquifes. Mais il en réfulte toujours qu'on pouvait, d'après cette évaluation, s'attendre à une extinction annuelle de penfions de la fomme de . . . . 482,758 liv.

Afin de remplir d'anciens engagemens pris avec très-peu d'intelligence, puifqu'il eft abfurde de rembourfer des dettes qui ne portent qu'un faible taux d'intérêt, lorfqu'on en laiffe fubfifter de beaucoup plus onéreufes, les fonds étaient faits pour rembourfer :

3,950,153 l. de capitaux portant *quatre* pour *cent* d'intérêts.

15,047,288 l. de capitaux portant *cinq* pour *cent*.

100,000 l. de capitaux portant *sept* pour *cent*.

2,279,386 l. de capitaux portant *huit* pour *cent*.

& selon le plan de l'établissement de la Régie des poudres, *un million* aux anciens Fermiers portant *neuf & neuf dixiemes* pour *cent*.

Outre ces remboursemens à la charge du Trésor Royal ou des Régies, il y en avait, comme on l'a remarqué, encore un autre de *trois millions six cents mille livres* de billets des Fermes que les Fermiers-Généraux étaient obligés par leur bail d'effectuer tous les ans.

Ces divers remboursemens devaient éteindre une somme d'intérêts annuels de... 1,360,728 l.

En remboursant au moyen d'un emprunt à un taux d'intérêt modéré, la totalité des anticipations, comme M. Turgot touchait au moment de le faire, on pouvait faire toutes les dépenses au comptant, & ménager ainsi la totalité des frais de services des Trésoriers & Banquiers; la différence de l'intérêt de l'emprunt à celui qu'ils retirent pour leurs services & leurs commissions, devait assurer un profit de plus d'un million, ci.... 1,000,000.

La maladie épizootique était terminée. Elle avait dû couter encore *deux millions deux cents soixante-six mille livres* en 1776, dont nous avons supposé que *cinq cents mille francs*, au plus, pouvaient être dans le cas de se renouveller annuellement, & contribuer avec les autres événemens inattendus à employer le fonds ordinaire de trois millions destiné aux dépenses imprévues. On était donc moralement assuré, & on l'a été ensuite physiquement, d'avoir pour cet article en 1777, une diminution de dépense au moins de 1,766,000.

Et l'on pouvait commencer à compter la Régie des Messageries Royales pour un objet de revenu de 1,500,000.

Ainsi :

En diminution sur ce qu'il y avait à payer pour la dot de Madame Clotilde..	200,000 l.
En solde pour son trousseau & sa toilette	179,784
En autres payemens définitifs qui ne devaient plus avoir lieu . . .	7,300,997
De cette part. .	7,680,781 l.

De l'autre part . . . 7,680,781 l.
En extinction de rentes & de traitemens viagers non susceptibles de remplacement 1,517,327
En extinction des pensions dont on n'aurait remplacé que la moitié . . 482,958
En extinction d'intérêts 1,360,728
En épargne sur les frais de banque, de services & de commissions, par la méthode imposante de faire les dépenses au comptant 1,000,000
En diminution de dépenses, par la cessation de la maladie épizootique . . 1,766,000
En augmentation de revenu par la Régie des Messageries Royales . . 1,500,000

Sans aucune réforme nouvelle, on était donc certain d'être rapproché, à la fin de 1776, de . . . . . . 15,307,594 l.

Or, on a remarqué plus haut que dans l'année 1776, l'excès des remboursemens de la dette constituée au-delà du fonds de *dix-huit millions sept cents soixante-seize mille quatre-vingt-huit livres* de revenus, qu'on avait déjà de libre pour employer à ces remboursemens, n'avait été que de *sept millions deux cents mille sept cents trente-neuf livres*.

En supposant la recette & les remboursemens de la dette constituée sur le même pied, il y aurait donc eu à la fin de 1776 & pour 1777, un excédent de *huit millions cent six mille huit cents cinquante-cinq livres*, à employer aux engagemens particuliers de cette année, & à la continuation du payement de la dette exigible arriérée.

Mais il y avait eu en 1776 un article de recette extraordinaire qui ne devait plus avoir lieu en 1777, c'était celui de *quinze cents quarante-cinq mille livres*, provenant de la folde des profits auxquels le Roi avait droit dans le dernier bail des Fermes.

La recette de l'année 1777, devant être plus faible de cette fomme que celle de 1776, l'excédent, au lieu d'être de *huit millions cent six mille huit cents cinquante-cinq livres*, ne devait donc être réellement que de *six millions cinq cents foixante & un mille huit cents cinquante cinq livres*.

Nous prions nos Lecteurs de fe fouvenir que cet excédent des revenus de l'Etat fur toutes les dépenfes néceffaires au fervice public, au fafte de la Cour, aux arrérages des emprunts, au remboûrfement annuel d'environ *vingt-cinq millions* de capitaux de la dette conftituée, devait exifter dans l'année 1777.

même en supposant qu'il ne se fît dans les huit derniers mois de 1776 aucune opération utile, aucune amélioration nouvelle, aucune économie d'aucun genre.

Ceux qui liront ces Mémoires, qui ont vu tout ce qui s'était exécuté en 1775, qui savent ou prévoyent une partie de ce qui était préparé, n'imagineront pas que les travaux de M. Turgot pendant ces huit mois, n'eussent été d'aucun avantage.

Nous reviendrons à ce qu'il aurait fait ; il faut dire ce que personne ne pouvait s'empêcher de faire en partant du point où il avait conduit les Finances de l'Etat. Il faut que les Peuples étrangers apprennent que les moyens de puissance de la Nation Française ne sont pas une énigme. Il ne peut qu'être utile de faire connaître quels ils ont été, & quels ils peuvent encore être à l'avenir, dans le temps où un Prince & un Gouvernement dénués de toute ambition personnelle, ne les employent qu'à établir la liberté du Commerce, à protéger les droits naturels & imprescriptibles des hommes & des nations, à étendre & à fonder solidement le bonheur du monde.

Il faut qu'on nous permette encore ici quelques calculs ; comme ils doivent expliquer avec quels fonds on a rétabli la Marine & soutenu une guerre infiniment dispendieuse, l'importance de l'objet continuera de faire supporter à nos Lecteurs la sécheresse des détails.

Sur les *six millions cinq cents soixante & un mille huit cents cinquante-cinq livres* d'excédent de l'année 1777, il aurait fallu, selon les conventions faites avec la Régie des Hypotheques, lui payer *trois millions* pour le premier remboursement qui lui était promis.

Il n'en devait donc rester, en ne supposant aucune amélioration nouvelle, ni aucune économie, que *trois millions cinq cents soixante-un mille huit cents cinquante-cinq livres* d'absolument libres, & que l'on pût employer ou à continuer l'acquittement de la dette exigible arriérée, si le besoin de soutenir le crédit l'exigeait, ou à rembourser d'autres dettes encore plus fâcheuses.

Le Roi a malheureusement une somme considérable de dettes qui portent de gros intérêts. Il pourra donc, pendant long temps, éteindre avec les capitaux dont la disposition lui deviendra libre, des intérêts fort onéreux dont l'anéantiſſement progreſſif ajoutera d'année en année à la ſomme du fonds libéré. Mais en ſuppoſant, ce qui eſt arrivé, qu'il devînt impoſſible de les conſacrer à cet uſage ſalutaire, ni même à l'acquittement de la dette arriérée, & qu'il fallût les employer à meſure en conſtructions de Vaiſſeaux ou en autres dépenſes publiques, cet emploi moins favorable de l'excédent annuel ne pouvait empêcher que les fonds libres ne s'accruſſent encore annuellement, comme on va le voir.

En 1777, le rembourſement de *trois millions* à la Régie des Hypotheques, qui recevait tant pour intérêts que pour droits de préſence, douze pour cent ſujets ſeulement à la retenue du dixieme, libérait une rente de . . . 324,000 l.

L'anéantiſſement d'intérêts produits par les rembourſemens ordinaires a été d'environ 1,200,000

L'extinction des rentes viageres, & celle de la moitié des penſions qu'on ſuppoſe renouvellées pour moitié, dégageaient annuellement . . . 2,000,000

Le payement de la dot de Madame

De cette part . . . 3,524,000 l.
ci-contre

Évenemens EN 1778.

Ci-contre,	3,524,000 l.

la Princesse de Piémont devait être terminé par une solde de . . . . . 800,000 l.

Et le remboursement des dernieres rescriptions suspendues entre les mains des Receveurs Généraux, délivrait encore pour l'avenir . . . . . . 832,907 l.

En joignant ces sommes au fonds déjà libre de . . . . 6,561,855 l.

Le fonds libéré par le seul cours des évenemens en 1777 devait être de . . 11,718,762 l.

Ce fonds libéré était chargé de payer en 1778,

3,000,000 l. pour le second remboursement promis à la Régie des Hypotheques.

1,000,000 l. pour le premier remboursement promis à la Régie des Domaines.

En total *quatre millions*.

Il ne devait donc rester des *onze millions sept cents dix-huit mille sept-cents soixante-deux livres*, libérés en 1777, que *sept millions sept cents dix-huit mille sept cents soixante-deux livres*; dont on eût pu disposer à volonté en 1778; mais dans le cours de cette année le remboursement de *quatre millions* aux deux Régies aurait libéré, sur le pied de 10 & $\frac{4}{5}$ pour $\frac{0}{0}$, toutes retenues faites, une rente de   432,000 l.

Les intérêts éteints par les remboursemens ordinaires, comme l'année précédente . . . . 1,200,000 l.

L'extinction des rentes viageres &

De cette part . . . 1,632,000 l.

II. Part.   L

De l'autre part . . . 1,632,000 l.
des pensions, de même aussi . . . . 2,000,000.

C'est ce dont aurait été accru le fonds libéré, déjà porté l'année précédente à 11,718,761.

A la fin de 1778, ce fonds devait donc être porté, pour l'année 1779, à 15,350,761 l.

Mais il devait acquitter pour les mêmes objets, & par les mêmes raisons qu'en 1778, *quatre millions.*

Il n'en pouvait donc rester que *onze millions trois cents cinquante mille sept cents soixante-deux livres* à consacrer aux besoins publics que les circonstances politiques pouvaient faire naître.

Mais dans cette même année le remboursement aux deux Régies, délivrait en outre, comme l'année précédente . . . . . 432,000 l.

De plus, deux payemens définitifs devaient avoir & ont eu lieu en 1779; l'un était pour solde aux anciens Fermiers des poudres, & libérait pour l'avenir . . . . 1,000,000.

L'autre était pour solde aux Administrateurs-Généraux des Postes, & se montait à . . . . 253,333.

L'extinction d'intérêts causée par les remboursemens ordinaires . . . . . 1,200,000.

Celle des rentes viageres & des pensions, toujours la même . . . . 2,000,000.

Toutes ces sommes ajoutées au fonds

De cette part . . 4,885,333 l.

Ci-contre, ... 4,885,333 l.
déjà libéré qui, à la fin de 1778, était de 15,350,762

devaient le porter à la fin de 1779,
& pour l'année 1780, à . . . . 20,236,095 l.
qui devaient, dans le cours de 1780, achever de
solder la Régie des Hypotheques par un dernier
payement de *trois millions*, effectuer un troisieme
remboursement d'*un million* à la Régie des Domaines.

Cette soustraction de *quatre millions* devait réduire
à *seize millions deux cents trente-six mille quatre-vingt-
quinze livres*, les fonds à employer pendant l'année
1780, à l'acquittement des dettes au plus gros intérêt, si l'on avait eu la paix, ou aux besoins extraordinaires de l'Etat pendant la guerre.

Dans cette année, les remboursemens des Régies
devaient dégager à l'ordinaire une
somme d'intérêts de . . . . . 432,000 l.
Les remboursemens ordinaires
étant diminués par la fin de ceux aux
anciens Fermiers des poudres, & à
l'administration des postes, n'éteignaient plus d'intérêts que pour . . 1,099,467
Mais le fonds libéré se trouvait
augmenté de *trois millions*, par le remboursement définitif de la Régie des
Hypotheques, ci 3,000,000
Et il l'était toujours à l'ordinaire de
deux millions, par l'extinction des rentes

De cette part . . . 4,531,467 l.

De l'autre part. . . . 4,531,467 l.
viageres, & de la moitié des pensions, ci 2,000,000.
 Ces sommes jointes aux . . . 20,236,095.
déjà libérés à la fin de 1779, devaient
porter pour l'année 1781, & à la fin
de 1780, le fonds libéré à . . . 26,767,562 l.
chargés seulement alors d'*un million* de remboursement envers la Régie des Domaines, & laissant
*vingt-cinq millions sept cents soixante-sept mille cinq cents
soixante-deux livres* de revenus entierement libres,
& applicables à toute espece de besoins de l'Etat.

Voilà quel devait être le cours naturel des choses. Voici les seuls changemens qu'il ait éprouvés.

Quelques variations dans la constitution des Régies & dans les noms des Régisseurs.

Le retardement de l'emprunt qui devait avoir lieu au mois de Juin 1776, & qui a été fait sous une autre forme & à d'autres conditions à la fin de l'année, mais de maniere cependant qu'il a toujours pu influer sur les événemens de l'année 1777.

Une suite de circonstances, sans doute impérieuses, qui ne doivent pas avoir permis de ménager les frais de banque & de services, comme M. Turgot se l'était pro-

SOMMES DONT ON A PU DISPOSER. 165

posé, & malgré les moyens qu'il avait préparés pour cette opération importante.

Enfin l'établissement de la Loterie Royale, qui tout mauvais & dangereux qu'il soit, & doive encore plus être à l'avenir, a procuré *sept millions* de revenu annuel libre, qui a augmenté d'autant les fonds dont on a pu disposer, & ceux qu'on a pu engager chaque année. Car il est naturellement arrivé qu'on a employé chaque année les fonds qui se sont trouvés libres, & qu'on a engagés en tout ou en partie pour l'année suivante les revenus qui étaient libérés.

On peut se former une idée de cette marche au moins par approximation.

En 1777 il a dû se trouver d'entierement libre, y compris le produit de la Loterie .. 10,561,855 l.

On a pu en disposer pour cette année, & il ne paraît pas qu'on en ait engagé pour l'année suivante plus de *cinq millions neuf cents dix mille livres* pour les intérêts des emprunts faits en 1777, tant en rentes perpétuelles qu'en viageres.

Il en est donc resté *quatre millions*

———

. De cette part . . 10,561,855 l.

L 3

166 SOMMES DONT ON A PU DISPOSER

De l'autre part. . . . . 10,561,855 l.

six cents cinquante & un mille huit cents cinquante-cinq livres de libres, qui joints aux *cinq millions cent cinquante-six mille neuf cents sept livres*, qui se sont dégagés en 1777, ont porté le fonds libre pour l'année 1778 à 9,808,762

On a pu employer ces fonds dans l'année 1778.

Mais les emprunts en rentes viageres étant alors devenus considérables, il paraît qu'on en a engagé pour l'année suivante jusqu'à *sept millions deux cents cinquante mille livres*, & qu'il n'en est resté de libre que *deux millions cinq cents cinquante-huit mille sept cents soixante-deux livres*, qui joints aux *trois millions six cents trente-deux mille livres* libérés dans cette année, ont formé le fonds libre de l'année 1779, & l'ont borné à 6,190,762

On a pu dépenser ce fonds en 1779.

On en a engagé, pour 1780, *six millions vingt-cinq mille livres*, & il en est resté *cent soixante-cinq mille sept cents soixante-deux livres*, qui, ajoutés aux *quatre millions huit cents quatre-vingt-cinq mille trois cents trente-*

De cette part . . . 26,561,379 l.

Ci-contre .   .   .   .   . 26,561,379 l.

trois livres de revenus libérés en 1779, ont formé le fonds libre de l'année 1780, montant à . . . . 5,051,095.
& dont on a pu disposer dans le cours de cette année.

Ce fonds joint aux *six millions cinq cents trente-un mille quatre cents soixante-sept livres* de revenu qui ont dû se libérer en 1780, a formé un revenu libre de *onze millions cinq cents quatre-vingt-deux mille cinq cents soixante-deux livres*. Ce revenu réellement libre, avec le secours de l'opinion, qui a fait regarder comme d'autres revenus réguliers le partage sur plusieurs années des profits du bail de la Ferme-Générale, & du Don gratuit du Clergé, payés & dépensés en une seule, a pu suffire aux emprunts qui ont eu lieu dans le cours de l'année 1780, & au commencement de 1781. Et il y a eu de plus pour ces deux années deux secours extraordinaires, le premier de *quatorze millions quatre cents mille livres*, que le Roi a effectivement retirés des profits du bail des Fermes sous le nom de David, profit le plus

De cette part . . . 31,612,474 l.

De l'autre part . . . . . . 31,612,474 l.
grand qui ait jamais été fait fur un bail
des Fermes-Générales, & qui a été dû,
comme on l'a vu plus haut, page 27,
aux principes de régie plus doux &
plus équitables établis par M. Turgot, ci 14,400,000.
& le fecond de *feize millions*, formant
le Don gratuit du Clergé, ci. . . . . . 16,000,000.

Ainfi les fonds dont on a pu difpofer
dans cet intervalle, indépendamment
des emprunts, ont été de . . . . 62,012,474 l.

En fuppofant que les frais extraordinaires de banque auxquels les circonftances ont pu entraîner, ait abforbé *fix millions douze mille quatre cents foixante-quatorze livres*, il en fera toujours refté *cinquante-fix millions* pour contribuer à l'augmentation des dépenfes militaires.

Les revenus qui ont pu être engagés de nouveau dans le même intervalle, fe font montés, comme nous l'avons vu, à *trente-deux millions fept cents foixante-fept mille cinq cents foixante-deux livres*, favoir:

Vingt-cinq millions fept cents foixante-fept mille cinq cents foixante-deux livres provenans de l'état où M. Turgot avait laiffé les finances, & du cours inévitable des extinctions & des rembourfemens dans le temps qui a

REVENUS DONT ON A PU DISPOSER. 169
suivi, ci. . . . . . . 25,767,562 l.
Et *sept millions* provenans
de la Loterie Royale, ci . 7,000,000 l.
_____
Total . . . 32,767,562 l.

Si l'on suppose encore que de ce revenu libéré, il ait dû y en avoir environ *dix-sept cents soixante sept mille cinq cents soixante-deux livres*, destinés à l'augmentation extraordinaire des frais de banque, à-peu-près sur le pied où nous avons cru pouvoir porter l'estimation de cette dépense pour les années précédentes, il en résultera toujours qu'on a pu engager *trente & un millions* de revenus, très-propres à fournir une hypotheque excellente & parfaitement sûre à plus de *six cents millions* d'emprunts, & qui l'ont donnée à *quatre cents deux millions sept cents deux mille livres*, malgré la forme onéreuse & dangereuse des emprunts en rentes viageres qu'on a préférée pour la plus grande partie des fonds dont on a eu besoin.

Cinquante six ~~Quarante~~ millions de fonds libres & *quatre cents deux millions sept cents mille livres* d'emprunts, dont l'hypotheque était assurée d'avance par une administration qui avait été très-sage, & par un cours d'événemens auxquels on ne pouvait résister : voilà donc avec quoi l'on a fait les frais de trois campagnes à raison d'environ *cent cinquante millions* chacune.

Si les dépenses eussent été plus fortes, on y aurait pourvu par quelques anticipations ou par un accroissement de la dette exigible arriérée, deux moyens qui ont leurs bornes, mais qui sont plus dans la main des Ministres que les emprunts publics.

Quant aux emprunts, plus le siecle s'éclaire & moins on pourra se flatter qu'ils réussissent sans que l'hypotheque en soit connue. On ne peut emprunter que l'argent des capitalistes disposés à le confier, & si par fois l'enthousiasme peut exciter quelques personnes à offrir de petites sommes, les gros Prêteurs ne se déterminent que par un calcul plus ou moins approfondi. Il ne sont pas aussi dupes qu'on le croit, & le crédit des Nations comme celui des Particuliers tient sur-tout à leurs facultés réelles.

La Nation Française en a eu, en a, & en aura ; elles sont mêmes plus connues à présent qu'elles ne l'ont encore été ; & de là vient qu'elle a eu, qu'elle a, & qu'elle aura un crédit proportionné à la sûreté que donnera l'état de ses finances : & c'est le seul qui soit à desirer pour elle & pour les Prêteurs.

C'est par la suite de cette marche qu'il était donc utile de développer, & qui n'a demandé ni ne demandera aucun effort de génie, qu'on pourra continuer de soutenir cette guerre autant qu'il sera nécessaire pour arriver à un traité qui assure à l'Amérique son indépendance, à toutes les Nations la liberté des mers & du commerce, & qui engage l'Angleterre à favoriser le nôtre, à la condition pour nous de rendre les mêmes faveurs ou d'équivalentes au sien.

Il est clair que le cours nécessaire des extinctions & des remboursemens, nous libérant tous les ans *quatre* à *cinq millions* de revenu, qui peuvent donner une hypotheque parfaitement sûre à *cent millions* d'emprunt, si les circonstances nous obligent d'emprunter *cent cinquante millions* qui sont suffisans pour faire très-honorablement les frais d'une campagne, nous ne nous trouverons arriérés que de l'intérêt de *cinquante millions*. Et si l'on évitait d'ajouter à cet arrierement par la méthode d'emprunter en rentes viageres, on se trouverait après dix ans de guerre n'être reculé que d'environ *vingt-cinq millions*, que cinq années de paix remettraient au courant. Heureux Royaume, auquel tous les biens sont faciles à faire, & à qui l'incurie même & les méprises ne font point des maux sans remede !

Mais revenons à M. Turgot & à la position dans laquelle il a laissé les finances de l'Etat. Par le détail que nous venons d'en mettre sous les yeux de nos Lecteurs, on voit qu'elles pouvaient marcher de leur propre pente, d'après une seule impulsion donnée, sans réformes nouvelles, sans améliorations d'aucun genre, sans autre soin que celui d'employer les fonds qui viendraient d'eux-mêmes au Trésor Royal. M. Turgot ne craignait pas cependant, il n'avait point à craindre d'être ainsi réduit aux seules ressources de l'inaction. Le cœur du Roi lui était trop connu pour qu'il n'en attendît pas des réformes utiles. On a vu qu'il y en avait plusieurs de projettées, & que dans le département de la Guerre nommément, on en pouvait faire de très-importantes, aussi convenables pour augmenter le bonheur & la force de l'armée que pour soulager les finances. M. Turgot avait poussé plus loin un projet de réforme considérable dans la Maison du Roi, dont le premier Ministre avait eu connoissance (67). Il avait lieu de se flatter de le voir adopter, & la suite a montré que nulle espérance n'était mieux fondée ; de sorte qu'il pouvait & devait présumer que la progression de ses opérations & de ses succès, serait bien plus rapide que celle dont nous venons d'exposer le tableau.

Tout ce qu'il y avait à faire était préparé. Nous avons déjà parlé d'un emprunt dont M. Turgot avait engagé le Roi à autoriser la négociation en Hollande, & pour lequel il

---

(67) Ce projet présentait au total, & pour la suite une économie de *quatorze millions* ; mais qui, par la nécessité des remboursemens, des pensions, & des indemnités auxquels cette réforme même donnait lieu, ne devait délivrer pour le moment que *cinq millions* de revenu. La cessation d'intérêts produite par les remboursemens des Charges, & l'extinction progressive des traitemens viagers, devaient ajouter environ *un million* tous les ans à ce revenu libéré, jusqu'à ce que le profit de la réforme fût complet.

avait les soumissions des plus fortes Maisons de Banque de ce pays.

Une partie du capital de cet emprunt, qui avait été fixé à *soixante millions*, dont moitié en rentes viageres sur une tête, à *huit* pour *cent*, & moitié en rentes perpétuelles à *quatre* pour *cent*, devait être employée à rembourser les anticipations, à mettre ainsi la finance au courant, & à rendre inutiles par-là tous les frais de banque & de services; & le surplus devoit hâter le remboursement des fonds d'avance des Régies, dont le taux d'intérêt était trop fort.

Quoique M. Turgot regardât les rentes viageres comme un très-grand mal, parce qu'elles donnent lieu à des spéculations dans lesquelles les Particuliers prêteurs dupent toujours les Gouvernemens emprunteurs; parce qu'on ne peut déterminer un homme au sacrifice barbare de sa postérité, qu'en le séduisant par l'appât d'un intérêt excessif; parce qu'avec le surplus d'intérêt qu'on est dans l'usage d'offrir, en ce cas, on rembourserait le capital en moitié moins de temps que les rentes viageres n'en mettent à s'éteindre; parce que l'institution de toute maniere de se procurer un gros revenu fans un travail utile, eft un établiffement corrupteur; parce que cette efpece de rentes dépravent les mœurs, multiplient les célibataires, détruifent l'efprit de famille, rendent les peres injuftes & les enfans peu refpectueux; la grande importance d'avoir des capitaux *étrangers* à verfer fur la place de Paris, l'avait déterminé à confentir à la demande qu'avaient faite les Hollandais d'avoir la moitié de la conftitution en rentes viageres, fous la condition expreffe, pour chaque Actionnaire, de prendre autant de rentes perpétuelles que de viageres: condition qui diminuait un peu le mal, qui, d'ailleurs, dans le plan adopté, ne portait que fur une Nation étrangere qui l'avait elle-même exigé, & chez laquelle l'économie, qui tient à fes mœurs, rend ce mal beaucoup moins grand.

La premiere impulfion donnée avec ces capitaux étrangers, M. Turgot comptait propofer au Roi de tenir toujours ouvert un emprunt à quatre pour cent, afin d'offrir un débouché à l'argent des capitaliftes qui n'en trouveraient plus l'emploi dans les anticipations du Gouvernement. C'était le moyen d'arriver, tant par des rembourfemens effectifs que par des reconstitutions volontaires, qui se font toujours aisément lorsqu'on voit la Nation se libérer avec rapidité, à réduire à quatre pour cent toutes les dettes dont le Roi paye l'intérêt à un taux plus fort, & d'augmenter d'environ *dix millions* de plus le fonds libre annuel. C'était celui, non moins intéressant pour un Ministre tel que M. Turgot, d'établir ce taux pour toutes les conventions de prêt d'argent entre les Citoyens, & par la simple force des choses, plutôt que par l'autorité d'une loi.

Depuis que les Anglais ont écrit sur cette matiere, on commence à savoir assez généralement combien il importe à la société que l'intérêt de l'argent soit bas ; parce que chacun voulant tirer de ses capitaux le plus de revenu qu'il peut, personne ne se livre aux entreprises de culture ou de Commerce, qui ne donneraient pas un profit au moins égal au taux de l'intérêt courant. C'est ce qui a porté plusieurs Gouvernemens à publier des Loix pour baisser l'intérêt de l'argent. Mais les Loix qui ne peuvent obliger personne de prêter son argent, s'il ne le veut, sont impuissantes pour fixer le taux de l'intérêt, puisque

que les emprunteurs furpaffent toujours dans leurs offres la fixation de la Loi, lorfqu'ils ne peuvent déterminer autrement les prêteurs. Et l'on a vu trop fouvent les Gouvernemens eux-mêmes, qui avaient voulu baiffer l'intérêt par des Loix, & déclarer ufuraire le prêt d'argent à un taux plus fort que celui qu'ils avaient fixé, donner l'exemple de violer leurs propres Loix dans leurs emprunts, & offrir aux prêteurs un intérêt au-deffus de celui qu'ils permettaient de prendre. M. Turgot, très-convaincu, comme on l'a déjà pu voir, que le commerce des capitaux prêtés devait être libre ainfi que tout autre, qu'il était fufceptible comme tout autre de recevoir la Loi de la concurrence, & n'était fufceptible que de celle-là, ne doutait point que lorfque le Gouvernement n'emprunterait plus qu'à quatre pour cent, & rembourferait fes dettes contractées fur un pied plus haut, l'intérêt ne tombât de lui-même à ce taux entre les particuliers, qui, à tout prendre, fe donnent plus de fûretés réciproques qu'ils n'en peuvent recevoir fur les engagemens des Nations emprunteufes. Il était donc certain que les entreprifes de culture, & de commerce soulagées d'un cinquieme du fardeau que le taux actuel de l'intérêt leur impôse, s'étendraient en conséquence, au profit de la population & de la masse des richesses renaissantes, sur les terres moins fécondes & les travaux aujourd'hui négligés; & cette perspective flattait jusqu'à l'attendrissement son cœur avide de bien faire.

C'était pour concourir à cette révolution si favorable, que ses autres opérations avaient déjà prodigieusement avancée, qu'il avait accepté les soumissions & autorisé l'entreprise de la Caisse d'Escompte. Elle s'était engagée à prêter au Gouvernement *dix millions* à quatre pour cent, remboursables en treize ans (68). C'était, en y comprenant les intérêts, & pour être acquitté du capital en ces treize années, la même dépense annuelle qu'on accorde communément aux rentes viageres qui sont de vingt-neuf à trente ans à s'éteindre. Outre ce fonds qu'elle devait fournir au Trésor Royal le premier Juin 1776, la Caisse en devait avoir un autre de *cinq millions* qu'elle destinait à escompter pour le

---

(68) Arrêt du Conseil du 24 Mars 1776.

Public des billets commerçables revêtus de trois signatures d'hommes connus pour solvables. Ce fonds qui devait être la bâse de son commerce, devait s'accroître tous les six mois, & à mesure que ce commerce s'étendrait, par le remboursement que le Gouvernement devait lui faire de *cinq cents mille francs*, afin d'effectuer en treize ans, & en vingt-six payemens, la solde des *dix millions* avancés, & de leurs intérêts à *quatre pour cent*. La Compagnie avait demandé la permission de faire le commerce des matieres d'or & d'argent; & celle dont elle espérait davantage de tenir en recette & dépense, & sans frais, les caisses de particuliers qui voudraient les lui confier, & de faire tous les recouvremens & payemens dont ces particuliers pourraient vouloir la charger pour leur compte, sans exiger d'eux aucune rétribution. La combinaison des Entrepreneurs était très-ingénieuse. Ils sentaient qu'en faisant circuler à quatre pour cent le capital considérable qu'ils avaient formé, & ayant commencé par établir la réputation de leur opulence, au moyen d'un prêt notable au Gouvernement, à un prix modéré, &

dont le capital devait en tout cas leur servir de caution, ils s'établiraient un grand crédit, & que leur caisse inspirant la confiance, deviendrait, préférablement à beaucoup d'autres, une caisse de dépôt. De sorte que prêtant avec sûreté leurs capitaux, & une partie de ceux qu'on leur aurait confiés, ils pourraient n'exiger que quatre pour cent, & cependant retirer un beaucoup plus grand profit de leur mise réelle.

Ils envisagerent vraisemblablement aussi que leur crédit établi & leurs billets ayant pris cours dans le commerce, ils pourraient escompter quelquefois sans argent pour les Négocians qui accepteraient en tout ou en partie leurs billets de caisse; de sorte que cet emploi à quatre pour cent d'un fonds imaginaire, augmenterait encore le bénéfice du fonds effectif.

M. Turgot les prévint qu'il n'empêcherait personne de les imiter, & que l'Arrêt du Conseil qu'il proposerait au Roi pour accepter leurs offres & autoriser leur établissement, ne contiendrait rien d'exclusif. Leur combinaison, dans la classe des entreprises licites de commerce, pouvait être plus ou moins heureufe ; mais leur propofition de prêter à l'Etat & de mettre en circulation dans le commerce un affez gros capital à quatre pour cent, ne pouvait que hâter la diminution générale de l'intérêt de l'argent : déjà fenfible par la facilité que le Clergé avait trouvée pour remplir fon emprunt, & par la demande des Etats de Languedoc, de Bourgogne & de Provence, d'être autorifés à rembourfer leurs dettes à cinq pour cent, & à reconftituer à quatre comme nous l'avons rapporté plus haut.

La Caiffe d'Efcompte ne tint point les engagemens qu'elle avait pris avec M. Turgot; foit qu'elle eût trop préfumé de fes forces, foit que le rehauffement qui fe fit fentir dans l'intérêt de l'argent après la difgrace de ce Miniftre, & qui arrêta pareillement la conclufion de l'emprunt qu'il avait négocié en Hollande, eût empêché les Entrepreneurs de raffembler au prix où ils s'en étaient flattés les fonds qu'ils avaient promis ; foit que la feule rapidité avec laquelle ils virent détruire un grand nombre d'opérations de M. Turgot, & cette efpece de plaifir que tout nouveau Miniftre femble avoir de dédire fon prédéceffeurs, les ait enhardis à demander d'être difpenſés de fournir au Tréſor-Royal des fonds qui pouvaient avoir plus d'activité dans leur propre caiſſe ; ils ſollicitèrent vivement, & obtinrent avec aſſez de facilité, d'être dégagés de leur parole envers le Roi, quoique conſignée dans un Arrêt du Conſeil. Le reſte de leur établiſſement ſubſiſte, & peut être regardé comme véritablement utile.

M. Turgot en a fait un grand nombre de toutes ſortes de genres, & tous reſpectables.

Il avait vu par ſes yeux combien il importait de rendre la Charente navigable depuis Civray juſqu'à Angoulême, & de perfectionner ſa navigation d'Angoulême à Rochefort. Il fit ordonner l'exécution des travaux qui avaient été projettés pour remplir cet objet de la plus grande utilité pour trois Provinces, & pour l'approviſionnement du Port de Rochefort (69).

Il avait extrêmement à cœur les progrès de la navigation intérieure. L'expérience avait fait voir qu'on ne peut examiner avec trop de ſoin les projets relatifs à la conduite des eaux, & qu'on peut être dangereuſement

---

(69) Arrêt du Conſeil du 20 Septembre 1775.

trompé, tant fur la dépenfe que fur la poffibilité des canaux, propofés fouvent avec plus de zéle que de lumieres, quand on s'en rapporte trop à des Ingénieurs qui ne font pas toujours affez profondément Géometres. Pour prévenir cet inconvénient, M. Turgot crut devoir propofer de confier à trois Géometres diftingués, avec le titre d'Infpecteurs-Généraux de la Navigation intérieure, l'examen de tous les projets de ce genre ; & il indiqua pour ces places importantes MM. *d'Alembert*, l'Abbé *Boffut*, & le Marquis *de Condorcet*. Un tel choix était affuré du fuffrage du très-petit nombre de rivaux que ces trois grands Géometres ont en Europe.

Ils ont commencé leur travail par des expériences fort curieufes fur la réfiftance des fluides, dont les détails & les réfultats font imprimés.

Pour completter cet établiffement, rendre les lumieres plus générales fur la fcience importante dont il eft l'objet, & former des Ingénieurs éclairés qui fachent les appliquer dans les Provinces à l'utilité publique, une Chaire d'Hydrodinamique était néceffaire. Elle a été fondée, & M. l'Abbé Boffut la remplit.

Le zéle & l'activité que nous avons vu M. Turgot déployer pour arrêter l'épizootie, ont donné naissance à la Société Royale de Médecine. La maladie s'était trouvée incurable ; & quand on eût pu guérir un petit nombre d'individus, le danger de répandre la contagion en s'obstinant à les traiter, & de laisser communiquer la maladie à une immense quantité d'animaux dont on ne pourrait encore sauver que très-peu, & qui répandraient à leur tour la mortalité sur une multitude d'autres, prescrivait de réprimer ce fléau par le sacrifice des animaux attaqués (70), par leur isolement, par leur séparation absolue des animaux sains. Ces mesures avaient enfin réussi ; & surtout par le parti que prit M. Turgot d'en confier exclusivement l'exécution à la force militaire & à une Magistrature accoutumée à la célérité de l'administration (71). Mais ce succès avait coûté des soins infinis, une grande multiplicité d'instructions qu'il fallait répéter sans cesse, une dépense énorme. La bienfaisance du Roi & la sagesse du Ministre avaient

---

(70) Arrêt du Conseil du 30 Janvier 1775.
(71) Arrêt du Conseil du 1 Novembre 1775.

prodigué les gratifications & les secours. On avait payé aux Propriétaires le tiers des animaux immolés, on avait payé des gratifications pour appeller dans les Provinces affligées, de nouveaux animaux de labour (72); on en avait donné pour encourager le zèle des Troupes; & l'épizootie avait consumé près de *quatre millions* à l'Etat, sans les pertes particulieres des Provinces qui devaient se monter au moins aussi haut. Mais quelque nécessaire que fût le parti qu'on avait pris, il avait lui-même fait vivement sentir combien il eût été à désirer qu'on eût pu dans les commencemens arrêter le mal avec des remedes plus doux. Il était donc utile de tourner de ce côté les spéculations des Médecins & des Physiciens, & le plan le plus sage semblait être de former un Corps dont le devoir perpétuel fût l'examen & le soin des maladies contagieuses sur les hommes & sur les animaux. C'est ce que fit l'Arrêt du Conseil du 29 Avril 1776, qui établit dans cette vue une Com-

_____

(72) Arrêt du Conseil du 8 Janvier 1775, ci-dessus cité. Autre Arrêt du Conseil pour le même objet, du 28 Octobre de la même année.

sion Royale de Médecine. Et c'est cette Commission qui prenant une forme plus Académique, est devenue la *Société Royale de Médecine*, qui sera triplement utile, par l'objet particulier de ses recherches, par l'émulation qui anime ses Membres, & par celle qu'elle inspire aux autres Docteurs de la Faculté, qui, depuis la fondation de la Société Royale, est devenue elle-même une Académie.

Dès le commencement de son ministere, M. Turgot avait engagé le Roi à fonder dans les Ecoles de Chirurgie à Paris, un hospice de six lits pour les maladies chirurgicales; & cet établissement avait été fait, ainsi que celui d'un Professeur de Chymie Chirurgicale, par Edit de Décembre 1774.

Le même desir de contribuer plus efficacement au soulagement des pauvres malades, fit porter à *deux mille deux cents cinquante-huit* le nombre des boëtes de remedes, que la bienfaisance du Roi fait distribuer tous les ans dans les Provinces aux personnes éclairées & charitables qui se font un devoir d'assister le Peuple dans ses infirmités. On n'en distribuait auparavant que *sept cents soixante-quatorze* (73).

On établit une forme pour assurer la publicité des secrets & des remedes, dont le Roi fait souvent l'acquisition, sous la condition de ne les publier qu'après la mort des Inventeurs. Plusieurs de ces secrets étaient restés ignorés dans la poussiere des Bureaux qui en étaient dépositaires. M. Turgot & M. de Malesherbes firent ordonner qu'il en serait à l'avenir déposé sous cachet un duplicata dans les archives de la Faculté de Médecine, à laquelle les propriétaires seraient tenus d'envoyer tous les six mois leur certificat de vie, & qui, lorsque le certificat manquerait, devrait ouvrir le dépôt, publier le remede dans les Journaux, & en faire remettre la recette à tous les Apothicaires de Paris (74).

Le remede contre le ver solitaire fut acheté de la veuve Nouffre, & publié sur le champ.

M. Turgot encouragea, conjointement avec le Ministre de la Guerre, les expériences que

---

(73) Arrêt du Conseil du 9 Février 1776.
(74) Ordonnance du 12 Avril 1776.

M. Parmentier fit aux Invalides, & dont le résultat fut d'améliorer le pain du Soldat.

Il protégeait l'entreprise du Dictionnaire du Commerce, s'étant convaincu par l'examen qu'il avait fait du travail de l'Auteur, que cet Ouvrage contiendrait la meilleure Géographie commerçante, le recueil le plus curieux de faits sur les matieres & les objets du commerce, & d'excellens principes d'administration. Il se faisait un plaisir d'y coopérer lui-même.

Il avait chargé *M. l'Abbé Roubaud* d'écrire l'Histoire des Finances depuis le commencement de la Monarchie, & il comptait lui assurer un traitement convenable pour cet Ouvrage important.

On a vu qu'il avait pris l'agrément du Roi pour envoyer aux Indes un Savant, *M. de Saint-Emond*, qui devait y recueillir des lumieres sur l'Histoire Naturelle, acquérir des connaissances pour la perfection des salpêtrieres, faire passer en Europe les graines des plantes utiles, & sur-tout le riz sec qui se cultive dans les montagnes, & n'a besoin que d'une chaleur modérée. Le vaisseau qui portait ce Savant estimable, a péri dans la traversée, & cet événement funeste nous prive des fruits d'un voyage dont le plan avait été formé, & les instructions dirigées par M. Turgot.

Il demanda encore la permission & les moyens d'envoyer au Pérou *M. d'Ombey*, & principalement aussi pour y recueillir des graines de plantes utiles & propres à se naturaliser en Europe. M. d'Ombey a justifié son choix, & a déjà envoyé plusieurs graines très-précieuses, avec des instructions sur leur culture.

Il avait envoyé en Corse *M. l'Abbé Rosier*, si avantageusement connu par ses lumieres en Physique & en Economie Rustique. M. l'Abbé Rosier y devait établir une Ecole d'Agriculture, & y montrer particulierement aux Corses à perfectionner leurs vins & leurs huiles.

On a suffisamment vu que ces opérations particulieres si favorables aux Sciences, & aux Sciences utiles, n'arrêtaient point l'activité des opérations publiques dont l'objet était toujours le rétablissement des Finances par le soulagement du Peuple.

Le pays de Gex, situé à une extrêmité de la France, entre la Suisse, la République de

Genève & la Savoie, exigeait de la part des Fermiers-Généraux une garde dispendieuse & inévitablement vexatoire pour les Habitans. Sur la demande des Etats de Gex, M. Turgot fit calculer ce que les Fermiers-Généraux retiraient de net de ce petit canton. Feu M. *Trudaine* le fils, qui avait été témoin de la triste situation du pays de Gex, & en partie l'organe de ses plaintes, porta sur ce travail le zèle pour le bien public héréditaire dans sa famille, & l'activité qui lui était personnelle. Il fit défalquer de tous les produits tous les frais d'une perception, que la position topographique du pays de Gex rendait encore plus compliquée qu'elle ne l'est dans le reste du Royaume. Cette recherche faite avec beaucoup d'exactitude, & de sagacité, constata qu'en retranchant des recettes toutes les dépenses qui leur étaient relatives, le pays de Gex ne produisait pas trente mille francs à la Ferme-Générale pour les droits de toute espèce, Gabelles comprises. Moyennant un abonnement de trente mille francs par an, auquel les Etats de Gex se sont soumis, leur pays a été mis hors de la ligne des Bureaux de la Ferme-Générale, qui s'est obligée de lui fournir à prix marchand une quantité de sel limitée relativement à sa consommation. La liberté s'est assise dans ce coin du monde, & le Pays a fait graver une médaille en mémoire de cet événement.

Il n'est pas vraisemblable que ce fût le seul canton du Royaume par rapport auquel un grand changement dans la forme de plusieurs impositions, pût être également avantageux aux Finances & au Peuple. M. Turgot s'en était sérieusement occupé. Il croyait devoir supprimer plusieurs droits; en convertir un grand nombre d'autres en des impositions moins onéreuses; réunir dans la main d'une seule Régie, aux produits de laquelle les Régisseurs seraient intéressés, les impositions indirectes dont les circonstances forceraient de prolonger encore quelque temps la durée; choisir pour cette Régie les plus habiles & les plus distingués de nos Financiers actuels. Mais l'équité demandait que ces arrangemens fussent faits l'argent à la main, pour rembourser les Compagnies desquelles on a eu l'imprudence de prendre des fonds d'avances considérables; ce qui gêne beaucoup l'autorité réelle du Roi & le droit inaliénable qu'il a de réformer toute impôsition nuisible à ses Finances & à son Peuple. Il n'y a point de mauvaise institution qui n'ait ainsi poussé de profondes racines, vraiment difficiles à extirper.

La prudence voulait encore que le Roi se fût assuré les moyens de ne trouver aucune résistance puissante à ses intentions paternelles. Les gens qui s'abandonnent au plaisir peu civique de tout fronder, crient sans cesse que rien n'est plus aisé que les grandes réformes, dont chacun sent en effet la nécessité. Il n'en est aucune cependant qui ne demande beaucoup de précautions, & des plans très-sagement liés. Celles même qui sont les plus universellement desirées, si elles étaient tentées par une main mal habile ou sans vigueur, ou par des têtes ardentes & sans suite, trouveraient des obstacles peut-être insurmontables. Le murmure contre les Gabelles est très-général. Il est démontré qu'elles coûtent au moins *quatre-vingt millions* à la Nation, pour environ *cinquante* qu'elles produisent au Roi; qu'elles sont de plus excessivement nuisibles à l'agriculture, au commerce, à la liberté des hommes, à la fécondité des terres, à la conservation

servation des bestiaux. Eh bien ! le Ministre qui entreprendra de suppléer aux Gabelles par une autre imposition de *cinquante* ou *soixante millions* de revenu, & de soulager ainsi les contribuables de *vingt* ou *trente millions*, s'il n'est pas d'une prudence consommée & d'une inébranlable fermeté, & s'il ne prépare à l'avance tous les moyens de son opération jusques aux plus petits, éprouvera la plus folle résistance, les déclamations les plus odieuses, les oppositions les plus absurdes. Il sera peut-être victime de son zéle pour le bien public & pour l'intérêt commun le plus reconnu, le plus grossierement sensible du Roi & du Peuple. Puissions-nous en écrivant ceci nous tromper complettement ! Mais hélas ! les obstacles qu'ont rencontrés plusieurs des projets visiblement bienfaisans de M. Turgot, semblent trop bien prouver que, telle que soit l'autorité du Roi, il ne pourra jouir d'assez de puissance pour réformer les abus les plus nuisibles à son Peuple & à lui-même, que lorsqu'il appuiera ses intentions paternelles de l'union des volontés & des forces de sa Nation entiere. Aussi M. Turgot croyait-il que l'établissement de tous les degrés d'Administrations municipales, depuis celle de la généralité du Royaume jusqu'à celles des Paroisses, devait précéder toute autre grande opération. C'est ce qui rendait véritablement amers à son cœur, c'est ce qui a rendu si funestes à l'Etat, les événemens qui ont retardé cette institution majeure, de sorte qu'elle n'a pu avoir lieu sous son ministere, & qui par-là peut-être s'y sont opposés pour jamais.

Mais si des intérêts particuliers, qui réunissent contre le bien général un grand nombre d'individus, ou des corps puissans dans la Nation, peuvent balancer l'autorité du Roi qui parle seul pour cette Nation dénuée d'organes, tout murmure privé serait sans force contre le Roi parlant à la tête de sa Nation, & ayant fait sentir aux Députés de ses Provinces la justice des vues qu'il suivrait & des mesures qu'il prendrait pour l'intérêt public.

Aussi aurait-ce été dans l'assemblée des Députés des Provinces soumises aux Aides & aux Gabelles, que M. Turgot aurait exposé ce que ces impositions coûtent au Peuple, ce qu'elles rendent au fisc, ses projets, & les moyens qu'il croyait justes & raisonnables pour leur remplacement. Ç'aurait été aux

Provinces elles-mêmes qu'il aurait confié le foin de l'exécution. Il leur aurait feulement prefcrit de refpecter toutes les exemptions anciennes, mais de n'en établir aucune nouvelle. La Gabelle, par exemple, porte fur les Citoyens de tous les ordres, excepté un très-petit nombre qui, en vertu de leurs charges, jouiffent, fous le titre de *franc-falé*, d'une exemption bornée à la confommation perfonnelle de leur maifon. Tous les ordres de Citoyens doivent donc contribuer au remplacement de la Gabelle, & ce n'eft porter atteinte à aucun privilege fubfiftant que de les y foumettre. M. Turgot aurait defiré qu'après avoir fait fentir que le remplacement de la Gabelle n'eft point injufte, on effectuât ce remplacement dans toute fon étendue, fur tous ceux qui font aujourd'hui foumis à l'autre maniere de lever la même impôfition, & précifément pour autant qu'elle leur coûte. Et comme il en ferait réfulté environ *trente millions* d'augmentation de revenu pour l'Etat, dont il ne voulait point faire profiter le fifc, il aurait propofé au Roi de fupprimer tous les Droits de Traite, & ceux du Domaine d'Occident qui, réunis, montent à environ *dix-neuf millions*, & de diminuer *onze millions* sur les Tailles.

L'abolition des droits de traite était une grande vue politique, qui devait nous donner sur l'Angleterre une supériorité si prodigieuse, qu'il eût été impossible à cette Puissance de lutter à l'avenir contre nous. Elle a environ *soixante-douze millions* de revenus (75) établis sur des droits de traite; elle se serait vue forcée de les sacrifier, & alors de diminuer sa puissance de tous les efforts que solde ce revenu, ou de voir fuir en France presque tout le commerce sur lequel ce revenu même est fondé. Car de deux Etats aussi voisins l'un de l'autre, celui qui voudrait s'obstiner à lever *soixante-douze millions* sur le commerce, tandis que l'autre ne lui demanderait rien, doit s'attendre à voir le commerce presque entier passer du côté de la franchise.

M. Turgot comptait charger l'assemblée de chaque Province de la régie des Eaux & Forêts comprises dans son arrondissement, & réformer cette branche d'administration où

---

(75) Monnoie de France.

les abus dévorent le fonds, Le profit de toutes les améliorations succeſſives, produites par les ſoins des Provinces, devait être conſacré à la diminution des tailles.

C'était encore par les Provinces qu'il comptait faire améliorer le ſort des Curés, & avec leur concours qu'il voulait trouver les moyens d'y pourvoir.

Mais juſqu'à l'établiſſement des Etats ou de l'adminiſtration municipale du Royaume, il croyait devoir ſe borner aux opérations qui par leur nature n'avaient à dépendre que de la ſeule volonté du Roi.

Tel était un arrangement très-important qu'il préparait & que l'on doit beaucoup regretter qu'il n'ait pu conduire à ſa fin.

La deſſuétude, la rapidité avec laquelle le courant des affaires entraîne, le défaut d'un plan de comptabilité aſſez judicieux, qui puiſſe ſe prêter à la variété des beſoins publics, & aux circonſtances qui font que quelques-uns d'entre eux ne ſont ſoldés que long-temps après leur échéance, que pluſieurs part-prenans négligent ou ſont empêchés de retirer leurs fonds, que pluſieurs rentrées elles-mêmes ne s'effectuent pas dans le temps où on les attendait : toutes ces causes réunies & augmentant l'intensité les unes des autres, ont produit dans le travail de la Chambre des Comptes, un retard, devenu inévitable, si l'on ne perfectionne beaucoup cette branche de l'Administration. En 1774, les comptes des Trésoriers les moins arriérés, l'étaient de cinq ans. Quelques-uns l'étaient de six, d'autres de sept, d'autres de huit, celui des Bâtimens l'était de douze, & celui de la Caisse des Amortissemens de treize (76). Les Ministres des finances ont dans leurs travaux celui purement technique, d'imprimer des formes légales aux comptes de l'Administration de leurs prédécesseurs. Et le Roi consume lui-même un temps considérable à signer, parapher & approuver ceux de son Ayeul.

Il suit de cette forme que la comptabilité, dont les élémens & les titres se reglent long-temps après coup, n'est devenue à beaucoup d'égards qu'une vaine formalité, qui ne peut satisfaire que la curiosité des spé-

---

(76) Déclarations des 12 & 22 Janvier 1775, & du 11 Mai 1776.

culatifs, & ne donnerait pas toujours des matériaux très-solides pour l'histoire.

On vérifie tard l'état définitif de quelques Caissiers. On les poursuit, s'ils se trouvent redevables, ou leur famille après leur mort. Mais l'état habituel des Caisses, les moyens effectifs & présens de la Nation, sont profondement ignorés.

M. Turgot a d'abord songé à hâter la marche, afin qu'on pût rendre deux comptes dans une année, & se rapprocher ainsi du courant (77). Il avait imaginé ensuite d'épargner au Roi & à lui-même tout le travail relatif aux comptes antérieurs, en autorisant quelques Conseillers d'Etat à faire les signatures & les paraphes nécessaires pour mettre en régle la comptabilité passée, dont on aurait confié l'expédition à différens comités de la Chambre. Et avec le secours de *M. de Fourqueux*, Administrateur d'une sagesse & d'une modestie rares, qui a été pendant vingt-cinq ans, avec la plus haute distinction, Procureur-Général de la Chambre des Comptes, il avait préparé le projet d'une

---

(77) Voyez les trois Déclarations ci-dessus citées.

forme qui mît la Chambre à portée de juger chaque année la comptabilité des recettes & des dépenses effectives de l'année précédente, & de vérifier en tout temps l'état des Caisses ; & que lui procurât à lui-même la satisfaction de n'être occupé que de la comptabilité du temps de son administration, de la tenir toujours au courant, toujours sous les yeux du Roi, de la Magistrature & du Public.

Il avait encore plus avancé le plan d'une réforme dans l'assiette & la régie de l'imposition qui se leve sur la fabrication des cuirs. Dans l'état actuel, la perception de cette imposition est attachée à une marque qu'on imprime sur le cuir. Mais la nature des peaux susceptibles de s'étendre par l'humidité & de se resserrer par la sécheresse, laisse toujours lieu de soupçonner la fraude, & met dans l'impossibilité de reconnaître la fidélité des marques apposées par les Employés & avec les coins du fisc. Il en résulte une infinité de procès plus à charge à la Nation que l'impôt même, & qui causent & ont causé le plus grand préjudice aux Tanneries. M. Turgot avait fait constater l'état de cette fabrique importante; & touché de sa décadence, il avait préparé les moyens de substituer au droit qui se leve pour la marque des cuirs, une imposition qui n'aurait jamais pu devenir vexatoire ; qui aurait épargné aux fabriquans le trouble des visites & les frais litigieux par lesquels on les peut ruiner arbitrairement, & qui leur sont plus onéreux que la taxe qui en est l'objet. Dans ce soulagement universel du Peuple, l'Etat aurait profité d'un million de revenu qui se consume annuellement en frais de Régie pour cette opération. Cet arrangement eût été d'un avantage inestimable pour la fabrication des cuirs, pour le nourrissage & la multiplication des bestiaux, pour l'agriculture dont la fécondité & la richesse dépendent de la quantité d'animaux qui lui fournissent des engrais.

M. Turgot avait disposé une réforme semblable dans la marque des fers, & qui eût considérablement augmenté l'activité des forges, animé l'exploitation des mines.

Il avait porté sur l'administration des Monnoies un œil attentif. Il y voyait beaucoup à perfectionner, tant sur les régles de la comptabilité, que sur l'étendue donnée par les

Ordonnances à la liberté de fabriquer les pieces un peu légeres, & à un titre un peu inférieur à celui que ces mêmes Ordonnances prescrivent. On appelle cette premiere liberté *remede de poids*, & la seconde, *remede de loi* ou *d'alloi*. Cette tolérance paraît au premier coup-d'œil fondée en raison ; quoique la monnoie doive être d'un certain poids & à un certain titre, on a représenté que l'alliage de toutes les parties d'une fonte était si difficile à mêler exactement, & en quantité parfaitement proportionnelle sur toutes ses parties, qu'on devait accorder une petite limite dans laquelle la Monnoie serait encore recevable, quoique de quelque chose au-dessous du titre ; & la précision géométrique du poids plus aisée à saisir, ne pouvant cependant être entierement atteinte, on a cru devoir fixer aussi une certaine borne, dans laquelle la Monnoie, quoiqu'un peu faible de poids, ne pourrait être refusée. M. Turgot regardait ces raisonnemens comme illusoires. Il voyait très-bien que si l'Ordonnance qui fixe un titre & un poids à la Monnoie, tolere qu'elle puisse manquer en la moindre chose à l'un ou à l'autre, ce n'est plus la fixation qu'a desirée le Législateur, mais celle de la tolérance, qui devient la véritable fixation de la Loi; & que la fabrication doit se rendre habile à marcher sur les dernieres bornes de la tolérance, puisque l'écu ayant tout le *remede de poids*, & tout celui *de loi* que l'Ordonnance accorde, se vend précisément aussi cher que celui pour lequel on n'a pas usé de cette liberté. Il en résulte que les Monnoies comptent inévitablement sur le pied d'un plus grand nombre de marcs de métaux précieux qu'elles n'en emploient. Si l'on considere la fabrication totale du Royaume, on trouvera que la somme devient assez considérable pour mériter que le Gouvernement s'en occupe; & il est assez clair que puisqu'on arrive avec exactitude aux limites de la tolérance, on pourrait tout aussi-bien se tenir aux véritables limites que le Législateur a eues en vue. Une ligne n'est pas plus difficile à suivre qu'une autre qui lui est parallele.

Quant au poids, on peut arriver à une précision extrême. En pesant en masse, les erreurs d'une piece à l'autre deviennent insensibles.

Quant au titre, la plus grande sûreté consiste à fabriquer au dernier degré de fin, du moins toutes les pieces qui sont assez fortes pour recevoir une empreinte profonde, & dans lesquelles par conséquent le plus ou le moins de malléabilité du métal, ne fait pas un inconvénient sensible. D'ailleurs une Monnoie n'a pas essentiellement besoin d'une grande dureté ; les Ducats de Hollande qui sont d'un très-bon or, & qui se roulent dans les doigts, sont une belle & bonne Monnoie.

M. Turgot comptait bannir les Monnoies de Billon qui ne peuvent avoir de valeur réelle que celle de l'argent qu'elles contiennent, puisqu'on n'en pourrait séparer le cuivre qu'avec une dépense au-dessus de sa valeur ; dans lesquelles par conséquent le cuivre est perdu, & qui d'ailleurs sont très-faciles à contrefaire, en augmentant la dose d'alliage, sans que l'on puisse s'en appercevoir dans le Commerce courant. On sait qu'à *Birmingham* il y a fabrique presque publique de pieces de deux sols au coin de France, & qu'elles sont à Calais, à Dunkerque & sur toute la côte, un objet de contrebande très-considérable. M. Turgot comptait remédier à cet abus, en faisant fabriquer des pieces de deux sols d'argent, en forme d'anneau, & en ne conservant de monnoie inférieure que celle purement de cuivre.

Il avait vérifié que malgré le droit de Monnoyage du Roi, les Monnoies, au lieu d'être un objet de revenu pour l'Etat, en étaient un de dépenfe, tandis que la Nation prenant cependant la monnoie pour un prix au-deffus de fa valeur, fe trouvait par-là foumife à un véritable impôt.

Il trouvait encore dans la fabrication de nos Monnoies une perte réelle de travail, de temps & de charbon, perte onéreufe en foi à l'humanité, puifqu'il faut la payer fur la valeur des Monnoies. Le métal, d'abord frappé en piaftres au Pérou, arrive en Europe, où nous l'achetons & le remettons à la fonte pour le refrapper en écus. M. Turgot, vu l'amitié qui unit les deux Couronnes, & l'évidence du fait que nous ne frappons pas un feul écu qui n'ait déjà été frappé une fois en piaftres, croyait poffible & utile d'obtenir de la Cour d'Efpagne de faire frapper tout de fuite au coin de France en fa monnoie du Pérou, la quantité de métal qu'exigent les befoins de nos Monnoies; de forte que la dépenfe de la fabrication françaife fe trouverait épargnée en entier, fans que nous en euffions moins d'écus aux armes & à l'effigie du Roi. La même convention pourrait fe faire avec la

Suede pour les Monnoies de cuivre. Lorsqu'une dépense de main d'œuvre est inutile, ou peut entraîner moins de frais chez l'Etranger, il ne faut pas croire que ce soit une raison pour la conserver, que d'en donner le travail aux nationaux. Les nationaux trouvent toujours assez d'occupation lorsque les revenus de la Nation ne sont pas diminués ; ils en trouvent toujours davantage lorsque ces mêmes revenus sont augmentés par une sage économie. La Nation d'ailleurs a tant de choses à vendre ; elle a si grand besoin que les Peuples étrangers aient l'occasion, le desir, & sur-tout le moyen de les lui acheter, qu'elle doit saisir avec empressement toutes les conjonctures qui peuvent la mettre à portée d'ouvrir avec eux de nouvelles branches de Commerce ; car il n'y en a point qui ne soient réciproques (78) & à l'avantage des deux contractans.

―――――――――――――――――――――――

(78) On avait autrefois des idées si peu justes sur ce que c'est que vendre & acheter, qu'on ne regardait, pour ainsi dire, comme vente que ce qui était soldé en argent : de sorte qu'on croyait le commerce d'une Nation bien plus avantageux pour elle lors-

Témoin des maux réels & des chagrins amers que cause, au Peuple des campagnes, la maniere établie de lever les Milices,

---

qu'elle achetait des métaux précieux pour la valeur de ses productions ou de ses marchandises, que lorsqu'elle était payée en autres productions, ou en autres marchandises à son usage.

On n'avait pas réfléchi qu'une Nation qui se trouverait, par la balance de son commerce, avoir acheté plus de métaux qu'il ne s'en use habituellement chez elle en monnoie, en vaisselle & en bijoux, éprouverait en cela un malheur réel. Car elle ne pourrait faire usage alors de ces métaux qu'en rachetant à d'autres étrangers d'autres productions ou d'autres marchandises, qui se trouveraient en résultat être le prix de celles qu'elle aurait données d'abord pour les métaux, & par cette manœuvre ses jouissances seraient chargées des doubles frais d'un double commerce; ou bien la consommation de la vaisselle & des bijoux s'accroîtrait chez elle, espece de faste qui donne peu de jouissances, qui répand peu de salaires, & qui ne procurant que des plaisirs d'opinion fondés sur l'inégalité des fortunes, tend à la dépravation des mœurs.

Il faut acheter des métaux aux Nations propriétaires de mines; parce que c'est la production de leur territoire, & que c'est leur procurer le moyen de se pourvoir en retour des productions & des marchandises des Nations cultivatrices & fabriquan-

M. Turgot pressait le Ministre de la Guerre de donner à la formation des Régimens Provinciaux une régle différente, & au lieu d'em-

---

tes, qui donnent pour ces métaux les fruits de leur culture & de leur travail.

Quant aux Nations qui n'ont pas plus de mines les unes que les autres, elles doivent desirer d'être payées mutuellement en denrées ou en travaux, parce que cette façon de solder les achats étant la plus avantageuse pour chacune d'elles, c'est celle aussi qui fournit le plus de moyens de multiplier entre elles les achats & les ventes avec profits réciproques.

C'est d'après ces principes que M. Turgot n'était point effrayé lorsqu'il trouvait que ses vues d'économie générale pouvaient être liées à quelque portion de dépense faite chez l'étranger : il savait que le commerce ferait tourner ce gain de l'étranger en profit pour la Nation même, qui aurait de plus celui de l'économie qu'on aurait établie dans ses dépenses ; d'où résulterait pour elle une plus grande somme de revenus libres.

Au reste, dans l'idée de faire frapper nos écus au Pérou, il n'y a que l'épargne du monnoyage pour nous, sans multiplication de salaires pour les étrangers ; car les piastres que nous achetons y ont été frappées, & il n'en coûte pas plus de façon pour faire d'un morceau d'argent un écu par l'empreinte des armes de France, que pour en faire une piastre par celle des armes d'Espagne.

ployer le sort pour désigner les Miliciens, de permettre aux Communautés d'enrôler un homme de bonne volonté, dont elles répondraient, qu'elles auraient intérêt à bien choisir, & qu'elles renouvelleraient au besoin. L'expérience lui avait fait voir dans son Intendance, qu'il était impossible que le tirage des Milices fût réglé avec l'équité qui serait desirable. Les variations perpétuelles des demandes ; le peu de soin qu'on a eu pour proportionner les premiers tirages à la durée des engagemens, de sorte qu'on pût faire chaque année une levée à-peu-près égale ; la difficulté pour subvenir à des levées tantôt très-fortes, tantôt presque nulles, de classer & d'unir les Paroisses d'une maniere qui ait aucune stabilité ni une proportion réguliere; répandent un arbitraire effrayant sur la répartition de cette contribution sociale.

Ils ont certainement été très-coupables, quoique sans le savoir, ceux qui, par une rigueur inutile & déplacée, sont parvenus à rendre odieuse à la Nation, peut-être, qui se pique le plus aisément d'honneur, & qu'il est le plus facile de porter à l'héroïsme militaire, l'obligation de se dévouer pour le service de la Patrie.

Les Communautés fournissant un Soldat Provincial volontaire, ne verraient plus les familles & les travaux dérangés par un hasard cruel. La Milice se réduirait pour elles à une légère contribution en argent, qu'elles n'évitent pas dans la forme actuelle ; car l'usage d'assurer une somme au Milicien, usage qu'il a bien fallu tolérer par-tout, malgré les Ordonnances qui le proscrivent, coûte plus que ce qu'elles auraient à sacrifier pour enrôler un Soldat qui leur serait connu, qu'elles pourraient s'attacher par une petite demi-solde, qui servant de bon gré servirait mieux, & qui ne pourrait jamais manquer, puisque sa Communauté en garantirait le remplacement. La seule chose que demandait M. Turgot, pour qu'on pût exiger avec justice ce remplacement des Paroisses qui s'y verraient soumises, était qu'on s'engageât à ne point incorporer les Soldats Provinciaux dans les autres Corps ; mais qu'en les dressant tous les ans par quelques semaines d'assemblée, on les employât au besoin en Corps de Régimens vraiment Provinciaux, & intéressés par un préjugé national à soutenir l'honneur de leurs Provinces respectives. La grande utilité & les nobles services qu'on a tirés des Grenadiers-Royaux, chez lesquels cependant on n'avait pas songé à mettre en œuvre ce penchant naturel à honorer le pays où l'on est né, montre que le plan de M. Turgot était militairement bien vu ; le soulagement & la consolation qu'il eût répandus sur les campagnes, ne peuvent s'exprimer.

Il ne faut point se lasser de répéter que c'est dans les campagnes que germent la gloire des Monarques, la puissance & la prospérité des Empires. L'Administrateur qui ne saurait qu'inspirer de la confiance à des Capitalistes oisifs, & manœuvrer habilement l'argent ou les engagemens qu'il tirerait d'eux, mais qui négligerait de favoriser les travaux champêtres, de faciliter le commerce de leurs productions, d'appeller par l'instruction, par la liberté, par la sûreté personnelle, l'aisance, les lumieres, les bonnes mœurs sur les familles rustiques, pourrait éblouir une Cour, & même une Ville, mais ne saurait servir ni une Nation, ni un Roi. Tel n'était point *Sully*, qui disait : que l'*Agriculture & le Commerce sont les mammelles de l'Etat*. Tel n'était point M. Turgot. Il combinait de loin, avec une profonde sagacité, tous les moyens d'étendre & d'augmenter le bonheur du Peuple, & sur-tout du Peuple des champs. Il y songeait à la fois en sage économe & en pere tendre; en Ministre, *chargé*, comme il le disait, *de faire aimer l'autorité de son Souverain*, & en Ministre des Finances ayant à lui procurer tous les moyens de puissance & de bienfaisance, dont le Chef d'un si beau Royaume & d'une si bonne Nation doit pouvoir disposer.

On a beaucoup parlé de ses principes & de ses plans relativement aux droits féodaux; & comme il entrait dans les vues de l'intrigue qui espérait le renverser, qui enfin y est parvenue, d'exciter contre lui les plaintes de la Noblesse, on en a parlé avec autant d'animosité que d'ignorance. Il faut dire en quoi ils consistaient.

M. Turgot qui était lui-même de la plus pure & de la plus ancienne Noblesse, ne pouvait en être l'ennemi, comme on le criait & le faisait crier; mais il ne croyait point qu'il fût essentiel à la Noblesse d'exercer des droits vexatoires. L'honneur de descendre d'une longue suite d'ayeux remarquables par les services qu'ils ont rendus à la Patrie, & les distinctions qui, dans la société, sont inséparables de cet honneur; la préférence, *à mérite égal*, en toute concurrence avec les Citoyens d'un ordre inférieur, lui paraissaient les attributs vraiment précieux de la Noblesse : attributs si bien fondés en raison, & si parfaitement établis sur la nature des choses, que nulle autorité ne pourrait les enlever aux familles illustres. Chacun de nous est naturellement porté à étendre sur les enfans d'un homme estimable, une partie de la considération que leur pere a méritée. Ce sentiment que nous ne pouvons refuser à une seule génération d'hommes vertueux, doit sans doute augmenter de force lorsqu'il peut s'appliquer à plusieurs générations accumulées; & les familles, qui pendant cinq siecles, ont de pere en fils obtenu l'estime publique, par leur loyauté, leurs vertus & leur valeur, ont certainement un droit imprescriptible aux témoignages les plus éminens du respect que leur nom, *porté avec honneur*, doit inspirer à tous les bons citoyens, à tous les hommes justes & sensibles.

Mais, encore une fois, il n'y a aucun rapport entre ce respect, qui donnerait naissance à la Noblesse si elle n'existait pas, qui maintiendra toujours celle qui existe, & le droit institué dans des temps d'usurpation & de barbarie, de nuire à l'agriculture, au commerce, à la liberté des hommes, & de gêner la plupart des conventions utiles. Aussi ne peut-on pas dire que la sagesse des Loix ne dût point ouvrir au Peuple tous les moyens de libération qui ne porteraient pas atteinte au droit de propriété des Seigneurs, qui pourraient même résulter du libre usage de ce droit de propriété. On ne peut pas dire non plus qu'aucun des droits féodaux doive avoir une extension arbitraire, & que la Loi ne doive pas les contenir dans la borne rigoureuse de leur institution.

La seule Loi que M. Turgot ait rédigée, & qu'il ait été au moment de présenter au Roi, relativement aux droits féodaux, regardait ceux de bannalité. Ces droits ayant été institués seulement sur les denrées destinées à la consommation des Communautés qui y sont soumises, M. Turgot croyait devoir empêcher qu'on les étendît sur les denrées, uniquement réservées au commerce, & qui excedent la consommation des habitans bannaux amiablement estimée. Cette Loi était visiblement dictée par l'équité.

M. Turgot comptait proposer au Roi d'accompagner ce réglement, si juste, par le bienfait envers les vassaux des terres du Domaine, de l'exemption des droits de bannalité, dont le Roi jouit comme Seigneur de ces terres. Personne ne peut encore contester au Roi le droit d'exercer cette bienfaisance, ni blâmer le Ministre qui la lui conseillait, qui avait calculé la très-petite perte qui pouvait en résulter pour les Finances, l'avantage qu'en retirerait le Peuple, celui du bon exemple, & les autres compensations que le commerce plus animé pouvait procurer aux Finances mêmes.

Il comptait aussi supprimer tous les droits de bannalité appartenans aux Corps Municipaux, comme il l'avait fait à Rouen; & trouver dans une meilleure administration des revenus des villes, de quoi compenser pour elles la très-petite perte que pourrait leur causer l'abolition de leur droit exclusif. On a vu qu'il distinguait le privilege exclusif, onéreux au Public, de la propriété des moulins, fours & preſſoirs bannaux, qui doit toujours être reſpectée, & de la liberté de leur uſage qui doit être maintenue avec ſoin (79).

L'intérêt preſſant de favoriſer l'égale & juſte diſtribution des grains & des farines, & de faciliter l'approviſionnement des Provinces qui pourraient en manquer, avait preſcrit de commencer toute opération ſur les droits féodaux par celui-là.

M. Turgot ſe faiſait rendre compte de tous les autres droits qui appartiennent au Roi au même titre, afin d'en mettre le tableau ſous ſes yeux, & de lui propoſer l'abolition de celui de ſervitude perſonnelle dans les Domaines où il avait encore lieu, & celle des droits ſur les échanges qui nuiſent tant dans toutes les Provinces à la diſtribution la plus avantageuſe des propriétés, & à la réunion des héritages en grandes pieces, ſi favorable à l'agriculture. Le premier de ces projets a été exécuté depuis, avec l'applaudiſſement univerſel des mêmes perſonnes qui en avaient blâmé la penſée chez M. Turgot. Le ſecond aurait pû l'être.

---

(79) Ci-deſſus pages 64, 65 & 66.

Il comptait encore propofer au Roi de fupprimer tous les péages des terres de fes domaines, & qu'il poffede à titre féodal.

Il voulait fur l'excédent de revenu dont l'Etat devait jouir, à compter de 1777, former un fonds annuel qui aurait été employé, felon la générofité du Roi, à racheter des droits de péage des Seigneurs, afin de les fupprimer & d'en affranchir le commerce & le Peuple.

Il ne croyait pas être toujours obligé d'employer l'argent pour obtenir des Seigneurs l'abolition de leurs droits de péages. Il favait que le Roi témoignant defirer la fuppreffion de cette efpece de droits, les Seigneurs feraient portés à s'en faire un titre pour mériter fes bontés. Il y a eu des exemples de péages fupprimés par ce motif, combiné fans doute avec un fentiment de patriotifme & de bienfaifance. *M. de Laverdy* & *M. de Barentin*, ont volontairement facrifié les péages de leurs terres de *Gambais* (80) & de *Hardivilliers* (81).

───────────────────────────

(80) Voyez l'Arrêt du Confeil du 29 Février 1776.
(81) Voyez l'Arrêt du Confeil du 14 Mars 1776.

Plusieurs autres droits féodaux, dans les Domaines du Roi seulement, devaient, selon les vues de M. Turgot, être ou supprimés, ou convertis en une redevance annuelle & réguliere, moins onéreuse aux vassaux, moins litigieuse, plus favorable à la liberté, & plus réellement profitable aux finances.

Quant à ceux des Seigneurs, il se proposait seulement d'en faciliter le rachat, ou la conversion amiable & de gré à gré, en réformant par un Edit les dispositions de quelques coutumes qui s'y opposent. Il croyait par-là servir également la Noblesse, en lui préparant cette ressource à tirer de droits qui ne sont presque d'aucun produit pour elle; & le Peuple en ouvrant une porte qui devait à la longue conduire à la libération des héritages, & par conséquent à la plus grande amélioration de la culture: car chacun s'affectionne à son champ & y prodigue les avances & les soins, en raison de ce qu'il le sent plus complettement à soi.

En quoi l'exécution de ces plans pouvait-elle nuire à la Noblesse? Ils respectaient sa possession. Ils constataient sa dignité. Ils devaient ajouter à son aisance.

M. Turgot comptait enfin employer avec elle les encouragemens perfonnels, en propofant au Roi de remettre aux Seigneurs qui relevent de lui, & qui voudraient affranchir leurs propres vaffaux des droits féodaux, ceux qu'il a lui-même à prétendre fur eux. Ainfi chacun ferait devenu par la fuite pleinement propriétaire de fon bien. Tous les patrimoines euffent été améliorés, & le Roi qui, par les impôfitions de toute efpece, jouit d'une part dans tous les patrimoines, aurait vu fes revenus augmentés par la fuite du bonheur général. Cette grande vue domine dans toutes les opérations exécutées ou méditées par M. Turgot.

Mais il faut arriver aux fix Edits, Déclarations ou Lettres-Patentes qu'il a rédigés: pour fupprimer les corvées dans tout le Royaume & les remplacer par une impôfition; pour fupprimer les Jurandes & rendre à tous les Citoyens la liberté du commerce & du travail, & le droit de s'établir fans payer de Maîtrife, en fe foumettant feulement aux Loix de la Police générale; pour fupprimer les impôts établis fur les grains & les farines à Paris, & les Réglemens particuliers de cette Ville à cet égard, & pourvoir au remboursement des Officiers de la Halle, & fur les Ports, auxquels une partie de ces droits avaient été aliénés ; pour fupprimer la Régie des fuifs & la Caiffe de Poiffy ; rendre le commerce & l'arrivée du fuif & des beftiaux libres, & convertir ce que le Roi retirait des impôts que levaient cette Régie & cette Caiffe, en un droit additionnel à l'entrée de Paris.

Ces Edits font très-connus. Un feul d'entre eux a été enrégiftré librement. Les cinq autres l'ont été en Lit-de-Juftice. Le feul qui n'ait point éprouvé de réclamation, & dont le projet avait été en partie formé d'après des Mémoires recueillis par des Membres diftingués du Parlement de Paris, celui relatif à la Caiffe de Poiffy, eft le feul dont aucune difpofition ne fubfifte.

Quant aux autres : les impôts fupprimés fur les grains & la farine qui fe confomment à Paris, n'ont point été rétablis. Les Officiers, auxquels ces impôts avaient été attribués, n'ont point été recréés de nouveau. Les Jurandes ont repris une exiftence, mais qui n'eft qu'un fimulacre de celle qu'elles avaient autrefois. Plusieurs Communautés ont été réunies, ce qui diminue du moins le nombre des procès. La plupart des formalités des apprentissages, des compagnonages, des chef-d'œuvres sont demeurées abolies. L'entrée des Arts que l'Edit de Février 1776 avait déclarée libre, est devenue, moyennant finance, beaucoup plus facile qu'elle ne l'avait été jusqu'alors. On n'a presque repris des anciennes corporations que la partie fiscale, qu'on a crue utile pour les revenus casuels.

La Loi révocatoire de l'Edit qui supprimait les corvées, n'est point définitive; elle ne porte qu'une suspension provisoire de son exécution. L'opinion répandue à ce sujet dans des écrits publiés avec l'aveu spécial du Gouvernement, est que puisqu'on a trouvé trop de difficultés à faire cesser par une Loi générale les corvées en elles-mêmes très-onéreuses, il faut aller à ce but par des opérations particulieres, & qu'un grand avantage des Assemblées provinciales serait d'en faciliter les moyens. Sans offenser l'Autorité qui n'a point annoncé qu'elle eût pris de parti, on peut donc dire encore à ceux qui se sont opposés à ce soulagement, que le Roi voulait donner à fon Peuple, & qui ont intéreffé les premiers Ordres de l'Etat à y mettre obftacle, que l'ufage de faire les chemins royaux par corvée n'a pas plus d'un fiecle ; que celui de faire contribuer tous les propriétaires de tous les Ordres aux dépenfes qu'entraîne la confection des routes, eft autant & plus ancien que la Monarchie ; qu'il eft configné dans les Loix Romaines, & dans les plus antiques Loix Françaifes ; que le rétabliffement de cet ufage n'était que le retour au droit naturel & général ; que prétendre, comme on a ôfé l'avancer, que du droit que la Société & fon Chef ont de faire concourir à la conftruction des chemins toutes les propriétés foncieres, dériverait celui d'envoyer à la corvée les Propriétaires d'un Ordre diftingué, c'eft fe permettre un fophifme indécent & abfurde ; qu'on ne penfe pas fans doute que le Roi qui donnait l'exemple de foumettre fes propres Domaines à la contribution pour les routes, eût cru s'affujettir à aucun travail ; qu'on n'imagine point qu'il veuille jamais faire tirer fa Nobleffe à la milice, quoiqu'il l'oblige d'acquitter des droits fur les confommations, & de fupporter fa part des gabelles, & quoi qu'il leve fur les terres des Nobles comme fur celles des Roturiers, des vingtiemes qui fervent à l'entretien de fon armée ; que le moment où il déclarait qu'il trouvait injufte & onéreux d'exiger aucun travail par corvée de la claffe inférieure de fes Sujets, & qu'il voulait abolir pour toujours cet ufage, n'était pas celui où l'on pût, où l'on dût témoigner l'inquiétude qu'il ne voulût l'étendre ; que le bienfait qu'il avait réfolu d'accorder à fon Peuple était un foulagement réel, & confidérable pour les Propriétaires de tous les rangs ; que les terres des Princes, celles des Seigneurs, celles du Clergé, payent très-vifiblement toutes les furcharges qu'on impôfe à leurs Cultivateurs, & qu'elles les payent au quadruple quand ces furcharges, comme celle de la corvée, font au moins quadruples de la dépenfe véritablement néceffaire pour remplir le befoin public qui en eft l'objet ; que.... Mais il fera plus fage de nous épargner toutes ces difcuffions. Il fuffit de relire ce qui a été publié dans ce temps, pour s'affurer que les Edits propofés par M. Turgot n'ont eu que des déclamations à combattre. Le Confeil les avait adoptés dans sa sagesse. Le Roi, très-éclairé sur leur objet par les Mémoires qui lui avaient été mis sous les yeux, avait cru devoir déployer son autorité pour leur publication. Sa modération a jugé depuis que, par égard pour les obstacles qu'opposaient à l'exécution de ces Loix, des préventions, des passions & des animosités du moment, il faudrait revenir à leur but en apportant des modifications douces & successives aux anciennes Loix dont il connaissait le danger. Il a permis que ce vœu de son cœur fût imprimé avec son approbation, au commencement de cette année 1781. Nous devons respecter ses motifs actuels; & le petit nombre de personnes qui croiraient pouvoir manifester une opinion différente de la nôtre, doivent respecter ceux qu'il eut alors.

Il nous reste à remarquer seulement, sur la rédaction des Edits de Février 1776, qu'elle est absolument l'ouvrage de M. Turgot. Il était très-difficile de l'aider dans son travail. Il y avait quatre ou cinq personnes, non dans ses Commis, mais de ses amis, qui partageaient plus particuliérement sa confiance; il leur faisait essayer à tous la rédaction

tion de ses projets, comparait leurs ouvrages, & finissait par tout refaire lui-même.

Ses amis se plaignaient que ce faible, si l'on peut ainsi dire, pour la perfection, consumait un temps précieux. Mais c'est qu'il les avait accoutumés à lui rendre la sévérité qu'il leur témoignait ; car ceux qui auront lu cette esquisse incomplette des travaux de son ministere, pendant lequel il a été sept mois malade, ne trouveront pas qu'il ait perdu beaucoup de temps.

Tout était disposé pour l'exécution des Loix qu'il avait cru devoir proposer au Roi.

Le projet de construire les chemins à prix d'argent avait conduit au soin de n'en pas augmenter la dépense par une largeur excessive & inutile. L'équité est économe. Un Arrêt du Conseil portant réglement sur la largeur des routes, en avait diminué les proportions, & avait réduit celles qu'on ferait dorénavant aux dimensions suffisantes pour un service commode, dont il était sage d'écarter un faste onéreux. L'Arrêt du Conseil du 3 Mai 1720, était la Loi subsistante à cet égard. Il avait fixé la largeur des grandes routes à soixante pieds entre les fossés, ordonné que les fossés auraient six pieds de large, & que les arbres seraient plantés à six pieds du bord extérieur des fossés ; ce qui, d'un arbre à l'autre employait quatre-vingt-quatre pieds de terrein. Le même Arrêt déterminait la largeur des chemins du second ordre à trente-six pieds entre les fossés, ce qui, avec la largeur prescrite pour les fossés & la distance réglée pour la plantation des arbres, donnait soixante pieds de largeur à cette seconde classe de chemins. M. Turgot fit ordonner (82) que les routes seraient divisées en quatre classes. La premiere comprend les grandes routes qui traversent la totalité du Royaume, ou qui conduisent de la Capitale aux principales Villes, & aux grands Ports ou entrepôts de commerce. Les routes par lesquelles les Provinces & les principales Villes communiquent entre elles, ou qui vont de Paris à des Villes considérables, mais moins importantes que les premieres, furent mises dans la seconde classe. La troisieme classe fut formée de celles qui ont pour objet la communication entre les Villes principales d'une

―――――――――――――――――――

(82) Arrêt du Conseil du 6 Février 1776.

même Province, ou de Provinces voisines. Et les chemins particuliers destinés à la communication des petites Villes ou des Bourgs, furent placés dans la quatrieme. La largeur des grandes routes du premier ordre fut fixée à quarante-deux pieds ; celle des routes du second ordre à trente-six ; celle du troisieme ordre à trente ; & les chemins particuliers à vingt-quatre pieds, entre les fossés, ou les empattemens des talus. Il fut réglé, quant aux fossés, qu'on n'en ferait que dans le cas où ils seraient jugés nécessaires pour prévenir l'empiétement des riverains, ou pour écouler les eaux, & que les motifs qui devraient en déterminer l'ouverture seraient énoncés dans les projets de routes envoyés au Conseil pour en avoir l'approbation. Le Conseil se réservant de pourvoir, s'il y avait lieu, au rétrécissement des routes déjà construites dans de plus grandes dimensions. Les proportions nouvelles, très-suffisantes pour le commerce & même pour la décoration, avaient le double avantage de laisser à l'agriculture une étendue immense de terreins précieux, & d'occasionner moins de dépenses pour la construction & l'entretien des chemins, en diminuant notablement leur surface; ce qui devait donner la possibilité de trouver sur les fonds destinés aux chemins le moyen d'indemniser les Propriétaires dont on prendrait le terrein pour y faire passer les routes. Tel était le projet de M. Turgot. Il pensait que c'était exercer toute l'étendue du droit que la Société peut avoir sur ses membres, que de prendre d'autorité les héritages des Particuliers pour en faire des chemins utiles au Public, & qu'il était de toute injustice de les prendre gratuitement. Nous avons lieu de croire qu'il avait en conséquence obtenu la décision du Roi pour ordonner que désormais tous les terreins nécessaires aux routes nouvelles seraient payés aux Propriétaires, suivant l'estimation à dire d'Experts; mais n'ayant pas entre les mains ce monument de l'équité royale, le scrupule de l'histoire nous empêche de rien affirmer à cet égard. Au reste si le peu de temps que dura le ministere de M. Turgot depuis la publication de l'Edit qui supprime les corvées, n'avait pas permis que cette décision eût été demandée, ou prononcée, elle ne mériterait pas moins de l'avoir été. Quant à la Loi qui diminue la largeur des routes, elle existe, elle n'a pas été révoquée; & il ferait fâcheux qu'elle tombât en défuétude (83).

Afin de connaître d'avance le montant de l'impôfition qui ferait néceffaire pour payer tous les travaux qui s'étaient faits jufqu'alors par corvée, on avait demandé à tous les Ingénieurs des Provinces, un devis des dépenfes qu'occafionneraient autant de conftructions nouvelles qu'on en avait fait précédemment, année commune, dans chacune des Provinces où ils font employés, & de ce que coûterait auffi l'entretien des ouvrages déjà faits. On leur recommanda d'établir leurs calculs fur le pied de la plus forte dépenfe poffible. La totalité de leurs devis fe monta à *dix millions cinquante mille livres*. Si quelqu'un veut favoir ce que c'eft que cette dépenfe comparée à la corvée, il n'a qu'à demander à fon Fermier à quel prix il voudrait être exempt de ce fardeau. Il verra que la plûpart des Laboureurs eftiment le dommage que leur caufe la corvée à la moitié de la taille, c'eft-à-dire à environ

---

(83) Il eft trifte d'avouer qu'on a déjà vu des Ordonnances de Bureaux des Finances fur la largeur des routes, qui rappellent les difpofitions de l'Arrêt de 1720, & ne s'arrêtent point à celui de 1776.

quarante millions fur la totalité du Royaume, & cette eftimation des Laboureurs ne comprend pas la corvée de main-d'œuvre des journaliers. On peut juger de là combien la Nation aurait été foulagée en voyant au prix de dix millions fes routes s'augmenter annuellement d'autant plus vîte que le travail payé vaut mieux que celui fait par corvée.

C'était d'après ce calcul de tous les Ingénieurs que le Roi qui foumettait fes propres domaines à contribuer pour la conftruction des chemins, avait pris l'engagement de ne jamais porter l'impôfition, tant pour les conftructions nouvelles que pour l'entretien, au-deffus de la moitié d'un vingtieme.

Les mefures étaient également prifes pour la nouvelle maniere d'être dont le commerce devait jouir. *M. Albert*, alors Lieutenant de Police, avait rédigé un réglement, qui ne demandait que la fanction, pour que la Police fût auffi-bien affurée dans tous les points, mieux dans quelques-uns, avec la liberté de l'induftrie qu'avec les Communautés d'Arts & Métiers.

Déjà M. Turgot fe livrait à d'autres projets. Il étendait aux droits qui fe levent fur les grains hors des marchés (84), à ceux des Officiers mesureurs supprimés, existans, ou réunis aux droits des Seigneurs (85), & aux formes & usages locaux introduits dans la perception de ces droits (86), & qui souvent en aggravent le fardeau, la nécessité de la vérification par la Commission du Conseil instituée d'abord pour celle des droits établis dans les marchés.

Il se convainquait par l'inventaire des biens, des effets, des rentes & des droits des Communautés supprimées, de la justesse des calculs par lesquels il s'était précédemment assuré que ce qu'elles possédaient suffisait au payement de leurs dettes, & que la liberté donnée au commerce, qui par la plus grande activité du travail & des consommations devait ensuite être profitable aux finances, ne leur coûterait aucun sacrifice momentané.

Il trouvait dans cette suppression des Jurandes la facilité de réunir la halle aux toiles

---

(84) Arrêt du Conseil du 8 Février 1776.
(85) Arrêt du Conseil du 24 Avril 1776.
(86) Arrêt du Conseil du 10 Mai 1776.

P 4

& la halle aux draps pour la perception des droits sur les marchandises qu'on y conduit (87), qui avait été ci-devant confiée à différens Corps & Communautés, & de ménager ainsi les frais de régie pour l'Etat, la perte du temps & les dépenses de voiture pour le commerce.

La suppression des Officiers sur les Ports lui donnait aussi l'occasion de réunir dans les mêmes vues d'économie, le Bureau de recette des bois quarrés au Bureau général des Aides (88).

Il établissait une forme pour assurer le payement des rentes dues aux Indiens, ou autres personnes domiciliées dans les Indes, à cause des contrats ou promesses de passer contrat à quatre pour cent, qui leur avaient été donnés en acquit de leurs créances sur la Compagnie ; cette forme avait pour objet que les arrérages parvinssent aux Propriétaires dans les Indes, presque sans frais & sans qu'ils fussent obligés d'exposer leurs titres de propriété aux dangers de la mer (89).

---

(87) Arrêt du Conseil du 15 Mars 1776.
(88) Arrêt du Conseil du 16 Mars 1776.
(89) Arrêt du Conseil du 10 Février 1776.

Une opération plus importante l'occupait en Franche-Comté. Comme toutes ſes autres opérations, c'était un acte diſtingué de bienfaiſance. Comme la plûpart de ſes autres opérations, elle trouva les oppoſitions les plus violentes, & cauſa dans Verſailles les plus inconcevables murmures.

D'anciens Réglemens affectaient aux ſervice des Salines de la Ville de Salins tous les bois qui ſe trouvaient dans un arrondiſſement de *ſix lieues comtoiſes* de rayon autour de cette Ville. D'autres bois encore, ſitués dans des arrondiſſemens circonſcrits, avaient été pareillement affectés ou deſtinés aux Salines de Montmorot.

D'après des propoſitions faites avant le miniſtere de M. Turgot, mais dont il ſuivit l'exécution avec beaucoup de ſoin, on conduiſit une partie des eaux ſalées ſur les bords de la forêt de Chaux appartenante au Roi; on y conſtruiſit une nouvelle Saline; & le Roi conſacrant à ſon approviſionnement les bois de ſa forêt, jouit de la ſatisfaction de pouvoir rendre aux Propriétaires le libre uſage des leurs.

Dès que la nouvelle Saline fut en état de

commencer à employer les bois du Roi, M. Turgot se hâta de délivrer ceux des Particuliers dont on parvenait à pouvoir se passer. L'Arrêt du Conseil du 4 Mars 1776 rend aux Propriétaires, dont les bois sont situés dans la quatrieme, la cinquieme & la sixieme lieue de distance de Salins ou de Montmorot, la libre disposition de leurs bois, n'exceptant pour le moment que ceux des Communautés Régulieres & Séculieres. Encore l'exploitation des bois de ces Communautés qui avait été faite jusqu'alors par les Entrepreneurs des Salines, fut-elle rendue à ces Communautés elles-mêmes; à la seule charge de fournir la quantité de cordes de bois qui serait réglée tous les ans par le Commissaire du Conseil, en raison des besoins indispensables de la Saline; & sous la condition imposée à l'Entrepreneur de payer désormais sur le pied de *trois livres* la corde ces bois, qu'il ne payait précédemment que *deux livres dix sols*.

Le même Arrêt annonce, qu'à compter du premier Octobre 1778, les Propriétaires & Seigneurs dont les bois sont situés même dans les trois lieues intérieures de l'arrondissement de Salins & de Montmorot rentreront aussi dans la jouissance libre de leurs bois.

Le Roi les exempte du droit de *cinq livres* par four à charbon qu'un Arrêt de 1756 avait établi.

Les bois appartenans à la Ville de Salins lui sont rendus pour son chauffage, & les autres usages de ses Habitans, le Roi se charge en outre de leur faire fournir quinze cents cordes de bois de ses forêts au simple prix d'*une livre quatre sols* la corde.

Il faut l'avoir vu pour croire, mais non pas pour comprendre, qu'une telle opération puisse faire naître autre chose que des actions de graces. Cependant voici le fait.

Afin de pouvoir mettre la Province de Franche-Comté en jouissance de ce grand bienfait du Roi, il fallait, comme nous l'avons dit, conduire les eaux de la source de Salins à la forêt de Chaux & construire une Saline nouvelle. Ces travaux exigerent que l'on prît possession de quelques arpens de terre appartenans à un Gentilhomme du pays. On lui proposa, selon les principes de M. Turgot, de l'indemniser à dire d'Experts.

Il se mit dans la tête de ne vouloir point d'indemnité, & de prétendre qu'on ne pouvait toucher à son terrein. Il vint à la Cour. Il y trouva des protecteurs. Personne n'y parlait de l'emploi d'une forêt du Roi à un service utile qui lui donnait de la valeur, & du soulagement qui en résultait pour une Province. Personne n'y parlait de la servitude onéreuse dont les Propriétaires de deux cents vingt-six lieues quarrées de terrein se trouvaient affranchis. Tout le monde y disait qu'il était odieux que M. Turgot, avec la sévérité de principes qu'il affichait, se crût permis de toucher arbitrairement *à la propriété* d'un Gentilhomme, & de prendre sous prétexte de bien public, & pour se livrer à des idées nouvelles, une portion (bien petite) de terre, en la payant. Que ceux qui voudront servir les Nations apprennent qu'il n'en faut attendre & chercher la récompense que dans son propre cœur. Mais là, elle se trouve : & même assez douce.

Indifférent aux bruits de Cour, M. Turgot s'occupait du dernier travail qu'il ait fait comme Administrateur, de la rédaction de l'Edit par lequel le Roi donne la liberté du commerce des vins dans nos Provinces méridionales, qui étaient enchaînées par une foule de privileges exclusifs. Cet Edit subsiste. Il est également précieux par le fonds & par la forme. Si on le considere comme un ouvrage sur les droits des hommes & sur les principes de la législation, c'est un chef-d'œuvre. Si on l'envisage comme une Loi de justice, de politique & de commerce, on sera touché de reconnaissance en voyant qu'il augmentera peut-être d'un million d'âmes la population des Provinces auxquelles il a été accordé. On peut spéculer sans crainte d'erreur que, la paix établie, il assurera à la Nation un commerce de plus de *soixante millions* d'exportation annuelle; & un tel commerce ne se fait pas au-dehors, sans occasionner au-dedans des travaux & des profits au moins doubles de sa valeur.

Cet Edit seul mériterait à son auteur d'éternelles bénédictions. Le bonheur d'avoir encore pu le faire adopter au Roi, consolait M. Turgot de sa disgrace.

Arrêtons ici nos Lecteurs, & prions-les de porter un coup-d'œil en arriere sur cette longue suite de faits publics, consignés dans des Loix imprimées, la plûpart ignorés cependant, mais tous honorables, qui distinguent le ministere de M. Turgot.

Un homme a été chargé des finances d'un grand Etat. Il a supprimé vingt-trois especes de droits ou d'impôsitions établis sur des travaux nécessaires, ou sur des conventions utiles, ou sur des récompenses méritées. Il avait de plus aboli la corvée des chemins. Il avait par-là épargné à la Nation un travail & des pertes de plus de *quarante millions*, pour une dépense de *dix millions*. Il avait ainsi procuré au Peuple un soulagement plus grand que ne le serait celui de la suppression d'un Vingtieme. Il a supprimé l'autre corvée qui avait lieu pour le voiturage des équipages des troupes. Il a diminué la rigueur de la régie des impôsitions indirectes au très-grand profit des Contribuables, du Roi & même des Financiers. Il a de même adouci la perception des impôsitions territoriales en abolissant les contraintes solidaires, &, autant qu'il a été possible, le croisement des poursuites des Receveurs. Il a arrêté le cours de la plus terrible des épizooties. Il a réprimé une sédition conduite avec art. Il a pourvu à l'égale distribution des subsistances. Il a donné les plus grands encouragemens au commerce & à la culture des trois principales productions du territoire, le bled, la viande & le vin. On ne peut pas dire pour cela qu'il n'ait été occupé que de l'intérêt des Propriétaires, comme le hasarde une fausse philosophie qui croit l'intérêt des Propriétaires opposé à celui du Peuple. Il avait aussi donné à ce Peuple la liberté du commerce & du travail, & ne voulait pas qu'on la lui vendît. Il a réformé une multitude d'abus, dont quelques-uns étaient au profit de sa place. Il a aboli la vénalité des Charges, autant qu'il a dépendu de lui. Il a fait un grand nombre d'établissemens utiles. Il s'est refusé & opposé aux mauvaises institutions. Il a été au secours des plus pauvres serviteurs de l'Etat; il leur a fait payer leurs pensions arriérées de quatre ans. Il a remboursé les capitaux dont les rentes coûtaient trop de frais aux Propriétaires proportionnellement à leur valeur. Il a essuyé les dépenses extraordinaires du Sacre du Roi, du mariage d'une Princesse, de la naissance d'un Prince. Il a réparé une banqueroute faite. Il en a prévenu une prête à faire. Il a facilité les payemens jusqu'aux Indes.

Il a foldé une partie des dettes des Colonies & mis l'autre en ordre. Il a trouvé le crédit à cinq & demi pour cent & l'a laiflé à quatre. Il n'a chargé le Tréfor Royal que de *dix millions* d'avances; il a cependant payé *vingt-quatre millions* de la dette exigible arriérée, *cinquante millions* de la dette conftituée, *vingt-huit millions* d'anticipations. Il a donc diminué les dettes de l'Etat de *quatre-vingt-quatorze millions*. Il a fait cela en vingt mois; & dans ces vingt mois, il n'en a pu travailler que treize. Il avait pris les finances à *dix-neuf millions* de *déficit*. Il les a laiffées avec un excédent de *trois millions & demi*. Son miniftere avait préparé les moyens par lefquels on a foutenu la guerre pendant trois années. Son génie a fervi l'Etat long-temps après fa retraite. Ce n'eft là qu'une partie de ce qu'il a fait pour vous, Français, qui l'avez méconnu; & c'eft peu de chofe à côté de ce qu'il voulait faire.

Il voulait vous donner une conftitution qui affurât vos propriétés & votre liberté, fans porter atteinte à l'autorité bienfaifante du Roi; qui rendît la répartition des impôfitions sitions & l'administration des travaux publics aussi parfaites qu'il soit possible de les desirer. Il voulait donner à l'Etat les moyens de jouir de toute l'étendue de sa puissance, dont il est en grande partie privé par le vice de la répartition qui, jettant le fardeau des charges publiques sur les Citoyens les plus indigens, ne peut même, en les écrasant, en tirer que des ressources limitées par leur pauvreté. Il voulait que par la hiérarchie des Administrations municipales, la Nation pût toujours éclairer le Ministere; & que le Monarque toujours à portée de convaincre les Députés de sa Nation de la bonté de ses intentions paternelles & de la nécessité des réformes, ne pût trouver aucun intérêt particulier assez puissant pour lui résister dans l'exécution de ses vues patriotiques.

Il voulait pour les Citoyens la conservation de tous leurs droits, & pour le bien public le concours de toutes les forces.

Il voulait que le Conseil le plus sage & le mieux composé fût sans cesse occupé à diriger l'éducation nationale, de maniere que chaque classe de Citoyens pût être dès l'enfance inſtruite de ſes devoirs envers les autres & envers l'Etat, & des principes ſacrés qui fondent ſolidement l'amour de la Patrie, ſur celui de la famille, & ſur la reconnaiſſance envers l'Autorité qui repouſſe les injuſtices & protège les propriétés.

Jaloux de prévenir tout murmure, & de conſerver inviolable chez la Nation le reſpect qu'elle doit à la manifeſtation des volontés du Souverain, il ne voulait réformer les abus même qu'après les avoir fait connaître. Il voulait que le pouvoir du Roi fût appuyé ſur le pouvoir irréſiſtible de la raiſon.

Il voulait démontrer & faire démontrer à la Nation & aux Compagnies par des ouvrages compoſés avec ſoin, que le véritable Domaine de la Couronne eſſentiellement inaliénable, c'eſt l'impôt néceſſaire aux dépenſes publiques ; puiſque les Nations devant toujours ſubſiſter, il ne doit jamais leur être permis de vendre, ni d'engager les revenus ſur leſquels ſont établis leur ſûreté politique & les frais de leur adminiſtration générale. Mais que des terres que le Souverain ne poſſede qu'à titre particulier, &

comme le ferait tout autre Seigneur, des héritages qui ne peuvent jamais être bien administrés pour le Public, ont vainement été qualifiés du titre de *Domaine de la Couronne* ; qu'ils ne peuvent pas l'être, puisque la Couronne ne peut jouir de leur propriété dans toute son étendue, la régir avec une sage économie, ni la porter à sa véritable valeur ; que quand on a cependant fait la méprise d'engager l'impôt, qui n'aurait jamais dû l'être, parce qu'il était Domaine inaliénable, & de réserver des propriétés foncieres qui ne pouvaient être que domaines du Prince & non de l'Etat, il n'y a d'autre ressource que celle de revenir sur cette erreur, & de tirer tout le parti qu'on peut de ces terres pour dégager l'impôt. Et que si le Roi en offre le sacrifice à la Nation, il fait à la fois un acte de justice & de bonté. Par cette doctrine fondée sur les meilleurs principes du droit social, savamment & suffisamment développée, il serait parvenu à obtenir de la Nation & des Cours l'autorisation la plus complette pour la vente la plus solidement garantie des terres qu'on avait trop légerement crues domaniales. L'acquisition alors en devenant sûre, elles auraient pu être aliénées pour le prix qu'elles vaudraient en elles-mêmes ; & il en serait résulté un secours extraordinaire très-considérable, appliqué, sous les yeux des Députés de la Nation, à l'acquittement des dettes de l'Etat.

Ç'aurait été par un compte fidele de ce que coûtent les Gabelles à tous les ordres de Citoyens, qu'il aurait voulu engager la Nation à contribuer d'elle-même à la suppression de cet impôt destructeur, & à sa conversion en une impôsition moins onéreuse. Il aurait trouvé, comme nous l'avons dit sur l'impôsition qui eût légitimement remplacé les Gabelles, de quoi supprimer les droits de traite & diminuer les Tailles de *onze millions*.

Il destinait encore à la diminution des Tailles le profit d'environ *dix* autres *millions*, qu'il aurait fait sur les arrérages annuels des dettes de l'Etat, par la réduction de l'intérêt à quatre pour cent, & l'offre du remboursement aux créanciers qui n'auraient pas voulu reconstituer à ce taux.

Il avait établi la possibilité d'une réforme de *cinq millions*, croissant d'année en année d'*un million*, jufqu'à ce qu'elle fût devenue de *quatorze*, fur les dépenfes de la Maifon du Roi, de *dix-fept millions* fur celles du Département de la Guerre, de *huit millions* fur la Marine, fans diminuer la dignité de la Couronne, & en augmentant la puiffance militaire maritime & terreftre de l'Etat. Il comptait y joindre un profit de *cinq millions* fur la réforme & le remplacement des Aides, combiné, comme celui des Gabelles, avec les Députés de la Nation, & *trois millions* à prendre fur l'excédent de revenu dont on devait jouir en 1777. Il voulait employer le produit de cette amélioration & de ces économies, à fupprimer le privilege exclufif de la Ferme du Tabac, & ce qu'il y a de fifcal dans les droits d'infinuation & de contrôle fur les actes, n'en réfervant que ce qui eft de police & ce qui peut contribuer à la fûreté des propriétés, à la confervation des titres des Particuliers; & tariffant alors ces droits de maniere qu'ils fuffifent fimplement au falaire de la Régie qu'ils exigent, & des Commis qu'ils emploient.

Les Députés de la Nation & les Provinces auraient eux-mêmes adminiftré les travaux publics, & auraient eu à y confacrer *dix-huit millions & demi*, favoir *dix millions* pour le remplacement des corvées, *deux millions quatre cents mille livres*, dont les fonds étaient faits pour la mendicité & les travaux de charité, *cinq millions trois cents mille livres* de fonds pareillement faits pour les ponts & chauffées, & *huit cents mille francs* déjà deftinés pour les canaux de navigation. Ce qu'on aurait fait de canaux & de chemins avec cette fomme, indépendemment des travaux particuliers dont les Provinces elles-mêmes auraient jugé à propos de faire les frais chacune dans leur intérieur, aurait donné les plus grandes facilités au commerce, & embelli le Royaume comme un jardin.

M. Turgot aurait confervé annuellement le fonds de *trente-fix millions* qu'il avait formé, & employé dans chacune des deux années de fon Adminiftration au rembourfement de la dette conftituée & de la dette arriérée. Sur les *quatre millions cinq cents mille livres* que devaient au moins annuellement produire les extinctions d'intérêts, celle des rentes viageres, celle des pensions dont on n'aurait renouvellé que la moitié jusqu'à ce qu'elles fussent réduites à *dix millions*, & la suite de la réforme de la Maison du Roi; il aurait consacré tous les ans *deux millions* à la diminution des tailles, & *deux millions cinq cents mille livres* à l'augmentation du fonds d'amortissement.

Dans cette situation la France n'aurait jamais redouté la guerre, & par conséquent n'aurait eu que bien rarement à la soutenir; parce que les moyens d'y faire face auraient toujours été prêts. La guerre arrivant, on aurait suspendu les remboursemens, en continuant de payer les intérêts, & les constructions nouvelles d'ouvrages publics, en se bornant à l'entretien de ceux qui se seraient trouvés faits. Ces deux points de vue auraient été annoncés par une Loi. En contractant avec l'Etat on aurait su que pendant la guerre on ne devait attendre que le payement des intérêts de la dette constituée, & que les remboursemens ne reprendraient leur cours, ainsi que les nouveaux travaux publics, qu'à la paix. Il est en effet absurde d'emprunter d'une main pour rembourser de l'autre†; ce sont des frais perdus

† et surtout d'emprunter chèrement pour rembourser des capitaux qui portoient un intérêt plus foible comme on n'a presque pas cessé de le faire depuis très longtems.

pour la Nation, & qui ne peuvent être utiles qu'aux Banquiers, aux Tréforiers & aux Notaires. En fuppofant que la guerre fût furvenue au moment même où elle a eu lieu, le fonds d'amortiffement eût donné *quarante & un millions* ; on en eût trouvé *feize* fur celui des ouvrages publics, en ceffant les conftructions, les *deux millions cinq cents mille livres* des travaux de charité fuffifant pour le fimple entretien, L'Etat aurait donc eu dès le premier moment, fans emprunts, fans impôts, & après avoir au contraire aboli trois impofitions ruineufes qui valent aujourd'hui *cinquante-fept millions* au fifc, & en coûtent plus de *quatre-vingt* à la Nation, tant en frais de régie qu'en dépenfes litigieufes, & ayant diminué les tailles de *vingt-cinq millions*, l'Etat aurait cependant eu au premier coup de canon *cinquante-fept* autres *millions* de revenu libre & croiffant chaque année de *deux millions* par l'extinction des rentes viageres, à employer aux frais de la campagne. On fent la différence de faire la guerre fur les revenus libres ou fur les emprunts. Quelle eft la Nation qui, lorfqu'elle eft attaquée, peut tout-à-coup fans furcharge aucune, fe délivrer *foixante millions* de revenu ? O mes compatriotes, ç'eût été la nôtre ! Et qui doute que la nôtre comblée de tant de bienfaits, soulagée de plus de *cent millions*, adorant son Prince & devant l'adorer, n'eût d'elle-même offert un vingtieme & peut-être deux de subvention pendant la durée de la guerre ? Nous aurions donc pu avoir, sans effort, au moins *quatre vingt-cinq millions* à consacrer annuellement au noble projet du Roi d'établir par-tout la liberté, de faire par-tout respecter la justice, de rendre les autres Peuples presque aussi heureux que l'eût été le sien. Et si ces fonds n'eussent pas suffi, s'il eût fallu recourir à quelques emprunts, quel n'eût pas été le crédit d'un Empire porté en si peu d'années à ce point de prospérité, à cette étonnante supériorité sur ses besoins habituels ! Voilà quelles eussent été l'opulence, la puissance, la gloire. Voici ce que fussent devenues les mœurs plus importantes encore.

 M. Turgot aurait rendu les hypotheques spéciales, & les eût fait enrégistrer au Greffe de la Jurisdiction, où les biens sont situés, ~~De-là plus de banqueroutes possibles pour les~~ Propriétaires des biens-fonds, & tous les frais ruineux des poursuites juridiques & des décrets forcés épargnés à la Nation. Il aurait établi une Banque rurale, ou autorisé la Caisse d'escompte à prêter aux Propriétaires jusqu'à concurrence d'une certaine proportion dans la valeur de leurs héritages libres, ce qui leur eût fourni les fonds d'avances nécessaires pour les améliorer. Il n'y aurait plus eu moyen de s'enrichir qu'en administrant bien ses propres affaires. Plus de gains excessifs sur la recette des revenus publics, plus de déprédations sur leur dépense ; point de privileges exclusifs ; plus de fortunes énormes par conséquent, & l'aisance répandue sur tous les états en raison du travail & de la bonne conduite. De là presque plus de corrupteurs, ni de corrompus; car ils sont tous enfans de l'extrême inégalité des fortunes. La cupidité décidant moins des mariages, l'amour honnête y aurait régné plus souvent ; l'union, la paix & l'ordre auraient marché à sa suite. Les affaires domestiques eussent été mieux soignées, les travaux mieux conduits, les enfans mêmes plus robustes, plus sains, plus beaux par conséquent, dévoloppés par la gymnastique, formés à la vertu par l'exemple universel, supérieurs à leurs peres, & promettant à la Patrie une génération meilleure encore. L'inftruction de l'arithmétique, du toifé, des principes de l'agriculture, & de la comptabilité du commerce ; mais furtout celle de la morale, & d'une morale vraiment civique, aurait été répandue jufques fur le Peuple des campagnes ; l'efprit d'équité & de fageffe infpiré dès l'âge le plus tendre, la pente naturelle vers le plaifir de donner & de recevoir des fecours réciproques excitée, éclairée, augmentée. L'activité ferait entrée dans toutes les têtes, parce qu'elle aurait joui du fruit de fes peines. On aurait vu le zêle femé par la reconnaiffance dans tous les cœurs. Quelques fêtes publiques ajoutant à la gaîté & à la concorde, & toutes rappellant les obligations de l'homme envers la Société, du Citoyen envers la Patrie. Le point d'honneur national exalté avec juftice. Quelques privileges accordés, la préféance aux affemblées, une place à l'églife dans le chœur pour ceux qui ont porté les armes, & l'avantage de fervir la Nation recherché, la qualité de Soldat Provincial devenue une gloire, au lieu que notre Milice eft un fardeau redouté. Chaque homme fe ferait trouvé obligé d'exercer fon efprit & de cultiver fa raifon ; chaque famille aurait eu quelque part aux petites affaires publiques de fon Village ; chaque Village aurait été lié à fon canton par des rapports d'utilité & de juftice connus de tous ; chaque canton eût tenu de même à fa Province, & chaque Province à l'Etat. Un Royaume bien organifé dans toutes fes parties, où la félicité, germant comme dans un terrein fertile, eût fans ceffe reproduit & multiplié la félicité, aurait enivré de toutes parts l'âme de fon Chef par la plus douce, la plus pure & la plus célefte des voluptés. Ne dites pas, Lecteur, que je vous fais un Roman ; je vous ai indiqué la marche par laquelle M. Turgot ferait arrivé à ce réfultat. Vous pouvez juger vous-même fi fes pas étaient mal affurés, s'ils ne tenaient point à un grand plan, fi ce plan n'était pas conçu avec un fublime génie. Je ne vous expofe que ce qu'il aurait fait, & non pas même tout ce qu'il aurait fait ; je vous dis ce qu'il voulait, ce qu'il favait, ce qu'il pouvait faire aifément, ce qui était facile dans fes mains ; ce qu'il a quelquefois daigné me confier ; ce dont j'ai pleuré à fes côtés d'efpérance & de joie ;

ce dont vous pleurerez vous-même, qui que vous soyez, si avant tout vous êtes homme & citoyen.

Invisa nobis Fata tulerunt !

Poursuivons. --- Il ne doit pas être inutile aux Nations, il importe certainement aux Princes de considérer la maniere dont le Peuple de la Généralité de Limoges fut affecté lorsqu'il perdit son vertueux Intendant, & celle dont les Courtisans virent tomber l'habile & grand Ministre. Quand la nouvelle de son avénement au Ministere parvint dans les Villages de sa Province, on vit couler de tous les yeux des larmes où la reconnaissance & la tendresse se confondaient avec un mélange de regret & de joie. On envia au reste du Royaume le bonheur d'avoir un tel Administrateur, & le sentiment général de patriotisme ne put balancer entierement la douleur personnelle d'en être privé. La plûpart des Curés l'annoncerent en chaire à leurs Paroissiens, & recommanderent au Peuple d'implorer par ses prieres la faveur du Ciel pour les opérations d'un Ministre qui avait répandu sur lui tant de bienfaits. Ils avertirent qu'ils diraient une Messe à cette intention, &

quoiqu'elle ait été célébrée dans le cours de la semaine tous les Payſans ſuſpendirent d'eux-mêmes leurs travaux pour y aſſiſter. On ſe ſerrait la main & l'on diſait : *c'eſt bien fait au Roi de l'avoir pris ; c'eſt bien triſte à nous de ne l'avoir plus.* Combien peu d'Intendans ont mérité & obtenu une ſi douce gloire !

Lorſqu'on ſut à Verſailles que M. Turgot avait reçu l'ordre de donner ſa démiſſion, la joie fut indécente, les rires bruyans & multipliés, les félicitations réciproques dans la galerie, dans l'antichambre, dans la chambre du Roi, & la même ſcène fut répétée à Paris parmi tous ceux dont l'exiſtence tient aux abus. Ce panégyrique en vaut un autre, & l'Hiſtoire doit remarquer ces traits ; mais la raiſon & la philoſophie doivent plaindre bien amèrement les Monarques.

M. Turgot a porté dans ſa retraite la plus profonde ſérénité. Quoique ſa ſanté fût altérée, jamais elle n'a influé ſur ſon humeur ; jamais il n'a été plus aimable, ni plus cher à tous ceux qui ont eu l'avantage de vivre dans ſa ſociété. Les Lettres, les Sciences, & le ſoin de ſecourir les infortunés ont rempli tous les momens dont fa maladie l'a laiffé jouir.

Il s'appliquait à la Géométrie tranfcendante avec *M. l'Abbé Boffut* ; à la Chymie, à la Phyfique, à la Mécanique, à l'Optique, à l'Aftronomie avec *M. l'Abbé Rochon* : le plus moderne peut-être de fes amis, mais non pas le moins cher, M. l'Abbé Rochon l'a aidé dans un très-grand travail fur les thermomêtres, que M. Turgot avait conduit à un haut degré de perfection, qu'il n'a pu achever, mais dont fon coopérateur devra au Public la fin & le compte.

Les expériences qu'ils ont faites enfemble ont confirmé la belle découverte que la favante théorie de M. Turgot lui avait fait préfumer. C'eft qu'en diftillant dans le vuide, la diftillation s'opere par un degré de chaleur infiniment faible. Le fait fe trouve conftaté. Il peut être de la plus grande importance, & pour ménager les frais, & pour ne pas incendier les matieres qu'on veut foumettre à la diftillation. En établiffant en hiver l'alembic dans fa chambre, & le récipient au dehors, & les privant d'air intérieur l'un & l'autre, la feule différence de température de la chambre où l'on fait du feu pour son usage, & de l'air ambiant extérieur, suffit pour produire la distillation ; qui peut continuer ainsi sans dépense, & sans craindre l'empyreume, depuis l'automne jusqu'au printemps.

M. Turgot a encouragé M. l'Abbé Rochon, & l'a aidé de ses conseils, pour l'invention de plusieurs machines ingénieuses, qui ont été mises sous les yeux de l'Académie des Sciences, & ont mérité son approbation.

Une autre invention très-importante dont M. Turgot s'est occupé, mais à laquelle il n'a pu donner la derniere main, est une maniere de tisser les cables qui les rendrait à la fois plus forts, moins gros, plus légers, & d'une longueur telle qu'on pourrait la désirer (90). La théorie & l'expérience prouvent

―――――――――――――――――――――

(90) M. *Musschembroeck* a conçu le premier que plus le chanvre se trouverait disposé d'une maniere qui approchât de la ligne droite dans les cordages, & plus ils auraient de force. M. *Duhamel* a fait plusieurs expériences qui ont confirmé ce principe ; & notre Marine lui doit d'avoir perfectionné les cables, en diminuant la *torsion* qu'on leur donnait anciennement. Cet Académicien a fait essayer de natter quelques *Aussieres* (espece de cordage simple) qui se

que

que les cordages tiſſus de cordelettes, elles-mêmes tiſſues, ſeraient beaucoup plus forts que tordus; & l'on n'aurait pas beſoin pour les faire de ces longs bâtimens de corderie dont la conſtruction coûte tant de dépenſe, & qui cependant limitent leur longueur. Un petit bâtiment quarré ſuffirait; & on le diſpoſerait de façon qu'à meſure que le cable avancerait, on pût le devider par une ouverture pratiquée au-deſſus ou au-deſſous de l'attelier.

M. Turgot comptait donner à la Société d'Emulation, dont il était membre, vingt-cinq louis pour propoſer un Prix à celui qui, par la

---

ſont trouvées d'un cinquieme plus fortes que celles de même groſſeur & de même poids qui avaient été tordues à l'ordinaire. On emploie quelquefois cette méthode avec ſuccès pour d'autres menus cordages, qu'on appelle *badernes* & *garcettes*, & qui ſervent à pluſieurs uſages ſur les vaiſſeaux. Quant aux cordages d'un plus gros volume, M. *Duhamel* croit impraticable de les *tiſſer*, principalement, dit-il, parce que les fils ſont ſujets à s'écorcher en paſſant les uns contre les autres dans cette opération. M. Turgot croyait poſſible d'enduire le fil de maniere qu'il ne s'écorchât point, & de tiſſer par le moyen d'un *métier* qui rendrait la fabrique du cordage plus parfaitement réguliere.

méthode qu'il avait imaginée & qu'il comptait développer, ou par une meilleure, tisserait le mieux & avec le moins de frais un cable. La plus grande partie de ses loisirs était ainsi consacrée encore à l'utilité de son pays.

Il avait toujours eu, il conservait dans sa retraite un extrême attachement, certainement alors bien désintéressé, pour la personne & la gloire du Roi. Au commencement de la guerre il fit remettre à M. de Sartine, par une main tierce, un petit Mémoire dont on a trouvé la minute de son écriture, pour proposer d'excepter le Capitaine *Cook* des hostilités ; & cette proposition qui s'accordait avec la magnanimité du Roi, qui ne fait point la guerre aux Sciences, ni aux découvertes utiles, ayant été adoptée comme elle devait l'être, a mérité & obtenu les justes applaudissemens de l'Europe.

Elle ne les a pas refusés à l'ensemble des opérations & des projets contre lesquels la portion la plus bruyante de la ville de Paris s'est déchaînée. Le Prince étonnant qui voyageait comme Solon, méditant les sages Loix qu'il commence à donner à son Pays, ce Prince qui veut tout voir, parce qu'il est bon juge de tout, l'Empereur a cherché & faisi deux fois dans son séjour en France l'occasion de rencontrer M. Turgot, & de payer par des marques d'estime & d'intérêt les grands services qu'il avait rendus & voulu rendre à sa Patrie, & les malheurs qui en avaient été la suite.

Ils n'avaient point dégoûté M. Turgot du plaisir de développer des vérités utiles au genre humain. Il avait commencé un ouvrage qui devait être bien précieux, mais qu'il n'a pu avancer beaucoup : c'étaient des *Réflexions sur la situation des Américains*. Il comptait y faire entrer tous les conseils dont peut avoir besoin cette République naissante ; les institutions qui lui seraient nécessaires ; les écueils qu'elle doit éviter ; les Loix qu'elle devrait promulguer ; la Jurisprudence qu'il faudrait qu'elle établît.

Il avait aussi commencé pour *M. Franklin*, auquel il était fort attaché, & qui lui rendait cet attachement, un Traité *des vrais principes de l'imposition* ; où devait être approfondie la question, si l'impôt doit porter sur les terres ou sur les consommations.

La Littérature mêlait ses fleurs aux occupations plus importantes de M. Turgot dans fa retraite. Il allait le plus fouvent qu'il lui était poffible à l'Académie des Infcriptions, dont il avait été élu Membre honoraire le premier Mars 1776, & dont il a été Vice-Directeur en 1777. Et, peu avant fa mort, quelques Membres de cette Académie ayant fait une propofition que M. Turgot croyait propre à la compromettre, il fit un Mémoire pour l'en détourner, & le lut dans une de fes Affemblées.

C'eft dans fa retraite qu'il a traduit en vers métriques la plus grande partie des Bucoliques & un Livre de l'Enéïde.

C'eft au mois de Janvier de cette année, dans fon avant-derniere maladie, qu'il a traduit en vers libres l'Ode d'Horace *Æquam memento*, qui n'avait que trop de rapport à fa fituation.

Il donnait des confeils aux deux jeunes Traducteurs d'Ovide & d'Homere.

Un de fes amis ayant auffi tenté un commencement de traduction en vers, qu'il n'ôfera vraifemblablement achever, privé des fecours qu'il trouvait dans le goût de M. Turgot, privé fur-tout de la férénité d'efprit qu'il puisait dans sa douce société, M. Turgot prenait à cet essai l'intérêt d'un pere ; & dans ses derniers jours encore, il daignait s'informer de ce qu'en pensaient ses autres amis. Ces sortes de traits peignent mieux l'amitié véritable, & sont plus touchans pour elle que les plus grands bienfaits.

Si jamais l'amitié a daigné habiter un temple sur la terre, c'était le cœur de M. Turgot. Peut-être aucun homme n'a-t-il été aussi cher que lui à ses amis ; parce qu'aucun homme n'a su les aimer aussi-bien, les conseiller avec autant de raison & autant de charmes, pardonner leurs fautes avec autant d'indulgence, éclairer leur esprit avec autant de méthode & si peu de prétentions, soulager & consoler leur âme avec autant de douceur & de sensibilité, partager leurs plaisirs & leurs peines avec une vérité & une naïveté si touchantes. Sa mémoire sera toujours respectée du genre humain, toujours adorée de ceux qui ont eu le bonheur & la gloire de mériter de lui quelque attachement.

A cet égard M. Turgot n'a pas été malheureux. Il a recueilli le fruit du sentiment profond & tendre qu'il savait éprouver. Il l'a vu se répandre autour de lui, & gagner, & dominer tous ceux qui ont pu avoir part à sa familiarité; & si peu de gens ont eu des amis aussi attachés, très-peu de gens en ont eu un si grand nombre. C'est une faveur du Ciel, sans doute; mais c'est peut-être la seule qu'il n'accorde jamais qu'aux mortels qui en sont véritablement dignes.

L'âme de M. Turgot était si heureusement constituée, que tous les sentimens bons, nobles & honnêtes, même ceux qui semblent les plus incompatibles y régnaient à la fois, & que nul des autres n'y pouvait trouver place. Il joignait la sensibilité d'un bon jeune homme, & la pudeur d'une femme estimable, au caractere d'un Législateur fait pour réformer & constituer des Empires, & pour changer la face du monde.

Sa figure était belle; sa taille haute & proportionnée. Ennemi de toute affectation, il ne se tenait pas fort droit. Ses yeux, d'un brun clair, exprimaient parfaitement le mélange de fermeté & de douceur, qui faisait son caractere. Son front était arrondi, élevé, ouvert, noble & serein; ses traits prononcés; sa bouche vermeille & naïve; ses dents blanches & bien rangées. Il avait eu, surtout dans sa jeunesse, un demi-sourire qui lui a fait tort ; parce que les gens qui ne le connaissaient pas y croyaient presque toujours voir l'expression du dédain, quoiqu'il ne fût, le plus souvent, que l'effet de la naïveté & d'un peu d'embarras. Il s'en était corrigé par degrés en vivant dans le monde, & l'était totalement vers la fin de son ministere. Ses cheveux étaient bruns, abondans, parfaitement beaux; il les avait tous conservés, &, lorsqu'il était vêtu en Magistrat, sa maniere de porter la tête les répandait sur ses épaules avec une sorte de grace naturelle & négligée. Il avait la couleur assez vive sur un teint fort blanc, & qui trahissait les moindres mouvemens de son âme. Jamais homme n'a été, au physique & au moral, moins propre à dissimuler. Il rougissait avec une facilité trop grande ; & de toute espece d'émotion, soit d'impatience, ou de sensibilité. Ses mœurs étaient infiniment régulieres. Il aimait la société des femmes, & avait presque autant d'amies que d'amis ; mais son respect pour elles était celui de l'honnêteté, dont l'accent differe un peu de celui de la galanterie.

Il a sans doute manqué au bonheur de M. Turgot, dont tous les sentimens étaient rapprochés de la nature, & qui regardait la famille comme le sanctuaire dont la société est le temple, & la félicité domestique comme la premiere des félicités ; il lui a manqué une épouse & des enfans. C'est une espece de malheur public qu'il n'ait point laissé de postérité. Mais M. Turgot avait une trop haute idée de la sainteté du mariage, & méprisait trop la façon dont on contracte parmi nous cet engagement, pour être facile à marier.

Cet usage qui se contente d'assortir la naissance & la fortune, ou de compenser l'une par l'autre, dans une union où le bonheur cependant ne peut être fondé que sur le rapport intime des personnes & des caracteres ; cet abus de s'engager solemnellement à aimer des gens avec lesquels on n'a eu aucune liaison, tandis qu'on a toujours tant de peine à trouver parmi ceux qu'on connait à fonds où bien placer son attachement : cette loterie par laquelle une jeune vierge passe tout-à-coup dans les bras d'un inconnu, & vend sa personne, ses charmes, tous les plaisirs qu'elle est capable de donner & de recevoir en fa vie, pour de honteufes confidérations d'intérêt, lui paraiffaient le comble de l'aviliffement & des mauvaifes mœurs pour les femmes, de la brutalité & de la démence pour les maris.

Il ne déclamait point contre notre dépravation. A la maniere dont on fe marie, dont on éleve fes enfans, dont on leur fait choifir un état, dont on difpofe d'eux à leur tour; aux leçons qu'on leur donne, il était furpris qu'il y eût encore tant de probité & de vertu, & en concluait qu'il fallait que l'homme eût une bonté naturelle au-deffus de toutes les mauvaifes inftitutions. C'eft ce qui aurait rendu fi chers à fon âme bienfaifante l'efpoir & le bonheur de les changer, & d'y en fubftituer de plus honnêtes & de plus raifonnables.

Mais s'il ne pouvait pas être fauveur, il ne voulait pas être victime. Il aurait encore moins voulu s'expofer à prendre une compagne qui eût pu fe croire plus heureufe avec un homme peut-être moins parfait. Il lui fallait donc la réunion de trop de rapports. Il fallait fur-tout qu'il trouvât tout l'attachement qu'il pouvait payer. C'eft un des plus grands malheurs qu'ait pu éprouver fon âme fenfible, que de ne l'avoir pas rencontré, ou de n'avoir pas été à portée d'en profiter pour la douceur, le repos, & la confolation de fa vie.

Mais il faut beaucoup de malheurs pour compenfer les avantages de toute efpece qu'avaient répandus fur M. Turgot la nature & la Providence, qui, après tout, égalifent, ou peu s'en faut, les lots entre leurs enfans. Il a eu des peines de toute efpece, parce qu'il a eu des plaifirs de tous les genres. Il n'a pas été complettement heureux, car il était un homme. Il a beaucoup fouffert & beaucoup joui, parce qu'il était un grand homme. C'eft toute la faveur que le Ciel accorde à fes créatures privilégiées, que de charger ainfi les deux baffins de la balance. Il ne faut pas s'arrêter feulement à celui qu'ont rempli les douleurs, celui des jouiffances eft à côté pour en payer le prix. Le mortel qui a goûté le plus des unes & des autres, qui a eu la plus grande fomme de penfées & de fenfations, a été le mieux traité. Il a vécu davantage. Auffi, quoique le terme des jours de M. Turgot ait été court, on peut dire que fa vie a été très-étendue en vertus refpectables & touchantes, en fentimens doux, purs & honnêtes, en travaux importans & utiles, en nobles & bonnes actions, en une foule d'idées, de plans & de projets combinés avec autant de sagesse que de lumieres, qui eussent pu fonder le bonheur de sa patrie, qui peut-être dans la suite produiront celui du genre humain.

Il a eu trois grands besoins; celui de chercher & de connaître la vérité, celui de faire du bien aux hommes, & celui d'être aimé. Tous trois ont été autant satisfaits qu'il soit donné à notre nature de l'être. Ce n'est donc pas lui qu'il faut plaindre, c'est l'humanité qu'il eût pu servir encore, c'est son pays que ses écrits eussent éclairé; ce sont ses amis qui chaque jour auprès de lui devenaient meilleurs, plus instruits, plus estimables & plus heureux. Leur faiblesse ne peut s'accoutumer à se passer des lumieres de sa raison & du charme de sa bonté.

Qu'il nous soit permis de quitter ici la plume. Peut-être devrions-nous parler de sa maladie, & retracer ses derniers momens; mais la main & les yeux de l'Ecrivain s'y refusent. Il a été soutenu, dans le cours de ce triste travail, par le devoir & la douceur de peindre au naturel le plus vertueux, le plus aimable, & l'un des plus grands des hommes, qui jouissait déjà d'une haute réputation, quoiqu'on ne connût que la moindre partie des titres qui la justifieront à jamais. A présent, le courage lui manque.

M. Turgot est mort le 18 Mars 1781, à onze heures du soir.

———

Il n'avait pas cru sa fin si prochaine. M. le Marquis Turgot, son frère, & Madame la Duchesse de Saint-Aignan, sa sœur, dignes héritiers de ses vertus, ont rempli avec une générosité sans exemple, toutes les dispositions qu'ils ont cru qu'il aurait pu faire.

F I N.

www.ingramcontent.com/pod-product-compliance
Lightning Source LLC
Chambersburg PA
CBHW060548230426
43670CB00011B/1735